호텔컨벤션 전략기획론

신 형 섭 저

남두도서

남두(南斗) : 남두육성(南斗六星)

은하의 중심인 사수자리에 있는 국자모양의 여섯 개의 별로서, 인간의 탄생을 결정하는 별로 알려져 있다.

머 리 말

21세기 현대사회의 호텔컨벤션은 지역사회에 미치는 경제적 파급효과 및 고용증대의 가능성으로 여러 지역에서 새로운 경영의 한 방법으로 주목을 받고 있다. 이는 회의에서 출발한 컨벤션의 개념이 정례화하면서 전시와 이벤트 행사까지 동반하여 서비스 산업으로 거듭나고 발전하였기 때문이다.

즉, 서비스 산업인 호텔컨벤션은 숙박에 따른 식음료, 관광, 여가, 쇼핑 등을 포함한 다양한 유·무형 상품을 창출하여 단순한 회의를 진행하는 것에 끝내지 않고 참가자들이 먹고, 쉬고, 수면하는 것부터 쇼핑이나 간단한 여가를 즐기는 것까지 호텔컨벤션 산업에 포함되면서 숙박업의 발전뿐만 아니라 개최지역의 각종 부가적인 수익창출이 이루어진 것이다.

이처럼 호텔컨벤션 산업이 황금알을 낳는 미래 산업으로 떠오르고 있으면서 경쟁이 치열해지는 것은 자명한 사실이며, 이에 따라 컨벤션 산업이 국가 경쟁력을 갖추고 부가가치 창출 및 수익성 있는 산업으로 성장하여 경쟁에서 이기기 위해서는 중요한 부분이 있다. 이는 컨벤션 운영의 질이다. 사실상 컨벤션 유치는 절반의 완성일 뿐이며, 체계적인 운영 서비스로 어렵게 유치한 컨벤션을 성공적으로 개최했을 때 비로소 하나의 컨벤션 행사를 완성했다고 볼 수 있다. 따라서 이제는 컨벤션 유치에만 급급할 것이 아니라 컨벤션 유치 단계에서부터 사후 평가에 이르기까지 모든 과정이 완벽하게 수행토록 노력해야겠다.

따라서 이 책에서는 호텔컨벤션을 정확히 이해시키고 실무에 대한 전반적인 사항을 기술하여 올바른 호텔컨벤션 지식을 갖도록 노력하였다.

이 책은 저자의 강의안, 컨벤션의 실무적 자료, 많은 학자의 선행연구를 바탕으로 총 Ⅲ부로 이루어져 있다. 제Ⅰ부에서는 호텔컨벤션 산업의 개요를 기술하여 전반적인 호텔컨벤션 산업의 이해를 도모하였으며, 제Ⅱ부에서는 호텔컨벤션의 실질적인 운영실무를 다루었다. 제Ⅲ부에서는 매출성장과 직결되는 호텔컨벤션 마케팅을 다룸으로써, 컨벤션 판매전략에 대한 실무가 쉽도록 하였다.

끝으로 이 책이 나오기까지 지도와 격려 및 도움을 주신 호텔컨벤션 관계자 분들과 편집에 정성을 다해 주신 남두도서의 편집부 직원 여러분께 깊은 감사를 드리는 바이다.

저자 씀

차 례

제 I 부 호텔컨벤션 산업의 개요

제 I 부

호텔컨벤션 산업의 개요

제1장
호텔컨벤션 산업의 개요

제 1 절　호텔컨벤션 산업의 정의와 발전

제 2 절　호텔컨벤션의 분류

제 3 절　우리나라 컨벤션센터의 현황 및 파급효과

제 4 절　호텔컨벤션 산업의 육성전략

제1절 호텔컨벤션 산업의 정의와 발전

1. 호텔컨벤션 산업의 정의

21세기 현대사회의 호텔컨벤션은 지역사회에 미치는 경제적 파급효과 및 고용증대의 가능성으로 여러 지역에서 새로운 경영의 한 방법으로 주목받고 있다. 이는 단순한 회의에서 출발한 컨벤션의 개념이 정례화하면서 전시와 이벤트 행사까지 동반하여 서비스 산업으로 거듭나고 발전하였기 때문이다.

즉, 서비스 산업인 호텔컨벤션은 숙박에 따른 식음료, 관광, 여가, 쇼핑 등을 포함한 다양한 유·무형 상품을 창출하여 단순한 회의를 진행하는 것에 끝내지 않고 참가자들이 먹고, 쉬고, 수면하는 것부터 쇼핑이나 간단한 여가를 즐기는 것까지 호텔컨벤션 산업에 포함되면서 숙박업의 발전뿐만 아니라 개최지역의 각종 부가적인 수익창출이 이루어진 것이다.

따라서 미래지향적인 수익창출의 원동력이며, 지구촌에 살고 있는 현대인이 지식과 정보교류를 제도적으로 할 수 있게 해주는 컨벤션은 현재 우리 사회에 직·간접적으로 밀접한 관계를 형성하게 되었다고 할 수 있다.

그러나 그에 대한 정의가 정확한 구분없이 혼용하여 쓰여지는 것도 사실이다. 이는 국내의 회의를 의미하던 컨벤션이 국제간 교류의 증진으로 인하여 국제회의를 포함하게 되면서 그 의미의 명확성이 모호해진 것이다. 따라서 컨벤션의 정확한 의미를 토로해 보면, 컨벤션(convention)이란 회의나 모임을 위해 “함께 와서 모이고 참석하다”는 의미로 컨벤션의 ‘Con’은 라틴어 ‘Cum(=together)’이며. ‘Vene’는 라틴어의 ‘Venire(=to come)’의 합성어로서, 여러 지역 회원들이 공통적으로 관심을 갖는 특정 주제를 놓고 토론하는 만남의 장이 열리는 행사를 말한다. 앞서 설명한 바와 같이 흔히 컨벤션을 국제회의로 생각하지만 요즘은 그보다 의미가 넓어져 호텔, 관광 전시, 박람회, 이벤트와 사람을 중심으로 상품, 지식, 정보 등을 교류하는 모임 등을 포함하는 포괄적인 개념으로 이해되고 있다.

또한, 컨벤션에는 반드시 그 참가자들이 모여서 협의할 상호적인 공통 관심사항이 있어야 하며, 적어도 친선도모라는 목적이라도 있어야만 이루어질 수 있다. 즉 컨벤션이란 대내외적인 참가자들이 어떤 상호적인 공통 관심사항을 협의하고, 의사소통하며 정보를 전달교환하기 위하여 모임을 갖는 것을 의미한다.

한편, 컨벤션은 유럽의 메세(messe)형과 미국의 컨벤션형으로 구분되기도 한다. 유럽의 메세형은 일반적으로 국제적 공식기구에 의한 회의나 견본시 위주로 되어 있으면서 컨퍼런스(conference)가 동반되는 형태를 띠고 있다. 반면 미국의 컨벤션형은 기업이나 단체의 대회, 집회, 미팅(meeting)이 주를 이루면서 트레이드쇼(trade-show)와 같은 견본시 또는 이벤트(event)가 부가되는 특성을 갖고 있다.

(1) 사전적 정의

사전적 정의로는 "여러 나라 대표들이 국제적인 이해관계가 걸린 문제를 토의·결정하기 위하여 여는 회의" 또는 "국제적 이해에 관한 사항을 심의, 결정하기 위하여 관계 각국이나 혹은 제 3국의 전권 위원으로써 열린 회의"라고 정의하고 있다.

한편 새우리말 사전에서는 "국제적 이해에 관한 사항을 심의 결정하기 위해 여러 나라 대표자에 의하여 열리는 공식적인 회의" 백과사전에서는 "국제적 이해에 관한 사항을 토의, 합의도달을 목적으로 하는 여러 국가의 대표자로 구성되며, 주최자의 초정, 대표자의 위원장 심사, 의장선거, 위원회 조직, 총회 및 토의 결정, 종결 등의 순서로 진행되는 일련의 과정"이라고 정의되어 있어 보편적으로 같은 맥락의 의미를 취하고 있다.

또한 관광용어 사전에서는 국제회의라는 용어 대신 컨벤션(convention)이라는 용어를 사용하여 다음과 같이 정의하고 있다.

컨벤션이란 "대부분 많은 사업가 또는 전문직업인들이 참가하는 회의를 일컬으며, 미국 이외의 나라에서는 컨그레스(congress)라는 용어가 흔히 쓰이고 있다"고 규정하고 있다.

(2) 법률적 정의

법률적 정의로는 상당수의 외국인이 참가하는 회의로서 대통령령이 정하는 종류와 규모에 해당하는 것을 말한다.

관광진흥법 시행령 "제18조에 대통령이 정하는 국제회의라 함은 참가국이 2개국 이상으로서 참가예상 외국인이 백 명 이상의 국제회의 또는 행사주최가 교통부장관의 지원을 요청하는 국제회의" 또는 "참가 예상인원이 100명 이상의 단체관광객"이라고 정의하였다.

또한 국제회의 산업육성에 관한 법률시행령에는 "제2조(국제회의의 종류 · 규모) 국제회의산업육성에 관한 법률(이하 '법'이라 한다) 제2조제1호의 규정에 의한 국제회의는 다음 각 호의 1에 해당하는 회의를 말한다. '국제기구 또는 국제기구에 가입한 기관 또는 법인 · 단체가 개최하는 회의로서 다음 각목의 요건을 갖춘 회의' ① 당해 회의에 5개국 이상의 외국인이 참가할 것 ② 3일 이상 진행되는 회의일 것, ' 국제기구에 가입하지 아니한 기관 또는 법인 · 단체가 개최하는 회의' ① 회의참가자 중 외국인이 150인 이상일 것, ② 2일 이상 진행되는 회의일 것"이라는 요건을 제시하고 있다.

한편 국제회의 정의와 관련하여 동법 제3조 1항의 4에서는 국제회의를 산업적 관점에서 다음과 같이 규정하고 있다. 즉 국제회의용역업이란 "대규모 관광수요를 유발하는 국제회의의 계획, 준비, 진행 등 필요한 업무의 행사를 주관하는 자로부터 위탁받아 대행하는 업"이라고 정의하고 있다.

(3) 제도적 정의

제도적 정의는 크게 국가 관광기구 및 집행기구의 정의와 관광관련 업체로 구성된 협회, 각종 단체의 정의로 나눌 수 있다. 이 중 국내 가장 일반적으로 이해되고 있는 컨벤션의 정의는 다음과 같다.

1) 국가 관광기구 및 집행기구의 정의

① 한국관광공사의 정의

한국관광공사(Korea National Tourism Corporation)에서의 컨벤션이란 "통상 공인된 단체가 정기적으로 주최하고, 3개국 이상의 대표자가 참가하는 회의"라고 정의하고 있다. 한국관광공사의 이러한 정의는 주로 국제회의의 범주를 공적 성격을 지닌 단체가 실시하는 정식회의로 한정시키고 있으며, 참가국의 수를 3개국 이상으로 제한함으로써 국제회의를 좁은 의미에서 파악하고 있다. 또한 현행 관광진흥법과 다르게 정의함으로써 인하여 유치 · 지원 시책의 시행, 지원기구의 역할분담 등에 있어 일관성이 결여되는 원인이 되고 있다.

② 영국관광공사의 정의

영국관광공사(British Tourist Authority : BTA)에서는 1976년 컨퍼런스(conference)에 대해서 "회합을 할 수 있는 일정한 장소와 회의시간이 최소한 6시간 이상, 회의참가자는 25명 이상이며, 사전에 안건이 마련되어야 한다"라고 규정하고 있다. 영국관광공사(BTA)의 정의에서 엿볼 수 있는 특징은 컨벤션의 개념적 범주를 회의의 목적보다 회의의 구성요소(장소 · 시간 · 참가자 · 안건)에 초점을 두고 설정하고 있다는 점이다.

또한 1984년에 실시한 컨벤션 및 전시에 관한 시장조사에서 컨벤션을 컨퍼런스(conference)와 회합(meeting)으로 구분하였다. 컨퍼런스는 정해진 주제 하에 15명 이상이 참석하여 최소한 2일 이상 계속해서 회합 · 세미나 교육 프로그램 등을 실시하는 것을 의미하며, 회합은 정해진 주제하에 15명 이하의 인원이 최소한 6시간 이상의 세미나와 교육 프로그램을 포함하는 모임으로, 2일 이하의 기간에 걸쳐 실시하되 숙박 서비스는 포함되지 않는다고 함으로써 컨벤션의 정의를 다소 수정하였다.

2) 협회 · 단체의 정의

① 국제협회연합

국제협회연합(Union of International Associations : UIA)은 1907년 6월에 브뤼셀(Brussels)에서 창립된 비영리 단체로서 창립 당시에는 'Central Office of International Associations'이었으나, 1910년에 이름을 현재의 UIA로 개칭하고 제1차 World Congress of International Organizations를 브뤼셀(Brussels)에서 개최를 시작으로 전 세계적으로 40,000개 이상의 국제단체에게 국제회의와 이와 연관된 정보를 제공하고 있다.

이 단체에서는 컨벤션이란 국제기구가 주최하거나 또는 후원하는 회의이거나, 국제협회의 국내지부에 의해 조직된 전국적인 규모의 회의로서 참가자가 다국적이어야 한다. 또한 이러한 회의가 국제회의로 인정되려면 회의 참가자 수 300명 이상, 외국인 40% 이상, 참가국가 수가 5개국 이상, 회의 기간은 3일 이상의 조건을 만족시켜야 한다.

② 국제회의협회

국제회의협회(International Congress & Convention Associations : ICCA)는 1963년 여행사 단체에 의해 창립되었다. 창립의 목적은 급증하고 있는 국제회의 시장에 여행사의 참여를 위한 실무적인 방법을 연구하기 위해 설립되었으나 현재는 여행사뿐만 아니라 다양한 회의산업의 대표가 회원으로 참여하기 시작하였다. 이러한 협회의 정의는 최소한 참가자 수가 50명 이상이어야 하며, 회의는 주기적으로 개최되어야 한다. 또한 일회성 회의는 포함되지 않으며, 회의는 최소한 3개국 이상에서 개최되어야 한다.

③ 아시아 컨벤션 뷰로 협회

아시아 컨벤션 뷰로 협회(Asia Association of Convention and Vistor Bureaus : AACVB)에서의 정의는 공인된 단체나 법인이 주최하는 단체회의, 학술 심포지엄, 기업회의, 전시 · 박람회, 인센티브 관광 등 다양한 형태의 모임 가운데 전체 참가인 중 외국인이 10% 이상이고 방문객이 1박 이상 상업적 숙박시설을 이용하여야 한다. 이에는 세 가지 행사로 분류할 수 있다.

첫째는 국제행사로 2개 대륙이상에서 참가하는 국제회의 행사이다.

둘째는 지역행사이며 동일 대륙에서 2개국 이상 참가하는 국제회의 행사이다.

셋째는 국회행사로 참가자 전원이 자국이 아닌 다른 나라로 가서 개최하는 행사를 말한다.

④ 아시아 국제회의협회

아시아 국제회의협회(Asian Association of Convention & Visitor Bureaus : AACVB)에서의 정의는 2개 대륙 이상에서 참가하는 회의라 칭하고, 동일 대륙 2개국 이상의 국가가 참가하는 회의를 지역회의라 규정한다.

⑤ 일본 국제회의 사무국

일본 국제회의 사무국에서는 다수의 국가 대표들이 국가 간의 문제를 협의하기 위해 만나는 회합으로 일반적으로 2개국 이상에서 참가하는 회의라고 정의한다.

(4) 학문적 정의

학문적 정의는 법률 · 제도 · 실무적 정의를 바탕으로 개념적 정의를 내리고 있다. 따라서 컨벤션(convention), 컨그레스(congress), 컨퍼런스(conference) 등 유사개념이 중복 · 사용 · 혼용되고 있어 그 구분이 명확하지 않으며, 나라마다 그 의미가 다르게 사용되고 있으므로 컨벤션의 정의를 학술적으로 규정하는 데 어려움이 따른다.

〈표 1-1〉 학자들의 정의

연고	학 자	정 의
국외	마거리트 (Marguerite L. Weich)	참가자들 간의 사회적 상호작용을 바탕으로 한 일종의 사업적 모임을 의미함.
	비어만 (Berman)	특별한 목적을 달성하기 위한 사회단체나 정당원들 간의 회의, 사업이나 무역에 있어서의 회의 그리고 정부 또는 정치가간의 회의로 통상 공인된 단체가 3개국 이상에서 대표가 참가하는 정기적 또는 부정기적 회의라고 정의함.
국내	김우형	국가 간의 이해를 조성하기 위한 교섭회의, 각국의 연구결과를 갖고 서로 발표하고 검토하는 학술교류회의, 토의의 내용보다는 참가자의 우호증진을 도모하는 친선회의, 혹은 국제기구 및 단체의 사업계획이나 인사를 주목적으로 하는 기획회의 등 여러 가지 종류의 회의가 포함되어 있으며, 주최측면에서 보면 정부기관, 국가단체 및 민간단체가 주관하는 회의 등이 국제회의를 비롯한 전시회, 박람회, 스포츠 대회로 정의함.
	김희정	어떤 문제에 대해 토의하여 일반정책을 마련하거나 개선방안을 모색하기 위해서 관계국들의 대표자로 구성된 회의라고 정의함.
	신형섭	여러 공통적인 관심사항을 대두로 하여 대내외적인 참가자들이 상의 · 협의하고 의사소통하며 정보를 전달교환하기 위한 모임이라고 정의함.
	안경모	국제회의 실질적이고 현실적인 국제회의에 관한 기준이 재정립될 필요가 있다고 보고 국제적인 이슈를 가졌거나 2개국 이상의 외국인 참가자와 함께 하는 회의라면 이를 국제회의로 보는 것이 타탕하다고 함.

2. 호텔컨벤션 산업의 발전

호텔컨벤션 산업이 하나의 산업으로 성장하게 된 것은 불과 30여 년 전이라 할 수 있는데 그에 비해 빠른 성장률을 보이고 있다. 국제협회연합(Union of International Association : UIA)이 발표한 2008년 통계자료에 의하면 전 세계에서 총 11,085건(2007년 10,318건)의 국제회의가 개최되었는데, 국가별로는 미국이 1,079건을 개최하여 세계 1위를 기록하였다. 아시아에서는 싱가포르가 637건(세계 3위, 아시아 1위)으로 선두를 지켰으며, 일본(아시아 2위)에 이어 우리나라가 3위를 차지함으로써 작년에 이어 싱가포르, 일본, 한국이 아시아 지역 국제회의 3대 강국으로서의 위상을 공고히 했다.

국제협회연합(UIA)은 공인된 국제기구가 직접 주최하거나 후원하는 회의와 일반적으로 개최되는 회의 중에서 "참가국가 5개국 이상, 전체 참가자가 300명 이상이고 참가자 중 외국인이 40% 이상, 회의기간이 3일 이상"이라는 조건을 모두 충족하는 회의만을 국제회의로 분류집계하고 있으나, 실제로는 이 범주에 속하지는 않지만 무수히 많은 국제규모의 회의들이 전 세계적으로 개최되고 있으며 일반적으로 이러한 회의까지 모두 국제회의라 부르고 있다.

따라서 이러한 국제적인 행사를 치루면서 발생하는 경제적 파급효과는 실로 대단하여 이제 컨벤션 산업은 고부가가치를 창출하는 신종 관광산업으로 부상하고 있다. 이는 21세기 뉴밀레니엄 시대의 반영이라고 볼 수 있는데, 즉 세계가 빠르게 변화하여 관광객의 수요와 취향도 종전과는 크게 다른 양상으로 바뀜에 따라 나타나는 현상으로 볼 수 있다.

현재의 관광객들은 인터넷의 급속한 보급으로 다양한 관광정보를 스스로 분석하여 선택할 수 있게 되었으며, 이에 따라 관광산업의 무게 중심이 과거 공급자 중심에서 수요자 중심으로 빠르게 변해가고 있다. 관광산업이 인터넷 시대, 디지털 혁명시대를 맞아 산업의 구조와 서비스 내용면에서 근본적인 변화가 예상되고 있는 가운데, 컨벤션 산업은 지식의 교류와 소통의 제반적인 역할을 하는 기관으로 관광산업으로서 새로운 각광을 받고 있는 것이다.

또한 지구촌시대를 맞아 세계는 점점 하나의 생활권으로 개편되고 있는 가운데, 지역단위, 국가단위, 권역단위의 교류와 협력이 더욱 활발해질 것으로 보이며, 다양한 비정부기구(NGO)의 활동이 활발해짐에 따라 민간시민단체들의 국제적인 연대와 협력활동도 크게 늘어나게 되어 컨벤션 산업의 수요는 꾸준히 향상될 것으로 보인다.

컨벤션 산업은 뉴밀레니엄 시대의 국가 산업적 측면에서도 매우 중요한 분야이다. 컨벤션센터의 운영과 관련된 설비 및 서비스 관련 산업, 전시 관련 산업 외에, 다양한 연관 산업 효과를 가지고 있어 경제적 파급효과가 매우 높은 산업이다. 즉, 컨벤션 산업은 관광 · 레저 산업, 숙박 · 유흥 · 식음료 산업, 교통 · 통신 등 관련 산업까지를 포함하는 종합산업이자 지식과 정보의 생산과 유통을 촉진하는 지식기반산업(knowledge-based industry)의 핵심 산업인 것이다.

따라서 서비스 산업으로서 고용을 창출하고 지역경제를 활성화시키며, 외화획득과 세수증대를 가져오는 고부가가치 산업일 뿐만 아니라, 지역사회를 국제화시키고 지역사회의 이미지 개선을 통해 지역발전에 순기능 역할을 담당한다. 이처럼 컨벤션 시장이 더욱 확대될 것으로 전망됨에 따라 세계 각국은 컨벤션 산업을 육성하기 위해 국가적인 차원에서 각종 지원방안을 강구하고 있다. 국내적으로도 2002년 월드컵의 성공적 개최에 따른 국가 이미지 상승을 활용해서 컨벤션 산업의 새로운 도약을 꾸준히 준비해 왔다. 앞으로 더 많은 국제회의를 유치하여 성공적인 개최를 이루기 위하여 정부, 지자체, 관광공사, 업계 및 학계는 협력을 강화하여 여러 과제들을 지속적으로 해결해 나가야 할 것이다.

정재관 코엑스 사장이 말하는 컨벤션 산업의 과제

"컨벤션은 21세기 황금산업…"

인간개발경영자연구회가 지난 9월 21일 개최한 제1471회 세미나에서는 정재관 코엑스 사장이 '글로벌시대의 선진국 경쟁코드, 전시 컨벤션 산업의 과제'라는 주제로 강연을 했다. 이를 발췌해 싣는다.

컨벤션은 참가자 1인이 왔을 때 21인치 컬러TV 14대 수출액과 같고, 3명을 유치했을 때는 승용차 1대를 수출하는 효과가 있다. 컨벤션 산업 참가자들은 관광객보다 평균 1.5일 정도 더 머무르면서, 2.4배 비용을 더 쓰는 것으로 집계됐다.

지금의 라스베이거스는 세계에서 가장 성공적인 전시컨벤션 산업도시로 탈바꿈하고 있다. 카지노에서 벌어들이는 수입과 전시컨벤션 산업 수입이 똑같이 1년에 76억달러씩이다.

지난 8월 20~24일까지 5일 동안 세계도서관정보학회가 열렸다. 약 3,200명이 참석했고 그 중 2,200여 명이 외국인 교수 또는 도서관 관계자들이었다. 이들이 머물면서 소비한 외화가 약 520만달러 이상으로 추정되는데, 이것은 1만1000대의 21인치 TV나 730대의 1500cc 아반떼를 수출한 것과 같다. 특별한 공장도 없이 5일 동안 520만달러의 외화를 벌어들였다. 이 정도로 전시컨벤션은 21세기 고부가 가치 산업이다.

전시산업진흥회에서 발표한 통계에 따르면 지난해 우리나라 전시산업의 생산유발효과는 1조3000억 원에 달했고, 간접세 유발효과는 500억원 이상이었다.

전시회와는 달리 컨벤션은 참가자 1인이 왔을 때 컬러TV 21인치 14대 수출액과 같고, 3명을 유치하면 승용차 1대 수출의 효과가 있다. 이들은 관광객들보다 평균 1.5일 정도 더 머무르면서 2.4배 비용을 더 쓰는 것으로 집계됐다.

라스베이거스 전시컨벤션과 두바이의 국가경영

라스베이거스를 얘기할 때 흔히 카지노를 떠올리는데, 지금의 라스베이거스는 세계에서 가장 성공적인 모델로 꼽히는 전시컨벤션 산업도시로 탈바꿈하고 있다. 카지노에서 벌어들이는 수입이 1년에 76억달러인데, 전시컨벤션 산업으로 벌어들이는 것도 같은 76억 달러이다.

2005년도에 우리나라에서 열린 전시컨벤션이 640건인데 라스베이거스는 2만2000건이다. 이 많은 행사를 개최하면서 호텔의 객실 점유율이 92%로 높아졌고 방문객은 617만명에 달했다. 라스베이거스의 전시컨벤션에 대한 투자규모는 지난 1994년에 37만 스퀘어미터에서 2005년 88만 스퀘어미터로 두 배 이상 늘어났다.

라스베이거스는 엔터테인먼트와 컨벤션 시설, 숙박시설이 잘 돼 있다. 총 방수가 13만 개이고 카지노, 공연장, 놀이공원, 쇼핑몰, 골프 등 모든 먹을거리와 즐길거리를 충분히 제공하고 있다.

이러한 라스베이거스를 만들기 위해서 시 정부 산하에 마케팅 전담반을 두어, 룸텍스의 9%를 주요재원으로 걷는다. 반면에 서울의 호텔 객실수는 2만여 개에 가동률이 69.4%에 그친다.

국내 전시장의 산업규모는 9개 전시장에 총면적 17만 스퀘어미터에 불과한데, 그나마 애로사항이 상당히 많다. 거의 모두 적자이고, 전시회나 컨벤션을 끌어들이기에 상당히 역부족인 상황이다.

세계에서 가장 큰 하노버 전시장은 우리나라 전시장 총면적의 2.7배로, 면적이 47만 스퀘어미터에 달한다. 세계에서 두 번째로 큰 밀라노 전시장이 국내 전시장 전체의 두 배 규모이다. 라스베이거스의 컨벤션도 우리나라 총계보다 약간 더 큰 실정이다. 뿐만 아니라 중국에서도 최근 5년 동안에 전시장을 엄청나게 많이 지어서, 현재 한국의 약 13배에 달하는 전시면적이지만, 전시 후발 국가인 중국 전시장도 많은 고통을 겪고 있다. 그러나 언젠가는 수출산업 못지않게 후발 국가로서 우리를 따라오리라 생각한다.

두바이, 말레이시아, 태국, 스리랑카의 경우에도 전시장 면적은 한국과 비슷하거나 작지만 전시컨벤션에 대한 투자는 훨씬 높고 적극적이다.

지금 전시컨벤션 산업의 정부관할 조직은 두 개로 나눠져 있다. 전시회는 산자부, 컨벤션은 문화관광부 소속이다. 지난해 이것을 통합해서 일관되게 육성하자는 안이 있었지만 부결됐다.

그래서 서울시도 늦게나마 작년 2월 28일에 서울 컨벤션을 출범시켰다. 서울 컨벤션 뷰로(Convention & Visitors Bureau, CVB)를 세워서 3억원의 예산을 받고, 문광부에서 5억원을 받아서 코엑스에 위치한 트레이드타워에 장소를 제공했다. 현재 시청과 코엑스 직원 6명이 서울시의 컨벤션 유치를 위해서 활약하고 있다. 서울시에 전시컨벤션이 한 군데밖에 없기 때문에, 나는 코엑스 대표이사를 맡고 있으면서 2005년 서울 컨벤션 뷰로에 약 120건을 지원했다.

현재 서울시는 청계천공사를 비롯해서 기본적인 인프라와 하드웨어가 거의 끝났기 때문에, 세계적인 컨벤션 도시로 거듭나려면 10억원에서 20억원 정도의 지원이 필요하다. 그렇게 된다면 우리의 축적된 노하우로, 능히 2010년까지는 세계 5위의 컨벤션 도시로 비약할 수 있다는 설명을 드린 적 있다.

세계 전시컨벤션 산업의 현황에 대해서 말하자면, 매년 약 2만 회의 전시회가 개최되고, 그 중에서 37%가 유럽에서, 23%가 미국에서, 19%가 아시아에서 열리고 있다. 작년 국내 전시 개최수는 375건으로 세계 전시회의 2%, 아시아의 10%밖에 안 된다. 대륙별로는 구주, 미주, 아시아 순으로 되어 있는데 모든 산업이 유럽과 미국에 편중되어 있기 때문이다.

서울 작년 국제회의 103건, 개최도시 세계 9위

독일이나 유럽에서 전시컨벤션이 발달한 것은 기계공업, 전자, 조선 등 모든 산업이 유럽과 북미에서 발전했기 때문에 전시회가 동시에 성장해왔다.

하지만 현재 자동차, 조선, IT 등 대부분의 업종이 한국, 일본, 중국에 몰려 있기 때문에 이제는 아시아에서 그 활로를 찾아야 한다.

우리나라의 전시회 개최수는 40건에서 375건으로 20년간 약 9배 성장했고, 전시회 주최자 수는 25개에서 150개로 늘어났다.

사실 20년간의 성장을 보면 상당히 괄목할 만하지만, 다른 산업과 달리 선진국에 비해 취약점은 여전하다.

2005년 UIA(Union of international Associations) 국제회의 발표를 보면, 한국이 185건 개최로 세계 14위, 서울은 103건 개최로 개최도시 세계 9위를 차지했다.

코엑스는 올해로 20주년을 맞이했다. 총인원이 125명인데, 아웃소싱한 경비나 청소 및 시설관리 인력이 약 680명 정도로, 총 800명이 근무하고 있다. 코엑스는 1년 간 전기료가 약 100억원이고, 수도세만 28억원을 쓰고 있는 다중시설이다.

최첨단 전시컨벤션 공간을 가지고 있으며, 앞서 말했듯이 한 지붕 아래에 이렇게 많은 최첨단 시설을 갖고 있는 나라가 세계에서 4~5군데밖에 없다. 기본적인 업무로서 전시컨벤션 기획업무를 하고 있고, 컨벤션센터 위탁운영 및 컨설팅 업무를 작년부터 창원에서 맡아서 하고 있다.

코엑스의 총면적은 3만6000 스퀘어미터이고, 7,000명을 수용할 수 있는 대형 회의실과 전시컨벤션 참석자를 위한 각종 부대시설로, 그랜드 인터콘티넨탈호텔과 코엑스 인터콘티넨탈호텔, 오크우드호텔이 인근에 있다. 그리고 현대백화점과 무역센터가 있으며, 코엑스몰에는 대형극장인 메가박스와 아쿠아리움, 그리고 일반 매장 213개가 있다.

우리는 오피스타워인 트레이드타워와 아셈타워, 그리고 외국 방문객들이 도심공항으로 직접 접근할 수 있는 도심공항터미널을 운영하고 있다.

작년에 창원컨벤션센터(CECO)를 공개경쟁을 통해서 오픈했다. 경상남도와 창원시가 50%씩 출자하고, 총사업비 770억 원을 들여서 완공했다. 지방 전시장 초기 가동률과 비교해보면, 부산의 BEXCO와 대구의 EXCO가 초년도 가동률이 각각 27%와 35%였다.

이에 따라 창원컨벤션의 초기 가동률도 30% 정도로 잡으면 성공이라고 생각했는데, 작년에 48%였고 올해는 55%가 넘을 것으로 기대된다.

한 · 중 · 일 손잡고 세계적 전시회 집중 육성

작년에 고양 일산에 한국국제전시장(KINTEX)이 오픈했는데, 앞으로 자동차 전시회나 또는 대형 전시회 등 중후장대(重厚長大)한 것은 KINTEX로 보내고, 코엑스는 경박단소(輕薄短小)해서 컨퍼런스 중에서도 IT전시회나 아트페어와 같은, 문화 관련 전시회를 중점 추진하려고 노력하고 있다.

국제수주 및 국제사업 추진을 위해서는 한국무역투자진흥공사(KOTRA)와 연계가 되어, 각국 대사관에 바이어 전담 유치인원을 배정하고 있다. 또 세계 주요 전시회업체 14개와 MOU를 체결해서 인적교류를 하고 있다.

전시컨벤션이 유럽과 미국에 편향되어 있고, 그 사람들은 동남아시아나 한 · 중 · 일의 전시회는 중요하게 생각하지 않고 있다. 그러나 앞으로의 전시컨벤션 산업은 아시아를 등지고는 성장할 수 없다.

내가 한 · 중 · 일이 협력하면 컨벤션이 이 3국으로 올 것이라고 제안해서 3국 협력회를 창립시켰다. 3국이 공통으로 할 수 있는 대형 전시회를 순회 전시하거나, 문제점을 서로 지적하고 해결할 수 있도록 돕자고 해서 작년에 처음 추진했고, 올해 10월에는 북경에서 한 · 중 · 일 포럼을 하고, 내년은 일본으로 갈 것이다.

코엑스에서는 국제자동화종합전과 국제사진영상기자재전, 서울국제 판촉물 및 생활용품전, 한국국제사인/디자인전 등 4개를 집중 육성해서, 중국 및 일본과 힘을 합쳐서 세계 어느 전시회 못지 않게 발전시킬 구상을 갖고 있다.

코엑스 직원이 125명인데, 1인당 교육비로 보면 아마 한국에서 가장 높은 교육비 비율을 차지하고 있을 것이다. 수시로 해마다 캐나다, 독일, 미국으로 유학을 보내고, 장기코스로는 1~2년 정도 보내기도 한다. 그리고 미국의 전시전문 기획사 프로그램을 들여다가, 경력을 가진 사람들에게 자격증을 주는 보충교육을 실시하고 있다.

올해 11월에 5,400평 규모의 지상 6층, 지하 1층의 아트센터를 착공해서 내년 11월에 개관시킬 예정이다. 강남주민을 위해서 삼성역 근처 영동대로 상에 워터파크 분수대를 설치하고, 그 지하공간에 임대평수를 더 늘릴까 생각하고 있다.

코엑스에서 중점을 두고 있는 문화산업 중 하나가 올해로 6회째 시행된 코리아 인터내셔널 아트페어, 한국국제아트페어를 코엑스에서 개최하는 것이다. 이 아트페어는 문화적 수준이 있는 사람들과 뮤지션들이 참가하기 때문에, 전시컨벤션 관련 사람들이 사용하는 비용보다 약 2배 더 쓰지 않을까 생각한다.

코리아 아트페어를 중심으로 바젤아트페어가 세계에서 가장 유명한데, '바젤 코엑스 아트페어' 또는 세인트 페터스부르그에 있는 아미타제박물관의 미술품과 기타 조각품, 또는 여러 명품들을 서울에서 전시하는 기획을 추진하고 있다. 또 뉴욕의 구겐하임 전시회를 코엑스에서 열면 상당히 많은 부수효과를 노릴 수 있겠다고 생각해서 서울시장에게 건의 중이다.

관광 컨벤션 사업보다 더 큰 고부가가치를 아트페어가 창출하는 데, 시장께서 페터스부르그나 바젤시와 교류를 맺어주면, 우리가 바젤을 겨냥해서 전시를 함으로써 한국, 중국, 일본 사람들이 바젤이나 세인트 페터스부르그에 가기 전에 한국에서 많은 손님을 유치할 수 있을 것이라며, 도움을 요청하고 있다

[이코노믹리뷰 2006-10-20 11:15]

제2절 호텔컨벤션의 분류

현재 여러 호텔에서는 행사의 성향이 비슷한 모임이나 연회를 서로 다른 이름으로 개최하는 것을 볼 수 있다. 이러한 모든 모임이나 행사를 영어의 'meeting'이라는 단어로 간단하게 표기할 수도 있다. 하지만 실제로 각각의 모임이나 행사는 그 내용이나 형태 및 방식에서 차이를 보이므로, 용어들은 각기 다르게 사용되어야 한다.

따라서 각종 컨벤션 행사에 따른 용어 파악은 컨벤션 종사자에게는 대단히 중요한 부분을 차지하는데, 이는 모임의 특성과 성향을 알고 있어야 고객이 의도하는 방향으로 정확히 행사를 준비할 수 있기 때문이다. 예를 들어, 모임의 형태가 세미나라고 했을 때는 일반적인 컨벤션보다 지적 교류에 필요한 노트북 및 프로젝터 등이 필요할 것이며, 단어적으로 볼 때 미국에서 컨퍼런스(conference)라고 불리는 모임은 유럽에서는 컨그레스(congress)로 불릴 수 있음을 유의하여야 한다. 또한 워크숍(workshop)이라고 했을 경우에는 평상복 차림의 소규모 그룹이 모이는 것을 생각하는 반면, 강좌(lecture)라고 하면 특정 주제를 가지고 청중에 대한 좀 더 공식적인 발표를 의미한다.

따라서 호텔 및 컨벤션 산업의 종사자는 컨벤션의 유형에 따라 적절한 용어를 정립하고, 용어를 정확하게 구별할 필요가 있다.

1. 회의 형태별 분류

(1) 컨벤션

컨벤션(conventions)이라는 용어는 원래 미국에서 집회를 의미하던 것으로 어떤 공통의 목적을 가진 사람들의 모임이라고 축약할 수 있다. 하지만 오늘날의 컨벤션은 보다 포괄적인 의미를 가짐으로써 국제간 교류의 증가로 국제회의의 의미를 포함하게 되었고, 최근에는 전시회 · 박람회 · 각종 이벤트를 포함하는 포괄적인 개념으로 인식되기도 한다.

따라서 국제적 · 국가적 기구가 개최하는 연차 총회뿐만 아니라, 각종 총회에 속해 있는 분과회의 및 소규모 회의, 임시위원회의 등을 모두 포함한다. 후에 컨벤션은 정보전달을 주목적으로 하는 정기집회를 의미하는 용어로도 많이 사용되며 전시회와 함께 개최되는 경우가 많다.

또한 컨벤션은 전시와 같이 혹은 전시 없이 개최되기도 한다. 컨벤션이라 불리는 모임 중에는 새로운 상품을 시장에 소개하거나, 회사전략에 대한 계획 수립을 위해서 해마다 주기적으로 열리기도 한다. 따라서 컨벤션이 개최되기 위해서는 특정 주제 및 정보를 모든 참가자들에게 전달할 수 있는 대회의실 및 여러 개의 소회의실을 필요로 할 경우도 있다.

(2) 컨퍼런스

컨퍼런스(conference)는 참가자들의 토론과 참여를 필요로 한다는 점에서 컨벤션과 유사한 의미로 사용되지만 컨벤션에 비해 토론회가 많이 열리고, 회의 참가자들에게 토론회 참여기회도 많이 주어진다. 컨벤션이 다수 주제를 다루는 조직의 정기회의의 의미로 자주 사용되는 반면, 컨퍼런스는 주로 과학 및 기술, 학문분야의 새로운 지식습득 및 특정 문제점 연구를 위한 회의를 지칭할 때 많이 사용된다.

또한 컨퍼런스는 컨벤션과 달리 구체적인 문제점들을 다루기 때문에 소규모의 회의를 반드시 개최할 필요는 없다. 미국에서 컨퍼런스라는 명칭은 주로 회의를 다루는 국제적 집회로 사용되며, 프랑스계 국가에서는 외교적 성격의 국제회의를 의미한다.

(3) 컨그레스

컨그레스(congress)는 유럽 등의 국가에서 국제적 행사를 지칭하기 위해 가장 흔히 사용되는 용어로 컨벤션과 같은 의미를 가지며 주로 유럽지역에서 국제회의를 의미한다. 반면 미국에서는 이 용어가 '회의 참석자가 다양한 의회'를 지칭하는 것으로 사용되고 있다.

(4) 포 럼

포럼(forum)은 한 가지의 주제에 상반된 견해를 가진 동일분야의 전문가들이 사회자의 주도하에 청중 앞에서 벌이는 공개토론회이다. 이때 청중이 자유롭게 질의에 참여하기 때문에 의견을 종합해야 하는 사회자의 역할이 중요하다.

또한 포럼은 특정 주제에 대해서 사회자의 주관하에 2인 이상의 연사들이 서로 다른 견해를 발표하고 청중들도 토론에 참가하는 토론식의 모임을 말한다. 이런 형태의 모임은 기본적으로 많은 청중이 참석하기를 기대하는 성격을 띠며, 토론자만이 아니라 청중도 질문을 제시할 수 있다는 특성을 지닌다. 먼저 두 명 이상의 발언자가 서로 반대되는 의견을 가지고 연설을 하는 데, 이때 연설은 상대 발언자보다는 청중에게 집중된다. 발언자의 연설이 끝나면 중재자 역할을 하는 사회자가 연설을 요약하고 토론을 이끈다. 청중은 대부분 질문을 할 수 있으며, 컨벤션센터에서는 테이블 밑 마이크를 제공해야 한다.

(5) 심포지엄

심포지엄(symposium)은 하나의 안건에 대해 전문가들이 그들의 연구결과를 중심으로 다수의 청중 앞에서 벌이는 공개토론회이다. 이는 운영이 좀 더 공식적인 경향이 있어 청중의 질의 기회도 적게 주어진다. 또한 개인이 진행하거나, 패널로 진행되는데 청중에게 발표하는 형식으로 자신의 의견을 제시하게 된다. 심포지엄에서도 청중들의 참여가 있긴 하지만, 포럼보다는 그 참여의 폭이 일반적으로 더 적은 편이다.

(6) 강 연

강연(lecture)은 한 명의 전문가가 청중이 있는 자리에서 일정한 형식에 따라 강의하는 것인데 공식적이고 조직화되어 있다.

다만 청중에게 질의 및 응답시간이 필수적인 것이 아니라, 선택사항이 되며 행사규모에 있어서도 자유로운 편이다.

(7) 세미나

세미나(seminar)는 주로 연구 및 교육목적 하에 발표자의 발표와 참가자들의 참가를 통해서 서로 토론하고 지식과 경험을 나누는 형식으로 진행된다. 즉 참가자 중 1인의 주도하에 특정분야에 대한 각자의 지식이나 경험을 발표하고 토의하는 형식을 취하며, 보통 30명 이하의 사람들이 참석한다.

따라서 이러한 진행은 발표자와 참가자가 공유하는 지점이 크다는 점에서 비교적 소규모 그룹에 적합한 형태이다. 모임이 커지면 포럼이나 심포지엄으로 바뀐다.

(8) 워크숍

워크숍(workshop)은 구체적인 사안이나 연구 과제를 다루는 소규모 그룹에만 적용하는 일반적인 회의를 칭하는 말이다. 따라서 컨퍼런스와 컨벤션 및 기타 회의의 한 부분으로 개최되는 짧은 교육 프로그램으로 새로운 정보와 전문지식을 전달 · 교육할 목적으로 진행되며, 보통 30~35명 정도의 인원이 특정문제나 과제에 관한 새로운 지식 · 기술 · 통찰방법 등을 서로 교환한다.

특히 참가자들은 새로운 지식 · 기술 · 문제에 대한 통찰력을 공유해야 하기 때문에 워크숍에서는 상호간 훈련이 가장 중시되며, 모두가 적극적으로 참석할 수 있도록 대면이 직접적인 특징이 있다.

(9) 클리닉

클리닉(clinic)은 구체적인 기술을 교육하고 습득하기 위한 목적으로 사용되는 회의형태로, 일반화되지 않은 새로운 기술이나 전문지식을 제공하는 것에 초점을 둔다. 대부분 소규모 그룹으로 제한된다.

예를 들면 프로골퍼 전문가를 초빙하여 참석자들에게 기술이나 장비선택 등을 알려주고 문제점을 해결해주는 형태이다.

(10) 패널 토의

패널 토의(panel discussion)는 대규모 회의에서 흔히 이루어지는 회의형태로 청중이 모인 가운데 2~8명의 연사가 서로 다른 분야에서의 전문가적 견해를 발표하는 공개토론회를 말한다. 역시 사회자가 주도하며 청중도 자신의 의견을 발표할 수 있다.

또한 패널이 구성되기 위해서는 전문적 기술 분야나 견해를 제공하는 두 명 이상의 토론자가 필요하다. 이러한 패널에서는 토론자들만이 아니라 청중과도 토론이 가능한데 언제나 중재자가 있어야 한다. 패널은 그 자체로도 모임이 가능하지만 종종 큰 회의 형식의 한 부분이 되기도 한다.

(11) 강 좌

강좌(Institute)는 종종 컨퍼런스·세미나·워크숍을 주관하는 데 교육과 훈련 기회를 많이 제공하기 위해 업계 혹은 회사 내에 설립된 것들이 대부분이다. 또한 같은 주제에 대한 여러 번의 모임을 제안하기 위해 사용되기도 한다. 예를 들면, 한 연구소에서 한 해의 매 분기마다 지속적인 훈련 프로그램을 제안하는 것이 그것이다.

(12) 강습회

강습회(institution)는 컨퍼런스·세미나·워크숍 등을 포괄하는 의미로 보다 광범위한 교육기회를 제공하게 된다. 또한 같은 주제에 대해 보다 심층적으로 교육하고자 하는 경우에도 강습회가 개최된다.

(13) 전시회

전시회(exhibition)는 주로 회의나 컨벤션과 연계되어 개최되는데, 상품과 운영 실무를 전시하기 위해 사용된다. 전시회는 칵테일 파티나 연회행사에서 소규모 형태로 물품이 전시되기도 하고, 회의가 열리는 호텔이나 컨벤션 센터의 전시장 또는 가까운 전시장에서 대규모로 개최되기도 한다. 유럽에서는 일반적으로 다른 프로그램이 없는 전시는 교역전시회(trade fairs)라고 불리기도 한다.

(14) 무역박람회

무역박람회(trade show 또는 trade fair)는 부스(booth)를 이용하여 여러 판매자가 자사의 상품을 전시하는 형태이다. 전시회와 매우 유사하나 다른 점은 컨벤션의 일부로서 열리지는 않는다.

(15) 모 임

모임(meeting)이라는 용어는 지금까지의 분류 중에서 가장 큰 개념이다. 앞서 언급했던 모든 용어들은 모두 대표적인 모임의 한 형식들이라고 할 수 있다. 따라서 특별히 어떤 용어를 사용하지 않으면, 모든 행사는 모임(meeting)으로 간단히 불릴 수 있는 것이다. 이것은 주로 모든 참석자들이 조직의 문제를 토의하기 위해 만나는 단일 조직의 구성원일 때 적합한 용어이다. 그러나 특정한 주제가 있고, 참석자의 범위가 단일 조직을 넘어설 경우에는 앞서 구분했던 컨벤션 유형별로 정확하게 호칭할 수 있어야 한다.

(16) 원격회의

원격회의(teleconference) 방식은 TV와 통신위성 등과 연결된 통신시설을 활용해서 회의를 진행하는 것으로, 회의개최 경비의 절약, 번잡스러운 회의 준비의 생략 그리고 시간이 절약되는 등의 이점이 있다.

오늘날 통신·전자기술의 발전으로 고도의 통신기술을 이용한 회의 진행이 가능해져 미래에 발전가능성이 기대되는 회의방식이다.

2. 회의 개최 주체별 분류

(1) 기업회의

기업회의(corporate meetings)는 기업이 주관하여 개최하는 회의를 말한다. 따라서 주로 경영자나 주주를 대상으로 한 회의에서부터 종사원 혹은 관련 도·소매업체를 대상으로 하는 회의에 이르기까지 다양하다. 이러한 기업회의에는 경영자회의, 주주회의, 영업회의, 교육훈련회의, 인센티브회의, 동기유발회의, 신상품 소개회의 등이 있다. 각각의 회의에는 기업이 추구하고자 하는 목표가 있으며, 그러한 목표를 충족시키기 위해 회의를 개최한다.

(2) 협회회의

협회회의(association meetings)란 협회에서 주관하여 개최하는 회의를 말한다. 협회란 공통의 관심과 목적을 가진 사람들을 위한 조직으로 협회의 규모는 소규모의 지역협회에서부터 대규모의 세계협회에 이르기까지 매우 다양하다. 협회는 그 성격에 따라 교육협회 · 전문협회 · 무역협회 · 우애협회 등이 있으며, 그들 공동의 이익과 관심을 충족시키기 위해 회의를 개최한다. 예를 들어 관광정책이나 관광산업의 발전을 도모하기 위한 협회로는 PATA(Pacific Area Travel Association)와 ASTA(American Society of Travel Agents) 등이 있다.

(3) 비영리기관 회의

비영리기관 회의(non profit organization meeting)는 사회단체 또는 비영리기관이 공동의 관심사항을 논의하기 위한 각종 회의를 말한다.

(4) 종교단체 회의

종교단체 회의(religious organizations meeting)는 광범위한 특별 관심사를 다루는 경우가 많은데, 주로 교육 · 의학 · 인종 · 자선에 대한 것은 물론 종교적 문제 등이 포함된다. 종교단체의 회의에 있어 개최지 선정, 프로그램, 참석자 등은 회의의 목적과 유형에 따라 다르지만, 회의비용이 개최지 선정에 있어 주요 고려대상이 된다.

(5) 시민회의

시민회의(civil meeting)는 자발적인 참여를 중심으로 이루어지는 경우가 많은데, 환경모임, 소비자 연합회모임 등 사회공동의 관심사항을 개선할 취지로 개최되는 경우가 많다.

(6) 정부기관회의

정부기관회의(government agency meeting)는 정부의 조직과 관련된 정당 · 경제 · 문화 · 외교 등의 국가정책과 공동의 쟁점사항을 논의하기 위한 회의이다. 이러한 정부주관 회의는 다양한 방식으로 기금을 조성하기도 하는 데, 예를 들어 상공회의소의 주관회의는 개인이나 조직에서 기부하는 형식의 회원제 조직으로 운영되기도 한다.

(7) 예술단체회의

예술단체회의는 예술인 혹은 예술관련 단체들이 문화 · 예술진흥 · 전시 등을 목적으로 개최되는 회의를 말한다.

3. 회의 규모별 분류

컨벤션 관계 전문기구마다 국제회의에 대한 정의는 다소 차이가 있는데, 아시아 국제회의협회에서 분류한 국제회의 종류를 살펴보면 다음과 같다.

(1) 국제회의

국제회의(international meeting)란 주최국을 포함해서 아시아 대륙이 아닌 타 대륙으로 부터 1개국 이상 참가한 양국회의 또는 다국회의를 말한다.

(2) 지역회의

지역회의(regional meeting)란 주최국을 포함해서 아시아 대륙으로부터 1개국 이상이 참가한 양국회의 또는 다국회의를 말한다.

(3) 해외개최국 내 회의

1개 외국 참석자들로만 구성된 회의를 말한다.

4. 회의 진행 주제별 분류

(1) 개회식

개회식, 즉 오프닝 세레모니(opening ceremony)는 컨벤션의 개최취지에 부응하고자 본회의를 시작하기 전에 개최되는 공식 절차로 일정한 형식과 의례에 따라 진행된다. 이는 일정한 형식과 분위기를 창출하기 위하여 교향악·전통무용 등의 연주나 연예행사가 준비되기도 한다.

또한 오프닝 세러모니에는 컨벤션 참가를 목적으로 등록한 정회원은 모두 초청되며, 그들의 수행원이나 정부기관 인사, 지역의 유지 등 본회의와 무관한 사람일지라도 초청할 수 있다.

(2) 총 회

총회(general assembly)는 모든 회원들이 참석하는 회의로서 대부분 정관에 따라 개최되며, 회원들은 특정의제에 관해 발표·표결할 권한을 갖는다. 총회에서는 정관수정, 방침결정, 집행위원의 지명·해임 등의 사항으로 진행된다.

(3) 폐회식

폐회식(closing session)은 회의를 종결하는 공식적인 절차이다. 폐회식에서는 회의의 성과나 채택된 결과를 요약하여 보고하며, 폐회사를 한다.

(4) 위원회

1) 커미션

보통 커미티(committee)와 같은 성격의 위원회로 어떤 특정한 연구를 위해 본회의 참석자 중에서 지명된 20명 내외의 사람들로 구성된다. 커미션은 본회의 기간이나 다른 시기에 열리며 위임받은 사항을 전문적으로 검토하게 된다.

2) 카운슬

카운슬(council)은 본회의에서 선출된 사람들로 구성되며, 본회의 기간 중에 개최된다. 특정문제에 관하여 어느 정도의 결정권을 가지므로 기타 위원회보다 집행기능이 강하다고 할 수 있으나 이 회의의 결정사항은 본회의에서 비준되어야 한다.

3) 커미티

커미티(committee)는 본회의 기간이나 휴회 중에 소집되는 위원회로 위임된 사항에 대하여 연구 · 토의하여 건의한다.

(5) 집행위원회

집행위원회(executive committee)는 본회의나 위원회에서 선출된 10명 이내의 인원으로 구성되며 집행을 요하는 의제를 다룬다. 어느 정도의 결정권은 갖고 있으나, 때로는 본회의에서 승인을 요한다. 집행위원회의 회의결과는 보고서 형식으로 작성된다.

(6) 실무그룹

실무그룹(working group)은 위원회에서 임명된 특정전문가들로 구성되며, 단기간 내에 구체적인 연구를 하여 전문적인 보고서를 작성한다.

(7) 소그룹

소그룹(buzz group)은 어떤 문제나 논제에 관하여 총체적으로 자문하도록 구성된 협의체로서 회의기간 동안 여러 번 소그룹이 개최되기도 하는데, 이때 본회의의 진행은 잠시 중단되어 여러 소그룹으로 나누어 진행된다. 각 소그룹은 위원장을 선임하여 제기된 문제를 논의하는 데 각 위원장은 소그룹에서 도출된 의견에 관하여 본회의에서 보고한다.

5. 회의 개최 목적별 분류

(1) 정보전달회의

정보전달회의는 주로 지식이나 정보를 제공하는 데 중점을 두는 회의이다. 정보전달 회의를 통해 새로운 정보를 얻을 수 있으며, 다양한 관점에 대한 더 나은 이해를 얻을 수 있다. 정보전달회의의 대표적인 예는 기업의 신상품 소개와 종사원에 대한 교육훈련 등이 있다.

(2) 토의회의

토의회의는 광범위한 문제나 특정문제에 대해 집중적으로 토론하는 데 중점을 둔다. 참가자들에 다양한 의견이 상호 교환되어 정해진 안건에 대한 결정이 이루어진다. 토의회의는 문제해결을 위한 수단으로 주로 이용된다.

(3) 친목회의

친목회의는 정보전달이나 특정문제의 해결을 목적으로 하는 회의와는 달리 회원 간의 유대감이나 친목을 도모하기 위한 것에 중점을 두는 회의이다. 주로 친목단체에서 개최하는 데, 회원들은 공통의 관심과 이익을 추구하므로 서로간의 네트워크 형성에 좋은 기회가 된다.

6. 회의 개최 주기별 분류

(1) 정기회의

비교적 대규모회의인 경우에 회의 개최 회기의 간격이 길며, 회의가 1년, 2년, 3년, 4년, 5년 등 다양한 종류가 있다.

(2) 부정기적 회의

필요에 따라 부정기적으로 개최하는 회의이며, 주기가 일정치 않다.

제3절 우리나라 컨벤션센터의 현황 및 파급효과

1. 우리나라의 컨벤션 현황

우리나라는 2003년에 새롭게 정비된 국제회의 육성법에 의거하여 국제회의 산업을 적극적으로 육성하고 있으며, 정부적 차원에서 전국적으로 4개의 국제회의 도시를 선정하여 국제회의 도시 내의 국제회의 유치 및 개최를 지원하고 있다.

컨벤션 지원기관으로는 중앙 컨벤션 뷰로로 한국관광공사의 코리아 CVB가 있으며, 지방의 컨벤션 뷰로로는 서울 CVB, 대전 CVB, 대구 CVB, 부산 CVB, 인천, CVB, 광주 CVB, 제주 CVB가 있어서 해외 컨벤션 마케팅 및 한국의 국제회의의 유치 및 개최를 위해서 적극적으로 지원하고 있다. 또한 150여 개의 프로페셔널한 PCO(Professional Convention Organization)가 있어서 국제회의의 개최시 성공적인 회의 진행을 위해서 노력하고 있다.

서울 코엑스 전경

〈표 1-2〉 국내 컨벤션 시설현황

이 름	수용인원(명)	회의실수	전시장 수	설립연도
COEX(서울)	9,420	51	4	2000
BEXCO(부산)	4,840	26	6	2001
EXCO(대구)	6,141	11	3	2002
ICC Jeju(제주도 아이슬랜드)	11,830	23	2	2003
KINTEX(경기도)	3,070	12	5	2005
CECO(창원, 경남)	7,100	11	3	2005
김대중 컨벤션센터(광주)	2,210	11	3	2005
DCC(대전)	2,500	24		2008
INTO(인천)	4,420	11	1	2008

* 자료 : 한국관광공사, ≪코리아 컨벤션 뷰로≫에서 발췌하여 재구성함

〈표 1-3〉 지역별 국제회의 시설현황

구분	지역	시설명	수용능력		홈페이지
			대회의장(수용인원)	객실 수	
호텔	서울	그랜드인터컨티넨탈서울	1,800	535	www.seoul.intercontinental.com
	서울	코엑스인터컨티넨탈서울	1,000	653	www.seoul.intercontinental.com
	서울	밀레니엄서울힐튼	3,200	683	www.hilton.com
	서울	신라	1,200	511	www.shilla.net
	서울	롯데호텔서울	1,800	1,486	www.lottehotel.com
	서울	그랜드하얏트서울	1,500	602	www.seoul.grand.hyatt.com
	서울	쉐라톤그랜드워커힐서울	1,280	623	www.walkerhill.com
	서울	롯데호텔서울 · 잠실	1,500	533	www.lottehotel.com
	서울	JW메리어트서울	1,000	497	www.jw-marriott.co.kr
	서울	래디슨서울프라자	900	478	www.seoulplaza.co.kr
	서울	르네상스서울	900	494	www.renaissanceseoul.com
	서울	그랜드힐튼서울	2,214	501	www.grandhiltonseoul.com
	서울	리츠칼튼서울	800	410	www.ritz.co.kr
	서울	웨스틴조선서울	600	453	www.echosunhotel.com
	서울	메이필드	1,000	202	www.mayfield.co.kr
	서울	아미가서울	800	200	www.amiga.co.kr
	서울	호텔캐피탈	1,200	287	www.hotelcapital.co.kr
	서울	소피텔앰배서더서울	700	417	www.ambatel.com

구분	지역	시설명	수용능력		홈페이지
			대회의장 (수용인원)	객실 수	
호텔	서울	호텔리베라	1,000	181	www.hotelriviera.co.kr
	서울	서울팔레스호텔	550	283	www.seoulpalace.co.kr
	서울	홀리데이인서울	1,000	362	www.holiday-inn.co.kr
	서울	노보텔앰배서더강남	500	336	www.ambatel.com
	서울	노보텔앰배서더독산	580	230	www.ambatel.com
	서울	타워호텔서울	600	218	www.towerhotel.co.kr
	서울	서울올림픽파크텔	500	240	www.parktel.co.kr
	서울	호텔프레지던트서울	270	303	www.hotelpresident.co.kr
	서울	세종호텔서울	350	273	www.sejong.co.kr
	서울	엘루이호텔	350	139	www.elleui.co.kr
	서울	서울로얄호텔	200	306	www.seoulroyal.co.kr
	서울	코리아나호텔	150	345	www.koreanahotel.com
	서울	올림피아호텔서울	400	269	www.olympia.co.kr
	서울	서울교육문화회관	1,200	239	www.temf.co.kr
	서울	라마다서울	500	243	www.ramadaseoul.co.kr
전문시설	서울	COEX	7,000		www.coex.co.kr
준회의장	서울	aT센터	400		www.atcenter.co.kr
	서울	SETEC	100		www.setec.or.kr
	서울	63빌딩 컨벤션센터	1,500		www.63city.co.kr
	서울	예술의전당	2,600		www.sac.or.kr
	서울	서울올림픽기념 국민체육진흥공단	15,000		www.sosfo.or.kr
	서울	리틀엔젤스예술회관	1,276		www.lacenter.or.kr
	서울	건국대학교	805		www.weneart.com
	서울	서울대학교	250		www.hoam.ac.kr
	서울	성균관대학교	800		www.skku.ac.kr
	서울	호암교수회관	799	107	www.hoam.ac.kr
	서울	세종대학교 컨벤션센터	3,540		www.sejong.ac.kr
호텔	부산	부산롯데호텔	2,000	806	www.busanlottehotel.co.kr
	부산	그랜드호텔해운대	1,200	321	www.grandhotel.co.kr
	부산	웨스틴조선부산	800	292	www.echosunhotel.com
	부산	파라다이스호텔부산	700	521	www.paradisehotel.co.kr
	부산	메리어트부산	400	362	www.busanmarriott.co.kr

구분	지역	시설명	수용능력		홈페이지
			대회의장(수용인원)	객실 수	
호텔	부산	호텔코모도부산	520	314	www.commodore.co.kr
	부산	호텔파라곤	500	132	www.hotelparagon.com
	부산	호텔서라벌	300	162	www.hotelsorabol.com
	부산	호텔농심	1,200	242	www.hotelnongshim.com
전문시설	부산	BEXCO	2,400		www.bexco.co.kr
준회의장	부산	부산문화회관	208		bsculture.busan.kr
호텔	제주	신라제주	900	429	www.chejushilla.com
	제주	롯데호텔제주	1,000	500	www.lottehotel.co.kr
	제주	제주그랜드호텔	700	512	www.oraresort.com
	제주	하얏트리젠시제주	400	224	www.hyattcheju.com
	제주	제주오리엔탈호텔	700	313	www.oriental.co.kr
	제주	제주KAL호텔	650	282	www.kalhotel.co.kr
	제주	크라운프라자호텔&카지노제주	400	224	www.crownplaza.co.kr
	제주	스위트호텔제주	180	90	www.suites.co.kr
	제주	파라다이스호텔제주	160	56	www.paradisehoteljeju.co.kr
	제주	제주퍼시픽호텔	800	177	www.jejupacific.co.kr
	제주	라마다프라자제주	1,000	380	www.ramadajeju.co.kr
	제주	서귀포KAL호텔	290	225	www.kalhotel.co.kr
	제주	제주로얄호텔	220	108	www.jejupacific.co.kr
전문시설	제주	ICC Jeju	4,300		www.iccjeju.co.kr
호텔	대구	호텔 인터불고, 대구파크호텔	2,800	342	hotel.inter-burgo.com
	대구	대구그랜드호텔	1,100	129	www.taegugrand.co.kr
	대구	대구프린스호텔	1,000	117	www.princehotel.co.kr
	대구	호텔제이스	800	59	www.hotel-js.com
	대구	대구GS프라자호텔	700	88	www.gsplazahotel.co.kr
전문시설	대구	EXCO	4,200		www.excodaegu.co.kr
호텔	경북	호텔현대경주	1,700	449	www.hyundaihotel.com
	경북	코오롱호텔	1,200	318	kolonhotel.digitech.co.kr
	경북	웰리치조선호텔	250	260	www.chosunhotel.com
	경북	호텔콩코드	900	307	www.concorde.co.kr
	경북	경주힐튼호텔	720	324	www.gyeongjuhilton.co.kr

구분	지역	시설명	수용능력		홈페이지
			대회의장(수용인원)	객실 수	
호텔	경북	호텔로얄시그너스	500	115	www.hotelcygnus.co.kr
	경북	경주교육문화회관	2,000	270	www.temf.co.kr
준회의장	경북	경북관광개발공사	700		www.ktd.co.kr
호텔	강원도	강원랜드 리조트	1,000	477	www.kangwoncasino.com
	강원도	호텔 현대	250	96	www.hyundaihotel.com
	강원도	켄싱턴스타호텔	500	109	www.kensington.co.kr
	강원도	설악파크	500	121	www.hotelsorakpark.co.kr
	강원도	호텔오대산	180	306	www.hotelodaesan.co.kr
	강원도	피닉스파크	800	897	www.phoenixpark.co.kr
	강원도	호텔낙산비치	600	126	www.naksanbeach.co.kr
	강원도	썬크루즈	1,200	306	www.suncruise-resort.co.kr
	강원도	오크밸리	600	720	www.oakvalley.co.kr
	강원도	비발디파크	2,000	1,080	www.daemyungcondo.com
	강원도	현대성우리조트	800	767	www.hdsungwooresort.co.kr
	강원도	용평리조트	600	191	www.yongpyong.co.kr
	인천	파라다이스호텔인천	400	176	www.paradiseincheon.co.kr
	인천	하얏트리젠시인천	720	525	www.hyattregencyincheon.com
	인천	송도비치호텔	202	600	www.songdobeach.co.kr
	인천	호텔로얄인천	500	118	www.royalhotel.co.kr
	인천	베스트웨스턴 인천에어포트	300	301	www.bestwesternincheon.com
	경기도	호텔캐슬수원	400	81	www.hcastle.co.kr
	경기도	호텔미란다이천	400	192	www.mirandahotel.com
	대전	호텔유성	900	190	www.yousunghotel.com
	대전	호텔리베라	1,600	174	www.hotelriviera.co.kr
	대전	호텔스파피아	330	216	www.hotelspapia.co.kr
	전북	호텔티롤무주	720	118	www.mujuresort.com
	전북	코아호텔	500	111	www.corehotel.co.kr
	전북	전주코아리베라호텔	600	165	www.hotel-riviera.co.kr
	울산	호텔현대(울산)	700	284	www.hyundaihotel.com
	울산	롯데호텔울산	900	211	www.lottehotel.com
	경남	호텔인터내셔널	800	121	www.hotelinternational.co.kr
	경남	동방관광호텔	200	124	www.hoteldongbang.com
	경남	레이크힐스호텔부곡	200	93	www.lakehills.co.kr

구분	지역	시설명	수용능력		홈페이지
			대회의장 (수용인원)	객실 수	
전문시설	경기도	KINTEX	2,000		www.gokintex.co.kr
	광주	김대중컨벤션센터	1,260		www.kdjcenter.or.kr
	창원	CECO	500		www.ceco.co.kr
준회의장	전북	한국소리문화의전당	7,000		www.sori21.co.kr
	대전	대전무역전시관	2,500		www.kotrex.com

* 자료 : 한국관광공사, ≪코리아 컨벤션 뷰로≫에서 발췌하여 재구성함

2. 컨벤션 개최에 따른 파급효과

컨벤션 개최에 따른 관련 산업의 진흥으로 인하여 한 국가 또는 지역에 나타나는 결과는 개최지의 정치 · 경제 · 사회 · 문화 · 환경 등 전 분야에 걸쳐 광범위하게 나타난다.

따라서 각 나라에서는 컨벤션 산업을 진흥시키기 위하여 컨벤션센터를 건립하고, 숙박 · 교통 관련 산업 등을 정비하고, 사회간접자본을 확충하는 과정에서 건설부문에 대한 투입효과에 따른 관광외화획득 등 경제적 파급효과에 상당히 관심을 보이고 국제회의 산업을 진흥시키기 위하여 정책적 노력을 배가하고 있다.

또한 컨벤션 산업의 파급효과는 유치 · 개최에 따른 경제적 파급효과와 아울러 정치 · 외교 · 사회 · 문화 · 환경 등 개최지 전 부문에 걸쳐 광범위하고 다양하게 파생되기 때문에 세계화 · 개방화 · 정보화의 시기에 컨벤션 산업 진흥의 당위성은 보다 확고해진다고 볼 수 있다.

(1) 홍보적 측면

회의참자가는 회의참가 전, 개최지 방문에 따른 제반사항을 주위의 동료, 친지, 관련단체, 주요 인사들과의 접촉시에 의논함으로써 간접적인 개최지 홍보효과를 가져온다. 또한 컨벤션에 참가하는 각국 대표들은 해당 국제회의 내용이 참가자 자신과 밀접한 연관성을 가지고 있어 일반 관광객에 비해 개최지에 대해 호기심 이상의 관심을 가지게 된다. 통례상 회의 개최지

는 수년 전에 결정되므로 비교적 충분한 준비기간을 가지고 관심사항에 대한 자료나 정보를 수집하는 것이 이들을 통한 효과적인 개최지 이미지 부각이 용이하다.

(2) 경제적 측면

컨벤션 산업은 종합 서비스 산업으로서 서비스업을 중심으로 사회 각 산업분야에 미치는 상승효과가 크다. 특히 관광부문에서 경제적 상승효과를 높일 수 있는데, 컨벤션 참가자들의 경우에는 컨벤션 개최지가 최종 목적지가 되기 때문에 체재일수가 통상 7일 이상이 되고 이에 따른 외화소비액은 일반 관광객의 2.2배 이 상이 되어 대규모 국제회의 참가자들로부터의 외화획득은 경제적 측면에서 막대한 파급효과를 가져온다.

또한 각국의 참가자를 직접 대면하게 되므로 상호 국가의 이해부족에서 올 수 있는 통상마찰 등을 피할 수 있게 될 뿐만 아니라 선진국의 노하우를 직접 수용함으로써 관련분야의 국제 경쟁력을 강화하는 등 산업발전에도 중요한 역할을 한다.

1) 소득향상 효과

호텔컨벤션 경제적 측면의 소득향상에서는 회의참가자의 지출, 서비스 산업 등 관련 산업의 수입증가, 시민소득 창출의 효과가 있다.

2) 고용 효과

호텔컨벤션 경제적 측면의 고용효과로는 서비스업 인구 등 광범위한 인력 흡입력이 있다.

3) 세수증가 효과

호텔컨벤션 경제적 측면에서 세수증가 효과를 볼 수 있는데 이는 관련 산업발전으로 법인세, 소득세, 시민소득 증가 등이다.

(3) 외교적 측면

컨벤션은 그 규모나 성격의 측면에서 통상 수십 개국의 대표들이 대거 참여하므로 국내 관광홍보를 전 세계적으로 확산할 수 있으며, 비수교권인 동구권 및 비동맹국 대표의 참가로 우리나라의 평화통일 외교정책 구현에도 기여할 수 있다.

또한 국제회의 참가자는 각 분야에 있어 영향력 있는 고위지도급 인사들이기 때문에 개최국의 국제지위 향상, 문화교류, 민간차원 외교, 나아가서는 국가 외교차원에서도 홍보효과를 거둘 수 있다. 더구나 국제회의 개최는 시설, 관광지 및 인적 서비스 측면에 있어서 도시기능 홍보에 알맞은 기회가 된다.

(4) 관광적 측면

컨벤션 행사는 상대적으로 계절적 요인에 덜 영향을 받기 때문에 관광비수기 타개책의 일환으로 인식이 되고 있다. 따라서 각종 컨벤션 행사의 참가자들에 대한 판촉활동을 계획적 · 집중적으로 전개할 수 있다는 점에서 국내 관광업계에 새로운 판촉활로를 열어 줄 수 있다. 특히 회의 전후 관광을 통하여 기존 관광상품 및 신규상품을 대규모 참가자들에게 소개하고 한국 고유의 문화, 전통, 풍습 등에 대한 깊은 인상을 심어줌으로써 참가자들이 체제 기간 동안 얻은 한국에 대한 지식을 귀국 후 주위에 전파하게 되어 한국관광 홍보의 파급효과를 가져오게 된다.

(5) 사회적 측면

컨벤션이 한국에서 개최되는 빈도가 증가함에 따라 각 관련분야의 국제화 및 질적 향상은 물론, 일반국민의 자부심 및 의식수준 향상을 꾀할 수 있고, 아울러 각종 시설물 정비, 교통망 확충, 환경 및 조경개선, 고용증대, 항공, 항만시설 정비, 신상품 개발 등 일반사회의 발전에 광범위한 파급효과를 가져올 수 있다.

(6) 문화적 측면

컨벤션은 외국과의 직접적인 교류로써 지식 및 정보의 교환, 참가자와 시민간의 접촉을 통한 국제 감각 향상 등 국제교류의 중요한 수단이 될 수 있다. 또한 컨벤션의 유치, 기획, 운영의 반복은 개최지의 기반시설뿐만 아니라 다양한 기능을 향상시키며, 개최국의 이미지 향상, 국제사회에서의 위상 확립 등 개최국의 지명도 향상에도 이바지한다. 또한 지방으로의 컨벤션 분산개최는 지방의 국제화와 지역균형 발전에도 큰 몫을 하게 된다.

(7) 정치적 측면

컨벤션 참가자는 대부분 해당분야의 영향력 있는 인사들로 국가 홍보에 기여하는 바가 크며, 회원자격으로 참가하는 미수교국 대표와 교류기반을 조성할 수도 있어 국가 외교면에서 커다란 기여를 한다.

(8) 교육적 측면

국내외로부터 해당 컨벤션에 관계된 많은 전문가들이 개최지에 모이게 되므로 새로운 지식과 정보가 유입된다. 그 결과 컨벤션 개최지는 정보의 중심지가 되고 개최지역 주민들의 지적 자극을 통한 교육적 파급효과를 기대할 수 있다.

제4절 호텔컨벤션 산업의 육성전략

1. 컨벤션 산업의 체계적 육성

우리나라의 컨벤션 산업은 현재 걸음마 단계를 벗어나 본격적인 성장단계로 접어드는 단계로 볼 수 있으나, 아직은 전문인력의 부족, 관련업계의 영세성 등 여러 가지 극복요인들이 존재한다.

따라서 컨벤션 산업에 대한 전략적인 지원책 마련이 필요하며, 체계적 육성을 위해서는 국제회의 전문시설의 확충, 국제회의 전문인력의 양성, 컨벤션 운영능력의 향상, 정부의 지원정책 등이 체계적으로 연계·추진되어야 한다.

특히, 민간분야의 전문성과 경쟁력을 향상시키기 위해서는 민관협력체계(public-private partnership) 구축이 필요하며, 컨벤션 산업의 중요성에 대한 인식의 공유가 이루어져야 한다. 이는 관광산업의 특징이 민간주도 산업이듯이 컨벤션 산업도 민간중심으로 발전되어야 한다는 것이다.

그러나 컨벤션 산업의 기초가 되는 하드웨어의 구축에는 막대한 재원이 소요될 뿐만 아니라, 낮은 수익성 등으로 민간자본의 참여가 쉽지만은 않다.

따라서 하드웨어의 구축에 있어서의 외국인투자를 포함한 민간부문의 적극적인 투자유치를 촉진하기 위한 인센티브 도입과 함께 정부와 지방자치단체의 적극적인 역할이 필요하다. 예산당국의 일각에서는 COEX 컨벤션센터와 같은 민자유치 모델을 들어 국제회의 전문시설의 경우 정부지원을 배제한 민간부문에서 참여할 문제라고 주장하고 있으나, 일본이나 미국 등에서도 컨벤션 시설의 경우 중앙정부나 지방정부에서 적극적인 재정적 지원을 하고 있음을 상기할 필요가 있다.

즉 대규모 컨벤션 전문시설은 국제회의 개최능력이 있고 인근 지역에 경쟁력 있는 관광자원을 갖춘 도시를 중심으로 한정하는 것이 바람직하며, 컨벤션 도시마다 국제회의의 성격도 특화하는 것이 바람직하다.

민관 컨벤션 산업육성의 협력체제 구축을 위해서는 컨벤션 산업육성에 관한 전문협의체가 구성·운영될 필요가 있다. 정부, 지자체, 컨벤션 관련 업계, 학계 전문가 등이 함께 참여하여 컨벤션 산업의 육성을 위한 전략을 논의하고 제도적 지원책을 마련할 현실성 있고 구체적인 전략들이 실행되어야 할 것이다.

2. 컨벤션 산업육성의 추진 요소

컨벤션 산업의 육성은 하드웨어인 컨벤션 시설의 건립만으로 되는 것은 결코 아니다. 국제회의 산업은 전문인력으로 운영되며, 국제회의의 성공적인 개최여부도 전문인력의 자질에서 판가름 나게 된다. 따라서 컨벤션 산업에 있어서 가장 중요한 요소는 다음과 같다.

(1) 전문인력 확보 추진

국제회의 산업 종사자들의 국제회의 운영능력 제고를 위한 체계적인 교육훈련 프로그램이 마련되어야 하며, 민간 국제회의업 관련기관의 종사자 교육에 대한 지원제도도 도입되어야 한다.

또한 전문인력 양성을 위해서는 국내 대학이나 관광공사 등에 전문교육 프로그램을 신설하는 방안을 검토할 수 있으며, 해외 국제회의 전문기관과 공동교육 프로그램을 개발하는 방안도 검토해볼 필요가 있다.

(2) 전문기관 설립 추진

컨벤션 산업은 그 성격상 민간주도의 산업이되 민간협력체계의 구축이 필수적이라는 점을 감안할 때, 정부와 민간의 가교역할을 할 수 있는 컨벤션 뷰로의 설립이 중요하다.

컨벤션 전담기관은 국제회의의 유치·개최 관련한 정부의 지원을 대행하고, 국제회의유치 캠페인을 체계적으로 추진하는 한편 국제회의 전문인력 양성, 국제회의 종사자 교육훈련, 국제회의 관련 다양한 연계상품개발 등의 역할과 기능을 수행할 수 있다.

국제회의 전문시설이 건립되는 지방도시별로 국제회의 유치증대와 수용태세 개선업무를 주도해 나갈 전담조직으로 컨벤션 사무국(convention bureau)

의 설치가 필요하다. 지역단위 컨벤션 사무국은 지방자치단체의 국제회의 업무 담당부서와 지방상공회의소, 지역소재 국제회의기획업, 국제회의시설업체, 관광숙박업체, 여행사 등 컨벤션 관련업계와 학계의 전문가들이 참여하여 컨벤션을 중심으로 지역경제의 활성화전략이 추진되어야 할 것이다.

이러한 민관 합동의 컨벤션 뷰로의 설비 · 추진과 함께 민간 국제회의 전문 운영업체를 육성해나가야 한다. 우수 국제회의기획업 지정제도를 도입하여 자금지원과 교육훈련 등을 관광진흥개발기금에서 지원하는 방안을 검토해야 한다.

또한 지역특성을 감안한 적정한 규모의 컨벤션 전문시설의 건립과 운영이 필요하다. 현재 서울, 부산, 대구, 제주, 대전, 인천, 광주에 컨벤션 뷰로가 설립되어 있는데 일부 지역에서는 지역특성이나 자체 재정능력의 범위를 벗어난 대규모 시설의 건립으로 중앙정부에 재정지원을 요청해오고 있는 실정이다.

컨벤션 산업의 전략적 육성을 위해서는 경쟁력 있는 지역을 선별하여 컨벤션 전문시설을 건립하는 것이 필요하며, 이를 위해서는 무계획적인 시설건립에 대한 자제가 필요하다. 컨벤션 시설의 건립방식에서도 공공자본과 민간자본이 함께 참여하는 제3섹터 방식 등 다양한 형태의 재원조달방식이 모색되어야 할 것이다.

이와 함께, 경쟁력 있는 컨벤션센터 건립에 대해서는 정부의 국고지원이 이루어져야 하며, 관광진흥개발기금의 장기저리융자제도도 도입되어야 한다고 본다.

(3) 체계적인 홍보활동 추진

컨벤션 산업은 국제회의가 지속적으로 유치되어야만 활성화될 수 있으므로 무엇보다도 중요한 것이 컨벤션을 유치할 수 있는 체계적인 활동이 이루어져야 한다. 컨벤션의 효과적인 유치를 위해서는 국제회의 기획업체와 지방자치단체, 컨벤션 뷰로 등이 국제회의 관련 국제기구에 가입하고 컨벤션 전문 국제기구와의 협력활동을 강화해야 할 것이다.

또한 컨벤션 산업의 시장 및 정보를 수집하고 중장기 국제회의 유치전략을 수립하는 한편 경쟁력 있는 국제회의 국내개최 상품을 개발하여 효율적인 캠페인 활동을 전개하는 것이 필요하다고 본다.

컨벤션 전문시설을 갖춘 지방도시에서도 해당도시가 국제회의 개최지로 선호받을 수 있도록 회의참가자 편의제공, 환경개선, 차별적인 관광 프로그램 개발 등과 함께 해당지역을 해외에 적극적으로 알리는 홍보활동을 강화해나가야 한다.

(4) 인프라 구축 추진

컨벤션 참가자들이 불편을 느끼지 않도록 안내체계, 교통 · 숙박시설 · 음식 · 쇼핑 · 관광 등의 국제화가 이루어져야 한다. 이를 위해서는 일정한 여건을 갖춘 지역을 '국제회의도시'로 지정하고 해당지역을 중점적으로 지원하는 방안이 강구되어야 한다.

Tip 세계 주요 도시의 컨벤션 클러스터 사례

Las Vegas Convention City : Strip

■ 형성배경

- 1931년 네바다(Nevada)주에서의 Gambling이 합법화되고, 1980년 초부터 본격적인 Gambling Destination으로 새로운 도약
- 1980년 말부터 각양각색의 테마형 호텔 오픈
- 카지노가 주요한 산업이지만 대형호텔과 연계된 컨벤션 및 전시도 카지노 보조산업으로 형성
  - 1959년 Las Vegas Convention Center 오픈, Nevada Gaming Commission을 주 의회에서 설립
- 미국 최대의 도박도시이며 꿈의 도시 → 가족휴양도시 → 전시컨벤션 도시로 변화되는 추세

■ 현 황

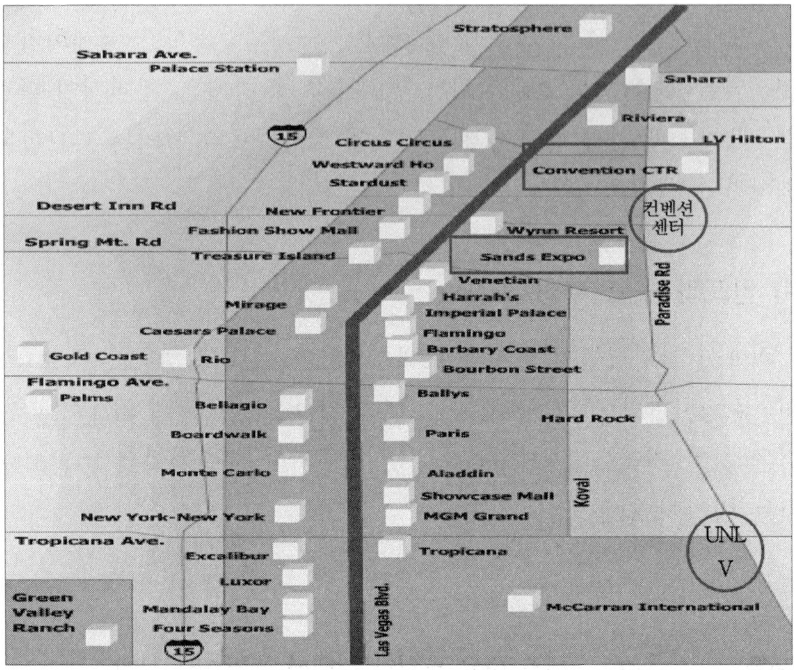

- 리조트 호텔, 컨벤션센터, 쇼핑시설 및 엔터테인먼트 등이 라스베이거스 Blvd을 중심으로 조성되어 있음
- 라스베이거스에 연간 25,000개의 다양한 전시컨벤션 개최
  - 세계적인 전시회인 CES 및 NAB(국제방송장비전시회) 개최
  - 방문객 수 : 3500만 명(2003년 기준)
    전시컨벤션 참가자 수 : 600만 명(2003년 기준)
- 5개의 컨벤션센터와 리조트 호텔도 회의시설 보유
  - 컨벤션센터 : 5개, 총면적 : 482,382m^2

컨벤션센터	면적(m^2)
Las Vegas Convention Center	297,167
Sand Expo & Convention Center	111,438
Cashman Center	49,590
Cox Pavilion	24,187
Handerson Convention Center	1,278
합 계	482,382

- 세계 대형 호텔 14개 중 13개가 라스베이거스 존재, 총호텔 수 약 230개, 객실 수 총 35,090개(중소형 호텔, 모텔은 제외)

−카지노, Show 및 실내외 레크리에이션 등 다양한 엔터테인먼트

−주변 관광지 : Grand Canyon, Hoover Dam

호텔 이름	객실 수(개)
MGM Grand	5,005
Excalibur Hotel	4,032
Mandalay Bay	3,777
Mirage Hotel	3,039
Bellagio	3005
Venetian	3,036
Monte Carlo	3,002
Treasure Island Hotel	2,900
Aladdin Hotel	2,567
Luxor Hotel	2,526
Paris Hotel	2,191
합 계	35,080

- UNLV 대학 : 컨벤션 관광관련 실무위주의 과정, 수업을 실시하고 있으며, 현장인턴십을 통하여 업계 니즈에 적합한 인력 양성 공급

■ 성공요인

- 1999년 이후 하루 평균 약 3만3,000명의 관광객이 방문
  (연평균 380만 명의 전시컨벤션 참가자 방문)
- 테마형 호텔, 다양한 엔터테인먼트, 테마파크, 관광명소 등이 방문객들의 다양한 니즈에 맞게 형성되어 있음
  −빠르게 변화하는 고객의 니즈에 맞게 새로운 테마형 호텔, Show 제공
  −세계 유명 관광지인 Grand Canyon과 Hoover Dam이 있어 관광객 유인
- 컨벤션 관련 인프라인 접근성, 숙박시설, 엔터테인먼트, 각양각색의 Show, 관광명소들이 한 곳에 형성되어 있기 때문에 전시컨벤션 개최 효율의 극대화
  −Gaming Commission 및 Room Tax 등으로 컨벤션 산업을 육성 지원
- UNLV 대학과 대형호텔, 컨벤션센터와의 파트너십 구축으로 전문인력 양성 및 활용으로 전시컨벤션 관련 이슈 및 트랜드 반영
- 세계적인 전시회인 CES 및 NAB(국제방송장비전시회) 개최
  −최첨단 전시회 Destination으로서의 Branding 성공

일본 오다이바(お臺場) 지구

■ 형성배경

- 오다이바는 바다를 통한 외부의 침입을 막기 위해 포대를 설치해둔 작은 섬이었지만 레인보우 브리지를 연결하면서 아름다운 해변공원으로 변모
- 도쿄 도의 동경 임해(臨海) 부도심 건설계획의 일환으로 제2차 장기계획(1986년)에서 21세기를 향한 새로운 동경도 창조의 전략적 거점 조성사업으로 추진중(2016년 완공 예정)
  - 도쿄 도의 도시구조를 단핵형에서 다핵형으로 전환하고 국제화 · 정보화 시대에 부응하기 위해 국제 전시장 등의 전략적 거점시설 정비
- 도쿄 도와 민간기업이 5개의 제3섹터를 설립 · 추진하는 방식으로 진행
  - 도쿄 임해 신교통(주), 도쿄 임해 부도식 건설(주), (주)도쿄 텔레포트센터, 도쿄 임해 열공급(주), 도쿄 임해 고속철도(주)

■ 현 황

- 면적 : 4,420,000m^2, 여의도의 1/2 크기
  방문객 수 : 약 214,000명(외국인 방문자 수 : 4.5%로 추정)

레인보우브리지를 눈앞에서 볼 수 있는 DECKS Tokyo Beach. 수많은 쇼핑매장과 레스토랑

바다와 나무가 멋들어지게 어우러진 오다이바의 근미래적인 풍경을 즐길 수 있는 공원
밤에는 일루미네이션이 아름다운 낭만적인 명소

DECKS Tokyou Beach의 3~5층에 있는 SEGA 게임을 즐길 수 있는 곳으로 20 기종 이상의 어트랙션을 갖추고 있는 국내 최대급 실내형 테마파크

후지TV 본사빌딩의 25층에는 전망실
지상 100m 높이의 구체 전망실에서 270도 방향으로 오다이바를 조망 5층에 있는 스튜디오 산책로에서 TV녹화 모습 관람

- 2002년 기준 380여 회의 국제적인 전시회 개최
- 전시장 주변을 호텔, 박물관, 쇼핑, 엔터테인먼트, 테마파크, 휴식 등 다양한 여가생활을 완스톱으로 즐길 수 있는 관광 인프라 구축
  - 파레트타운(Palette Town), 아쿠아시티 오다이바(Aqua City Odaiba), 도쿄해변(Decks Tokyo Beach), 레인보우 브리지(Rainbow Bridge), 도쿄 대형 전시장(Tokyo Big Sight) 등
- 오다이바는 유럽형 관광지구로 섬 자체가 테마파크 형식으로 개발하여 다양한 방문객 유치
- 오다이바 지역 내에 있는 'Tokyo Big Sight' 국제전시장을 전략적으로 활용, 전시나 컨벤션 참관객들에게 전시컨벤션 참가와 함께 주변 관광 및 엔터테인먼트 등의 볼거리 제공

[Tokyo Big Sight] 도쿄 국제전시장		
건립	1995년 10월 준공	
위치	동경만에 인접(공항에서 셔틀버스로 20~50분 소요)	
규모	실내전시 면적 : 80,660m^2/ 24,222평	
	실외전시 면적 : 19,000m^2/ 5,706평	
	국제회의장 면적 : 국제회의실 – 1,030m^2/리셉션홀 : 1,700m^2	
주요 시설 및 특징	• 기존 하루미 전시장의 노후시설을 대체하고 도쿄 도내의 신설전시장 수요에 부응하기 위해 설립 • 건립예산 : 1,890억엔 (1992년 기준) • 건립주체 : 도쿄도 • 운영주체 : (사)도쿄국제견본시협회 • 일본 최대규모의 국제박람회장 • 1997년 개관 이래 약 1,200만 명의 방문객 유치 • 동쪽 전시장, 서쪽 전시장으로 구성 • 양 전시장 모두에 주차빌딩 건설 –주차빌딩 내에 다양한 컨퍼런스룸이 있으며, 최대규모의 컨퍼런스룸인 국제회의장은 1,000명 수용 • 리셉션홀, 회의장, 레스토랑, 라운지 등의 편의시설 갖춤 • 1층 전시장의 경우, 이동가능한 파티션이 설치되어 있어 분할 사용 가능하며 무주공간의 구조임	

■ 성공요인

- 오다이바는 유럽형 관광지구로 섬 자체가 일종의 테마파크 형식으로 개발하여 다양한 국내·외 방문객 유치

- 오다이바 지역 내에 있는 빅사이트라는 국제전시장을 전략적으로 활용, 전시나 컨벤션 참관객들에게 전시컨벤션 참가 및 주변 관광 및 엔터테인먼트 등으로 볼거리 제공
- IMC(Intergrated Marketing Communication)으로 홍보지 및 지역 마케팅을 '오다이바'로 통일하여 마케팅 전개

싱가포르 Suntec City

■ 형성배경

- 싱가포르는 홍콩과 더불어 아시아 역내 전시산업의 대표적인 국가 중 하나로 연간 약 140여 회의 국제무역 전시회 개최
- 싱가포르 정부는 싱가포르 무역개발청(TDB)을 통해 전시산업을 육성·지원하고 있다. 또한 86개 전시컨벤션 관련 기업들이 참여하는 싱가포르 전시컨벤션협회(SACEOS)를 설립하고 이들과의 긴밀한 협력하에 전시사업을 육성·지원한다.
- 홍콩자본이 중국반환을 앞두고 해외분산투자를 강화하고 있을 때 싱가포르 정부는 이들을 겨냥, 투자유치에 본격적으로 나서 리카싱 등 유력한 홍콩재벌의 자본을 유치하여 1997년 6월 개관

■ 현 황

- 오피스 건물과 컨벤션센터가 어우러진 업무와 전시장 중심의 복합타운으로, 컨벤션센터는 13,500명 수용이 가능

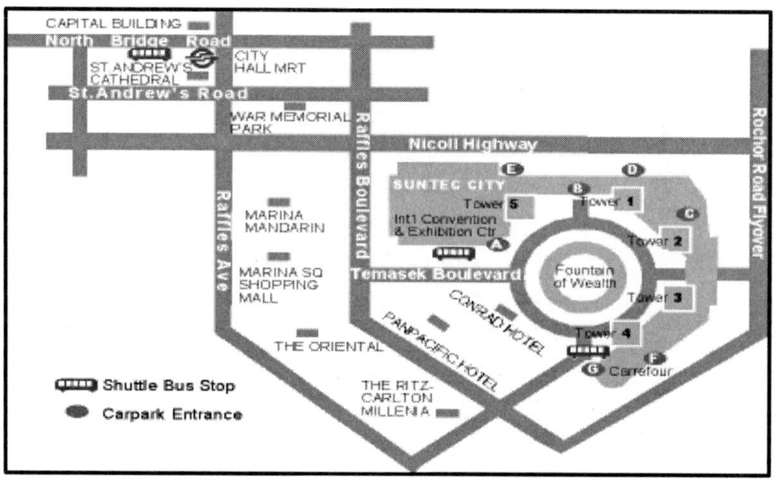

- 1996년 말 국제무역기구(WTO)회의가 열리고 난 뒤에는 국제적인 명성이 한껏 더 높아져 대관예약을 최소한 6개월 전에 해야 이용 가능

<table>
<tr><th colspan="3">[SICEC] 싱가포르 국제 컨벤션 및 전시 센터</th></tr>
<tr><td>건 립</td><td>1995년 3월 개관</td><td rowspan="4"></td></tr>
<tr><td>위 치</td><td>1 Raffles Boulevard Suntec City Singapore 039593</td></tr>
<tr><td rowspan="2">규 모</td><td>전시장 : 전시장 : 12,000m^2</td></tr>
<tr><td>회 의 실 : 3,671m^2
컨벤션홀 : 12,000m^2</td></tr>
<tr><td>주요시설 및 특징</td><td colspan="2">• 싱가포르 상업중심지역의 심장부에 위치. 창이 공항에서 20분 거리내에 있으며 MRT(Mass Rapid Transit : 지하철) 역에서 도보로 7분 거리에 위치
• 건립주체 : 홍콩 Suntec 그룹 자회사인 Suntec City Development Pte. Ltd.
• 재원조달 : 민간자본 12억 달러 투자(주식판매 및 공채판매)
• 운영주체 : Suntec City Development Pte. Ltd.
• 토지는 싱가포르 정부에서 제공된 것이지만 관리 및 운영에 대해서는 Suntec사에 책임을 맡기고 정부는 일체 관여하지 않음
• 시설현황
<table>
<tr><th>구 분</th><th>면적(㎡)</th><th>수용능력(명)</th></tr>
<tr><td>Convention Hall</td><td>12,000</td><td>12,000</td></tr>
<tr><td>Exhibition Hall</td><td>12,000</td><td>-</td></tr>
<tr><td>Ballroom</td><td>2,150</td><td>1,800</td></tr>
<tr><td>Auditorium</td><td>944</td><td>600</td></tr>
<tr><td>26 Meeting Room</td><td>3,671</td><td>70~200</td></tr>
<tr><td>Gallery</td><td>3,300</td><td>-</td></tr>
</table></td></tr>
</table>

■ **성공요인**

- 전시장에 대한 정부의 적극적 지원
  - 전시장 건립시 제도상의 세제혜택 제공
  - Suntec City 전시장 건립에 Pioneer Status 부여하여 최초 이익 발생한 연도부터 5년간 법인세 면제
  - 전시장 건립허가 등 신속한 행정지원
- 싱가포르 정부의 확고한 정책방향과 유연한 적응
  - 싱가포르 서비스 산업의 발전을 위한 확고한 정책 수립 및 시행
  - 업계의 애로 및 건의사항에 대한 적극적 대처
- 싱가포르의 양대 전시장인 EXPO 전시장과 SUNTEC 전시장은 보완적인 동시에 경쟁관계 유지
  - 싱가포르 EXPO 전시장은 대규모 전시회나 중공업 제품 전시회에 비교우위가 있고, SUNTEC CITY 전시장은 경공업제품의 전시회에 치중하고 있어 상호보완 관계로 시너지 효과 발휘

제2장

호텔컨벤션 산업의 구조

제1절 호텔컨벤션 산업의 성격

호텔컨벤션 산업은 모든 산업분야와 연결되어 있는 복합적이며 상호의존적인 산업으로서, 컨벤션 전문시설, 호텔 및 숙박업체, 식음료 등 외식업체, 항공 및 교통운수사업, 광고 및 전시업체, 시청각장비업체, 여행업 등 관련 산업을 포함하는 종합적인 기능을 한다.

다시 말해 무형의 회의 및 전시회를 유치 기획한 후에 유형의 장소에서 그것을 운영하여 컨벤션 주최자 및 참가자들의 욕구를 충족시키는 서비스 산업이자 관광, 호텔업 등 관련 산업을 포함하는 종합산업인 것이다.

일반적으로 컨벤션은 호텔컨벤션이나 컨벤션 전문시설에서 다양한 회의 및 전시회를 유치하여 운영하는 일종의 행사이다. 이런 행사를 개최하기 위해서는 컨벤션을 개최하는 주최 단체뿐만 아니라 컨벤션 전문시설기관, 컨벤션기획 및 전시기획업, 교통운송업, 여행업, 항공업, 식음료업, 시청각장비업, 디자인 및 출판업, 기타 관련시설 및 관련단체가 유기적으로 상호 연관되어 있다.

이는 무형의 컨벤션 · 전시회를 기획하는 컨벤션기획사를 중심으로 컨벤션 · 전시시설을 공급하는 컨벤션 시설 공급업체, 컨벤션 서비스를 제공하여 컨벤션을 지원하는 서비스 제공업, 다양한 컨벤션을 수요하는 컨벤션 주최 및 참가자로 구성되어 있기 때문이다. 따라서 하나의 컨벤션이 기획되고 진행되는 각 단계에는 많은 산업분야의 전문가들이 필요하다.

제2절 호텔컨벤션 산업의 인적 구조

1. 호텔컨벤션 기획사의 정의

컨벤션기획사(meeting planner)란 빈번해진 국제교류 속에서 국제회의 및 행사를 개최하는 주최측으로부터 관련 업무를 위임받아 국제회의를 기획하고 운영, 평가하는 사람이다. 즉, 국제회의 전문용역업체의 국제회의 기획, 운영, 업무의 대행해 주고, 국제회의 관련 부대행사(동반자 행사, 사교행사, 관광행사, 이벤트 행사 등)까지 국제회의 참가자의 숙박, 관광, 전시회 개최 등 지원사업체의 업무를 수행하는 전문가를 말한다.

컨벤션 산업의 특성상 컨벤션의 유치 · 기획 · 준비 · 개최 · 운영 등의 업무는 고도의 전문적 지식이 필요한 업무로서, 외국어 구사능력과 컴퓨터 운용능력은 물론 회의개발과 기획능력을 갖춘 전문인력이 요청된다.

따라서 이러한 전문인력 양성의 명분으로 우리가 알고 있는 컨벤션기획사(meeting planner)라는 전문직종이 생겨났고, 국제회의전문가, 국제회의기획자, meeting planner 모두 기존에 같은 개념으로 인식했지만, 2002년 국가기술자격시험 전문사무분야 신설종목으로 채택되면서 국제회의, 호텔 & 관광, 전시까지 확장된 개념의 전문인력으로 "컨벤션기획사"로 명칭되었다.

그 유형은 조직과 단체의 성격에 따라 기업회의 기획사(Corporate Meeting Planners), 협회회의 기획사(Association Meeting Planners), 정부회의 기획자(Government Meeting Planners), 개인회의 기획사(Independent Meeting Consultants), 비영리회의 기획사로 구분된다.

2. 호텔컨벤션 기획사의 업무자질

컨벤션기획사는 어떤 조직에 소속되든 간에 컨벤션을 구성하고 있는 다양한 환경 속에서 충분한 능력을 발휘할 수 있는 인간적이고 전문적인 자질을 갖추고 있어야 하며, 성공적인 유치 및 개최를 위하여 고도의 전문성과 컨벤션에 관한 종합적인 지식을 소유하여야 한다.

따라서 컨벤션 업무와 관련된 기본적이고 전문성을 중시하는 자질 이외에 컨벤션기획사로서 중요시되는 기술 및 자질 몇 가지를 나열하면 〈표 2-1〉과 같다.

〈표 2-1〉 컨벤션기획사에게 요구되는 기술 및 자질

구 분	세부기술 및 자질
조직력 및 리더십 (organization leadership and skills)	• 창의력 • 위기관리 능력 • 재정운영 능력 • 인적 네트워킹 능력 • 마케팅 능력 • 조직경영 능력 • 프로세스 관리 능력 • 프로그램 평가 • 전략기획력 • 시간경영 • 교육 및 훈련
과학기술력 (scientific technology)	• 데이터베이스 관리 능력 • e메일 및 인터넷 사용능력 • 회의기획 소프트웨어 활용능력 • 멀티미디어 기기사용 능력 • 스프레드 시트(spread sheet) • 시간경영 소프트웨어 • 화상회의
커뮤니케이션 능력 (communication skills)	• 협상력 • 설득력 • 구어력 • 작문력
전문가적 역량 (professional competency)	• 산업전반에 관련된 지식 • 정치 및 법률에 관한 지식 • 연구력

컨벤션기획사의 업무는 회의의 성격, 규모, 컨벤션기획사의 소속에 따라 그 범위와 종류가 다양하다. 그러나 일반적으로 컨벤션기획사는 국제회의의 유치, 기획, 준비, 진행 등 제반업무를 조정 · 운영하면서 회의목표 설정, 예산관리, 등록기획, 계약협상, 현장관리, 그리고 회의의 평가업무를 담당한다.

먼저, 국제회의를 우리나라에 유치하기 위해서 우선 자국의 매력과 국제회의를 개최할 수 있는 능력 등을 정리해 외국에 홍보하는 업무를 한다. 그 후 회의를 개최하기로 결정되면 회의준비에 들어가며, 보통 준비기간은 1~2년 정도가 걸린다. 이 때 회의목적에 맞게 회의진행 계획을 짜고, 회의장소와 규모를 선택하며, 부수적인 사교행사도 꾸민다. 그런 다음 회의 참석자들에게 초대장을 보내는 것으로 개최준비가 마무리된다.

이러한 컨벤션기획사의 업무를 단계별로 분류하면 대체적으로 회의 전, 회의기간, 회의 후 또는 회의기획 단계, 회의실시 단계, 회의통제 단계로 분류할 수 있지만, 단계별로 수행되는 업무의 성격은 어느 것으로 분류하든 큰 차이가 없다.

또한 국제회의 기획과정에서 다루어야 할 중요 내용으로는 회의의 목적, 대상, 주제, 기간, 회의장 및 예산 등이다. 일반적으로 처음 개최되는 회의가 아닌 경우에는 전 행사에서 대부분 방침이 결정되고 구체적인 사항들에 대한 기획만 요구되는 경우가 많다. 회의기획에 있어 중요한 항목으로는 다음과 같다.

(1) 회의 기획설정 단계

컨벤션기획사가 성공적인 회의를 완수하기 위해 가장 먼저 해야 할 일은 회의의 기획 설정하는 일이다. 회의의 기획은 주최조직의 성격과 추구하는 목적에 따라 다르게 설정하여야 한다. 회의기획에 따라 개최되는 회의의 성격도 달라지게 된다. 예를 들어 기업의 신상품소개를 위한 회의와 국제적 협회의 임원회의를 비교하여볼 때 각각의 회의는 그 기획과 성격이 다르다고 볼 수 있다. 회의의 기획은 주최조직의 성격과 그들이 추구하고자 하는 욕구를 정확히 파악하여 주최 측과 협의하여 설정하여야 한다.

(2) 회의 예산수립

컨벤션기획사의 중요한 책임 중의 하나는 회의예산을 계획하고 비용을 통제하는 일이다. 협회회의의 경우 참가자등록비는 주된 수입원이 된다. 따라서 미리 회의행사에서의 수입과 비용에 대한 추정을 하여 등록비를 손익분기점 이상으로 설정하여야 한다. 이 때 예상 참석인원 수를 고려해야 하는 것은 필수적이다.

컨벤션기획사는 전에 유사한 형태로 개최되었던 회의의 기록을 참고하여 예산을 수립한다. 그러나 처음 개최하는 회의일 경우 수입과 비용에 대한 각각의 내역을 집계하여 계획한다. 회의예산 작성에 가장 큰 영향을 미치는 요소는 참가자수, 프로그램 내용, 회의장소, 회의준비기간으로 이러한 사항을 미리 파악해두어야 한다.

(3) 프로그램 계획

회의 프로그램은 참가자들이 회의의 구매를 결정하는 중요한 요소이다. 따라서 컨벤션기획사는 회의의 목표에 맞는 프로그램을 계획하되, 참가자들의 관점에서 이익을 창출될 수 있도록 하여야 한다. 일반적으로 회의 프로그램은 개·폐회식, 각종 회의, 사교행사 및 전시회로 구성된다. 그러나 관광, 테마 파티, 스포츠행사 등의 각종 이벤트도 프로그램의 중간에 계획할 수 있다. 회의 프로그램을 구성할 때에는 과거에 개최했던 회의 프로그램의 내용을 참고로 하되, 그 회의만의 독창성을 살리는 것이 중요하다.

(4) 회의 장소선정

회의의 목표와 예산을 설정한 후 그에 적합한 회의장소를 선정하여야 한다. 회의장소를 정할 때는 우선 개최지를 먼저 정하고, 그 다음 회의시설과 숙박시설을 결정한다. 개최지는 비용과 편리성을 가장 먼저 고려하여 선정해야 한다. 회의시설로는 호텔, 컨벤션센터, 컨퍼런스센터, 유람선, 리조트, 도심호텔, 공항호텔 등이 있는데, 이들 중 개최하고자 하는 회의의 성격에 가장 적합한 회의시설을 선택하여야 한다.

회의시설은 회의장의 위치, 수용규모, 전시공간, 식음료시설, 회의장의 서비스 수준 등을 고려하여야 한다. 숙박시설을 선정할 때는 주로 회의시설과의 접근성, 객실의 수용능력, 서비스 등을 고려하여 선정한다.

(5) 협 상

컨벤션기획사가 지녀야 할 가장 중요한 자질 중의 하나가 협상능력이다. 컨벤션기획사의 협상 상대자는 회의시설업체 및 지상운송업체, 전시 서비스업체, 장비공급업체 등이다. 만일 회의기획가가 회의행사에 대한 전반적인 내용을 이해하지 못한다면 협상과정에서 주최 측을 대표할 수 없으며, 만족할만한 협상을 이끌어낼 수 없다.

1) 협상 전

컨벤션기획사는 협상 전에 회의를 구성하는 모든 행사의 자세한 내용이 기록된 회의요약서(meeting resume)를 준비한다.

2) 협상 중

협상이 이루어질 때 고려해야 할 내용은 크게 시설과 서비스 및 비용에 관한 것이다. 비용은 매우 중요한 협상요소라 할 수 있지만, 비용에 대하여 협상하기 이전에 회의행사에 요구되는 시설 및 서비스가 우선 합의되어야 한다. 이는 회의행사가 종료되고 나서 회의행사와 관련된 여러 가지 요소를 평가할 때 많은 참가자들은 비용보다는 시설과 서비스 측면에 주의를 기울여 불만을 토로하기 때문이다. 따라서 비용도 중요하지만 시설이나 서비스의 관점이 우선되어 협상을 하여야 한다.

2) 협상 후

협상이 이루어진 후에는 합의를 법적으로 증명하는 계약서를 만들어야 한다. 계약서는 협상된 모든 항목들에 대해 행사개최 날짜별로 명확하게 작성되어져야 하며, 예기치 못한 사항에 대한 내용도 아울러 명시되어야 할 필요가 있다. 이처럼 컨벤션기획사의 활동은 대개 회의 전과 회의 중 및 회의 후로 구분할 수 있다. 회의의 목표설정, 예산수립, 회의장소 선정, 공급업체와의 협상, 홍보, 등록절차에 대한 계획 등은 회의 전에 결정해야 할 내용이다.

회의기간 중 회의기획가는 참가자등록이 원활히 이루어지는지, 객실배정과 식음료행사 등에 이상이 없는지, 전시장 설비와 장비에 문제가 없는지 등을 관리 · 감독해야 하며, 이밖에도 예기치 못한 비상사태, 회의기간 중에 이루어지는 각종 이벤트나 관광행사 등을 점검하여야 한다. 회의가 끝나면 컨벤션기획사는 회의를 평가하여 회의의 결과를 보고서로 작성하여야 한다.

〈표 2-2〉 컨벤션기획사의 실무단계

회의기획단계

- 사무국 구성 및 직원배치
- 회의 개최계획서 작성
- 세부추진 계획서 작성
- 소요예산편성
- 회의 주요 program 결정
- 예상참가자 data 관리
- 회의장 및 숙박호텔 선정
- 초청연사 섭외 및 연제구성

➡

회의준비단계

- 포스터 및 1차 안내서 제작, 발송
- 각 분과별 업무 매뉴얼 작성
- 회의 일정 및 세부 프로그램구성
- 초청연사 및 연제 확정
- 회의 2차 안내서 제작, 발송(각종 양식 포함)
- 후원기관 및 서비스 업체 선정
- 각종 사교행사 장소선정 및 여흥 프로그램 기획
- 사전등록자 자료관리
- Abstract 접수 및 분류
- 예비 프로그램 작성
- 회의장 배치안 확정
- 분과별 세부업무 추진

⬇

준비완료단계

- 최종 프로그램 확정
- 사전등록 및 호텔예약 마감
- 등록확인서 발송
- 회의장 제반시설 점검
- 각종 사교행사장 점검
- 회의 소요물품 제작
- 행사진행요원확보
- 사전등록자 자료 관리
- 유관기관 업무협조 확정
- 각종 인쇄물 및 제작물 제작 완료
- 언론홍보

⬅

현장진행 및 사후처리단계

- 최종 리허설
- 사무국 이전
- 기자회견
- 회의 진행 및 운영
- 재무결산
- 회의 결과보고서 제작
- 회의 참가자 감사편지 발송
- 총 평가회 개최

3. 컨벤션기획사의 유형

(1) 국제회의 분야 유형

1) 기업회의 기획사

기업회의 기획사(corporate meeting planners)는 기업에 소속되어 컨벤션 기획을 담당하며, 기업이 필요로 하는 회의의 성격을 파악하여 그에 적합한 회의를 기획한다. 경우에 따라 회의기획사를 임시적으로 고용하기도 하지만 외국에서는 다수의 대기업이 컨벤션 관련 부서를 따로 운영한다. 기업회의는 해당 기업의 이미지, 마케팅, 수익 등과 직결되므로 중요도가 높고 기업회의 기획사는 다른 분야보다 보수 수준이 높은 편이다.

기업회의 기획사는 기업회의의 독특한 특성을 파악하여 기업이 추구하는 목표에 적합한 회의를 기획하여야 한다. 대개 기업회의는 동일한 목적의 회의가 반복되는 경향이 많고 회의장소도 변화의 가능성이 적다. 이러한 이유로 기업회의 기획사는 프로그램의 신선함이나 색다른 회의방식을 위한 창의성이 더욱 요구된다.

지금까지의 기업회의에 대한 인식은 장시간 회의, 의제가 모호한 회의, 결론이 보이지 않은 회의, 발언자가 적은 회의, 콘셉트가 명확하지 않은 회의가 대부분이었다.

그러나 최근 들어서 각 기업에서는 비효율적인 회의를 생산적이고 효율적인 회의로 전환시켜 그 효과를 극대화하기 위해서 회의를 전담하는 컨벤션기획사를 채용하여 회의목표를 선정하고, 예산을 수립하며 프로그램 및 회의장소 선정, 운영, 사후평가에 이르기까지 회의와 관련된 모든 사항을 운영하는 전문가를 선호하고 있다.

2) 협회회의 기획사

협회회의 기획사(association meeting planners)는 각종 협회의 컨벤션을 기획하고 운영하는 전문가를 말한다.

협회회의의 참가자는 기업회의와 달리 참가자들이 회의비용을 지불한다. 따라서 참가자들을 회의에 유치하기 위한 촉진활동이 협회회의 기획사에게 매우 중요한 업무가 되므로, 회의 개최장소나 시기, 프로그램에 따라 참가율을 예측하기가 어려우므로 협회회의 기획사는 잠재참가자들의 욕구를 파악하여 그들의 욕구를 충족시켜줄 프로그램을 개발할 필요가 있다. 또한 홍보물은 잠재참가자들의 주위를 끌 수 있도록 도안되어야 하며, 매력적인 회의장소를 선정하고 독특한 이벤트를 결합시키데 특히 주력하여야 한다.

특히 대부분의 협회는 일정한 정관을 가진 회원들로 구성되어 있기 때문에 협회회의 목적은 회원들 간에 새로운 정보 및 친목 단합을 중요시할 뿐만 아니라, 이러한 회의를 통해서 협회의 대원까지도 확보하고자 한다.

따라서 협회회의 기획사는 보다 많은 회원들의 참여를 유도하기 위해서 적절한 회의장소 및 회의의제, 회의 프로그램 등을 기획하여 참가자의 욕구에 부합하도록 해야 한다. 그리고 특히 산업관련협회는 컨벤션을 개최할 때 보통 전시회를 함께 개최하고자 하기 때문에 전시기획 프로그램을 더불어서 고려한다.

3) 비영리회의 기획사

비영리회의 기획사는 비영리 조직의 회의를 기획하여 운영하는 전문가로서 각종 종교단체 및 NGO 단체, 노동조합의 회의를 개최한다.

4) 독립회의 기획가

독립회의 기획가(independent meeting planners)란 어느 조직에 소속되지 않고 독립적으로 회의를 기획하고 운영하는 업무를 대행해주는 전문가를 말하며, 독자적으로 회의기획 업무를 수행한다. 만일 기업이나 협회가 회의기획을 필요로 할 때 독립회의 기획가를 임시적으로 고용한다. 이럴 경우 기업이나 협회는 자체 내에 회의기획가를 두는 것보다는 비용을 절감할 수 있으며, 전문화된 회의기획자가 없을 경우 회의로 인한 효율성을 높일 수 있다.

독립회의 기획가들의 교육과 커뮤니케이션의 활성화를 꾀하기 위해 설립된 것으로는 독립회의 기획사협회(Association of Independent Meeting Planners : AIMP)가 있다.

우리나라에서는 흔히 독립회의 기획사라고 불리기보다는 국제회의 기획업체 또는 전문업체(Professional Convention Organizer : PCO)로 불리고 있다. 독립회의 기획사는 자체 회의 전문가를 두고 있지 않은 협회나 기업의 회의기획에 일부분 또는 전반적인 사항을 대행해주며, 컨벤션 기획 및 운영에 대한 전반적인 내용에 대해서 자문을 해주기도 한다.

5) 정부회의 기획사

정부회의 기획사는 지방자치단체 및 중앙정부에 소속되어 그에 관련된 회의를 기획·운영한다. 점차 컨벤션이 경제적·사회적·문화적 파급효과를 중요시하게 되면서 각 정부는 컨벤션 전담부서를 설립하고 있다.

(2) 협회 및 기구 분야 유형

1) 준비위원회

준비위원회(committee)는 모금, 재무, 총무 관리 및 각 분과별 업무 등을 총괄하는 최고의 의사결정기관으로서 위원장(회장), 부위원장(부회장), 자문위원, 준비위원 등으로 구성된다. 준비위원에서 일하게 되는 경우 주로 준비위원으로 활동하게 되는데, 위원장과 부위원장, 자문위원들이 보다 효율적으로 업무를 진행할 수 있도록 돕는 역할을 한다.

〈표 2-3〉 준비위원회의 업무

분야별 준비위원	주요업무
본 부	회의운영에 관한 준비로서 프로그램 편성 참가자격 결정 및 회의 진행시 절차 주제, 연사 선정 및 회의내용과 활동 기록 회의운영에 관한 전반적인 준비
개최국	회의개최를 위한 회의장 또는 전시장 확보 제반설비, 관련요원(동시 통역사 등) 확보 숙박업무, 수송, 각종 사교행사 및 관광

2) 분과위원회

분과위원회(subcommittee)는 국제기구 본부 및 준비위원회의 결정에 따라서 구체적인 회의의 준비 및 운영을 하는 기관으로서 주최측 회원들로 구성되기도 하고, 효율적인 업무 수행을 위해 PCO에 위임하는 경우도 있으며, 관광·

숙박 등의 전문가를 선정해서 일부만 참여시키기도 한다. 분과위원회의 크기와 종류는 경우에 따라 다르게 조직되며, 학술 · 회의 프로그램 분과위원회, 재무 분과위원회, 홍보 분과위원회, 등록 분과위원회, 숙박 분과위원회, 사교 · 영접 분과위원회, 관광 · 수송 분과위원회, 전시 분과위원회 등에서 활동한다.

〈표 2-4〉 분과위원회의 업무

분야별 분과위원	주요 업무
호 텔	• 사용 호텔의 결정 및 배정, 객실 보호 • 각 호텔과의 연락조정
관 광	• 회의 전후 관광종합계획 수립 • 관광선전물 및 제작물의 작성 • 관광지 환영행사 주선
홍 보	• 국내 및 해외에 대한 홍보선전 및 기자회견 준비 • 기타 홍보 선전에 관한 일체의 업무
여 가	• 각종 리셉션의 실시계획 및 주최자와의 연락조정 • 각종 리셉션의 초청장 작성 및 발송 • 문화행사 및 스포츠 행사 실시계획 및 연락조정
수 송	• 대표 수송계획의 수립 • 국제, 국내수송 및 수송기관과의 연락, 수배 • 교통통제소 및 항공예약 데스크 설치운영
재 무	• 예산집행 계획수립 및 운영자금 수납. 관리 및 제경비와 지출 • 결산보고서의 작성
등 록	• 마스터 카드의 작성 및 회의 참가자의 접수 • 기타 등록에 관한 일체의 업무
영 접	• 환영 및 안내표지물의 제작과 부착 • 주요 행사의 영접안내 • 기타 영접에 관한 일체의 업무
회 의	• 프로그램 편성 및 편집 강연내용 등에 관한 국제기구 본부와의 협의 초청 • 인사 선정에 관한 국제기구 본부와의 협의 및 국내연사 선정 • 개 · 폐회식 기획 및 진행연설문, 발표문 등 접수 및 편집 • 회의진행 전문요원(사회자, 동시통역사, 속기사, 타자수 등) • 각종 회의장 확보 • 기타 회의 및 회의장에 관한 업무
시 설	• 통신시설 확보 설치 • 기타 부속설비에 관한 사항
전 시	• 전시관 설치운영 • 전시품 통관 편의제공 • 기타 전시에 관한 일체의 업무(PCO)

3) 사무국

사무국은 국제기구 본부와 연결담당, 준비위원회 보좌 및 각 분과위원회 의준비업무를 조정하며, 회의기간 중에는 서무담당. 그리고 회의 후에는 잔무정리 및 사후 처리를 한다. 또한 회의주최 측만으로 구성되는 경우도 있고 PCO와 연합하여 구성되는 경우도 있기 때문에 주최 측 또는 PCO 소속에서 업무를 담당한다.

〈표 2-5〉 사무국의 업무

구분	주요업무
시기별 업무	1. 회의준비 기본계획의 수립(사업 및 예산) 2. 회계 및 행정절차의 수립 3. 각 분과위원회와의 회의준비 추진협조 조정 및 행정사무지원 4. 준비 및 진행사항에 대한 보고 5. 소요물자의 종합조정 및 조달 6. 회의준비용 사무장비, 비품, 집기, 사무용품의 확보 및 관리 7. 각종 준비를 위한 실무진회의 개최 및 결과처리 업무 8. 준비위원회 위원, 행사, 기타 동원 인원의 명단확보 9. 회의준비 추진일지, 각종 회의록의 기록유지 10. 자문위원, 고용원, 사무국 유급요원에 대한 인사 급여관리 11. 국제기구 본부와의 연락업무 및 행정처리

4) 정부기관

컨벤션 관련 정부기관인 문화관광부, 한국관광공사, 지방자치단체, 공기업, 정부산하단체 등에서 컨벤션 진흥정책과 관련하여 인허가 업무부터 관련 기업관리, 행사관리, 시설관리, 국내외 홍보 등 다양한 업무영역을 담당한다.

(3) 이벤트 및 전시분야 유형

1) 전시기획사

전시기획사란 주로 전시전문업체에서 일하면서 전시장의 부스 설치 및 판매에 대한 기획은 물론 국내외 참가자 유치 및 운영에 이르기까지 전시에 관련한 전 과정을 기획·운영하는 사람을 말한다.

2) 박람회(엑스포)기획사

박람회(엑스포)기획사란 국제적 규모로 개최되는 문화와 산업에 관한 박람회를 대상으로 유치 · 기획 · 진행의 전 과정을 총괄 · 운영하는 사람을 말한다.

3) 축제기획사

축제기획사란 축제를 성대하고 성공적으로 치루기 위해 축제 전반을 기획하고, 운영을 총괄하는 사람을 말한다. 최근에는 지역 축제들이 성황을 이루고 있고, 우리나라에서도 이런 지역축제를 활성화하려는 정부나 지역자치단체의 지원이 많아지고 있다.

4) 공연기획사

공연기획사란 관객들의 특성을 파악하여 어떤 공연을 어떻게 진행할 것인지 프로그램을 구성하고, 진행하는 사람으로서 해당 공연을 총괄하여 컨벤션에서는 참가자들에게 다양한 공연들을 준비한다.

(4) 관광 및 통역분야 유형

1) 호텔컨벤션 기획사

호텔컨벤션 기획사란 호텔에서의 컨벤션서비스를 관리하는 사람을 말하며, 대개 호텔의 판촉부나 연회부 소속이다. 연출하고자 하는 유형의 컨벤션 분위기를 창출할 수 있도록 객실을 관리하고, 컨벤션센터와 행사장소를 선정하며, 메뉴를 고안하는 동시에 호텔 내 모든 컨벤션 행사를 기획하고 각 행사의 호텔 측 업무를 현장에서 관리 감독한다.

2) 전문통역사

전문통역사란 대규모 컨벤션에서 회의나 행사에서 전문적으로 통역을 담당하거나 분과회의 때 개별적 통역업무를 수행하는 사람을 말한다.

3) 관광기획사

관광기획사는 일반 여행사 직원과는 달리 컨벤션 프로그램의 일환으로 이루어지는 관광과 관련하여 수송, 안내, 관광지, 통역 등 전 과정을 총괄한다. 각 컨벤션 참가자들의 성격에 맞게 프로그램을 개발하고 진행하게 된다. 컨벤션 관광은 일반 관광보다 수익성이 높아 고부가가치 사업으로 인식되고 있다.

4) 전문 가이드

참가자 관광, 동반자 관광, 선택 관광 등 컨벤션에서 관광 프로그램을 진행하고 관광지를 안내하는 것이 전문 가이드이다.

[신직업 이 여성] 국제회의기획사 이민재씨

건강하고 참을성 있으며, 5월과 9월에는 결혼식을 안 올릴 자신 있는 사람만 할 수 있는 직업이 있다면? 답은 국제회의기획사다. 다른 사람들이 볼 때는 고급 호텔을 제 집 드나들 듯 드나들고 각국의 고위층과 지식인을 만나는 '고급'스러운 직업이다. 하지만 그들은 스스로 우아한 모습 아래 발로는 끊임없이 헤엄치는 백조라고 설명한다.

국제회의전문기획사 (주)인세션의 이민재(30 · 사진) 대리는 경력 4년차의 국제회의기획사다. 그는 IAVE 세계자원봉사대회(2002), 대구 유니버시아드대회 학술대회(2003) 등 1000여명이 참여하는 굵직한 국제대회를 기획하고 진행했다. "행사 마지막 폐회식 때 행사 전반을 찍은 동영상이나 사진을 보여주거든요. 그러면 정말 눈물이 나요." 보통 국제대회는 적어도 1, 2년 전, 길게는 8년 전부터 준비한다. 기획하고 조직을 만들고 예산을 세우고 홍보하고, 때에 따라서는 초청인사를 정하고 연사를 섭외하는 것도 그들의 몫이다.

그들은 기획단계부터 행사를 마치는 그날 밤까지 잠시도 긴장을 늦출 수 없다. 머피의 법칙이라 했던가. 인쇄물이나 명찰에는 틀려서는 안 되는 중요한 글자가 잘못 인쇄된다. 김수환 추기경의 영문 마지막 자 'Hwan'이 'Whan'으로 인쇄된 걸 행사 전날 발견하곤 밤을 새 400장의 인쇄물에 일일이 교정 스티커를 붙이기도 했고, 대형 현수막에 '7월 7일'이 '7일 7일'로 인쇄돼 급히 글자를 고치기도 했다. 외국인들과는 주로 영문 이메일이나 편지를 통해 의사소통을 하는데 몇 번을 보고 또 봐도 행사명 같은 중요한 곳에서 오자가 난다.

국제정세에도 영향을 많이 받는다. 9 · 11테러 사건과 사스로 인해 몇 년간 준비했던 행사가 취소되기도 했고, 돼지고기를 안 먹는 중동 출신 초청자들과 소고기를 안 먹는 인도출신 초청자들이 한꺼번에 등록하는 바람에 식사에 '풀'만 줄 수 없어 발을 동동 구르기도 했다.

국제회의기획사들은 행사를 시작하면 해당 호텔이나 행사장 근처 호텔에서 '합숙'을 한다. 평소 한번 가기도 힘든 특1급호텔에서 일년에 몇 주일씩 숙식을 한다니 다른 사람이 보기에는 호화로운 생활일 수도 있다. 하지만 그는 그런 시선이 국제회의기획사란 직업과 컨벤션 시장에 거품을 불어넣는다고 말한다. "행사장에 한 번 들어가면 밖에 나갈 시간이 없거든요. 한 번은 가을에 호텔에 들어갔는데 한 달 뒤 나오니 겨울인 거예요. 사람이 너무 그리워 동료랑 근처 백화점을 막 돌아다녔어요."

국제회의기획사 생활을 하려면 무엇보다 성실함이 최고다. 그래서 회의가 많이 열리는 5월과 9월에는 결혼식도 올리지 못한다는 우스갯소리가 나온다. "밤새 술 먹고 다음날 회의 진행을 펑크내는 일은 용납할 수 없죠. 회의가 열리는 날은 다쳐도 안돼요. 몇 년 준비해도 하루 잘못하면 그대로 끝인 것이 저희 직업입니다."

세계일보 | 기사입력 2004-08-02 18:42

제3절 호텔컨벤션 산업의 협력 구조

1. 전문 대행분야 협력

(1) PCO

PCO(Professional Congress Organizer), 즉 국제회의기획업체는 국제회의 개최에 관한 업무를 행사 주최 측으로 부터 위임받아 부분적 또는 전체적으로 대행해주는 업체로서 컨벤션 기획가들의 가장 대표적인 진출 분야이다.

초기 기획 단계부터 행사를 종료하는 전 과정을 책임지고 처리하는데, 회의장 · 숙박시설 · 여행사 등 회의관련업체와 연관하여 주최 측의 시간과 경비를 절감해 주는 역할을 한다.

(2) PEO

PEO(Professional Exhibition Organizer), 즉 전시기획업체는 PCO처럼 전시회를 유치부터 진행, 종료까지의 전 과정을 책임지고 기획 · 운영하여 무역의 장이자 기술비교의 장, 그리고 정보교류의 장으로서 역할을 담당한다. PEO는 단독으로 진행이 가능하며 경우에 따라 국제회의와 연계하여 함께 개최한다.

(3) 이벤트 기획업체

이벤트 기획업체는 행사 주제에 맞는 이벤트를 기획부터 프로그램 구성, 시나리오 작성, 운영까지 행사 전반을 총괄하는 업체로서, 전시, 박람회(엑스포), 축제, 공연뿐 아니라 컨벤션 프로그램 내의 소규모 파티까지도 포함한다.

(4) 관광기획업체

관광기획업체는 컨벤션의 성격에 따라 참가자의 계절별 · 시간대별 · 연령대별 · 참가국별 관광 프로그램을 기획하고, 수배와 수송, 진행 등의 전 과정을 총괄한다. 한편 컨벤션 관련 관광 프로그램은 참가자 관광, 선택 관광, 동반자 관광 등으로 분류한다.

2. 시설 및 장비분야 협력

(1) 컨벤션센터

컨벤션센터는 한 건물 안에서 국제회의와 전시, 이벤트 등을 개최할 수 있게 시설을 구비하고, 연회 식음료 등 각종 편의시설을 갖추고 있는 전문적인 공간이다. 컨벤션센터 내에는 숙박시설이 없기 때문에 컨벤션 참가자를 위한 호텔 등이 컨벤션센터 부근에 인접해 있는 경우가 많다. 컨벤션센터에서는 행사의 운영을 원활하게 하는 이벤트 매니저를 비롯해 기술부, 운송부, 보안부, 하우스키핑부, 식음료부, 판촉부, 시설 서비스부 등에서 활동할 수 있다.

1) 컨벤션센터의 부서 구성

① 이벤트 매니저

이벤트 매니저(event manager)는 기획과정의 중요한 정보전달자로서 회의 주최 측이 회의 개최 현장에 올 때까지 중추적인 역할을 하게 된다. 따라서 이벤트 매니저는 주최 측이 컨벤션센터 안에서 진행되는 모든 행사의 운영을 원활하게 수행하는 임무를 담당한다.

② 기술부

기술부(engineering)는 회의 또는 전시기간 중에 냉방, 난방, 공조, 조명 등 건물 관리 시스템에 대한 책임을 맡는다.

③ 운송부

운송부(transportation coordinator)는 회의와 행사의 참가자가 안전하고 편리하게 이동할 수 있도록 차량의 운영과 회의와 행사에 필요한 각종 화물과 수화물이 불편 없이 회의장과 행사장에 도착할 수 있도록 한다.

④ 보안부

보안부(building security)는 주최 측이 외부 보안회사를 선정하게 되면 컨벤션센터의 보안부는 외부 보안회사와 협력하여 안전관리의 임무를 수행한다. 그러나 경우에 따라서 주최 측이 직접 컨벤션센터에 건물보안 서비스를 요청하는 경우도 있다.

⑤ 하우스키핑부

하우스키핑부(house keeping)는 회의장 내에 각종 장식물과 시설물 그리고 공공장소의 청결과 미관 유지를 담당한다. 그리고 회의 중간마다 회의장의 청결과 정돈상태의 유지 임무를 맡는다.

⑥ 식음료부

식음료부는 영업부(food & beverage sales)와 운영부(food & beverage operations)로 나누어진다.

영업부의 업무는 회의기간 동안 필요한 식사와 연회, 회의장소의 음료수 제공, 구내매점 및 식당 사용, 행사장의 부스(booth) 식음료 서비스 등의 임무를 맡으며, 운영부는 행사가 개최되는 장소와 시간별로 식음료 제공을 점검하고, 주문수령과 식음료 관련 인력의 관리와 감독, 테이블의 청소와 세팅 등에 대한 책임을 맡는다.

⑦ 판촉부

판촉부(sales)는 컨벤션센터 측과 행사 주최 측 사이에 계약이 이루어지면 양자간에는 법적 책임관계가 설립하게 된다. 이때 컨벤션센터 영업부는 CVB(Convention Visitor's Bureau)와 업무 공조를 이루어 컨벤션센터 시설 이용 계약을 담당하게 된다.

⑧ 시설 서비스부

시설 서비스부(facility services)는 전시부스청소(booth cleaning), 비즈니스 센터(business center), 통신 서비스(telecommunications), 극장무대 서비

스(theatrical services) 등 컨벤션 시설 내의 각종 시설에 관련된 서비스 제공한다.

2) 컨벤션센터의 조건

컨벤션센터는 아름다운 외관과 쾌적함으로 참가자에게 호감과 편안함을 제공해야 하며, 호텔컨벤션이 아닌 일반 전문 컨벤션센터 내에는 숙박시설이 없기 때문에 호텔(숙박) 및 공항(운송) 등에 관련한 시설과의 인접성이 우수해야 한다. 또한 종사원들의 유연한 서비스로 참가자들에게 불편함이 없어야 하며, 최신 AV시스템, 인터넷과 통신환경, 비디오 컨퍼런스 등 첨단회의 설비를 갖춰 국제회의에 불편함이 없게 한다. 마지막으로 회의와 휴가를 동시에 겸할 수 있는 새로움과 흥미로움을 지니고 있어야 한다.

(2) CVB

CVB(Convention and Visitor's Bureau), 즉 컨벤션 뷰로는 컨벤션을 지역사회에 유치하기 위한 비영리 기구로서 컨벤션 준비 단체의 지원, 회의 전반의 지원, 역사적 · 문화적 레크리에이션 제공을 통한 관광객 방문유도, 지역사회의 이미지 전개와 촉진을 총괄하는 동시에 자치단체와 협회, 호텔, 식당, 관광시설과 같은 개인공급업자들 사이의 모든 활동을 조정한다.

(3) 장비대여업체

장비대여업체란 컨벤션에 필요한 여러 가지 장비, 즉 의자, 가구 등을 비롯해 컴퓨터, 슬라이드 프로젝터, OHP, 빔프로젝터, 멀티큐브시스템, 통역기(리시버), 마이크 등을 대여해 주는 업체다. 컨벤션의 규모에 따라 많은 장비들이 필요하기 때문에 장비 대여뿐 아니라 관리까지 책임을 진다.

(4) 장치전문업체

전시, 박람회, 엑스포, 축제, 공연 등의 다양한 이벤트를 위한 각종 장치를 설치하는 업체로서 그 이벤트의 특성에 맞게 장치를 세우고, 행사를 진행한 후에는 장치의 철거까지 책임진다.

제3장

호텔컨벤션 전담기관 및 협력기관

제1절 CVB

1. CVB의 개념 및 업무활동

(1) CVB의 개념

CVB(Convention Visitors Bureau : 컨벤션 뷰로)는 해당 국가나 지역을 대표해 국내 및 국제회의를 유치하고 회의와 관련된 각종 활동을 지원하며, 중앙정부, 지방자치단체, 컨벤션센터, 관련단체 등 민·관 합동으로 구성된 비영리조직이다.

과거의 CVB는 컨벤션 관련 시장에 대해서만 초점을 두었으나 현대로 들어서면서 마케팅 프로그램을 일반 관광 시장에까지 확대·포함시켜 나가고 있다. 따라서 최근에는 관광객을 대상으로 한 관광정보센터, 관광객 문의센터 등도 프로그램에 포함시키고 있는 추세다.

또한 개최지의 마케팅을 포함한 회의와 컨벤션을 포괄하는 활동, 잠재개최시설 부분에 관한 정보의 제공, 관심있는 회의기획사와 협회 간부의 FAM Tour(Familiarization Tour)의 기획, 단체와 지역사회 내의 많은 공급자들간의 섭외역 등 관련된 모든 활동을 조정하며, 각종 컨벤션 및 전시회를 유치하기 위한 원스톱서비스의 지원 역할을 담당한다.

국제 컨벤션 뷰로 협회(International Association of Convention and Visitors Bureau : IACVB)는 CVB를 "비즈니스, 즐거움, 기타 목적으로 도시나 지역을 방문하는 모든 형태의 여행자들에게 그들이 필요로 하는 서비스를 제공하는 비영리 산하기구"라고 정의하고 있다.

CVB는 지역의 컨벤션 발전을 위해 반드시 필요하며, 외국의 경우 컨벤션산업을 전담하는 기구로 대표적이다.

컨벤션 전담기구의 역사

산업성장과 더불어 교통수단의 발달은 도시의 성장을 가져왔다. 도시는 단순히 생계를 위해 모이는 모임의 장소에서 발전하여 정보와 지식을 교류할 수 있는 장소로서의 기능을 하게 되었으며 이는 각종 컨벤션, 무역박람회가 개최되는 촉매제가 되었다.

이렇게 산업도시의 발달과 함께 컨벤션 산업이 성장하자 1986년 미국의 디트로이트시에서는 컨벤션 산업을 하나의 사업으로 인식, 역사상 최초로 컨벤션 전담기구(Convention Visitor's Bureau : CVB)를 설립하고 컨벤션을 유치하기 위한 도시 마케팅(destination marketing)을 시작하였다.

이후 미국 내 타 도시에서도 정쟁적으로 컨벤션 전담기구를 설립하여 컨벤션 유치에 나섰으며 현재에는 전 세계적으로 각 도시에 컨벤션 전담기구가 설립되었다.

이렇게 미국을 시작하여 형성된 컨벤션 전담기구의 기본 설립배경은 도시 마케팅을 위한 비영리조직체로서 컨벤션을 비롯하여 관련 그룹 비즈니스를 도시 내에 유치함으로써 궁극적으로는 관련 행사에 참가하는 방문객의 방문을 유도하여 도시(지역) 경제의 활성화를 꾀하기 위함이었다.

따라서 초기 컨벤션 전담기구는 컨벤션 등 각종 행사에 참가하는 단체 참가자만을 마케팅 대상으로 하였으나, 1974년부터는 개별 관광객 또는 방문객의 지역 경제 기여도에 주목하면서 관광방문객(visitor)을 마케팅 대상에 추가하였다.

이에 초기 컨벤션 전담기구는 CB, 즉 Convention Bureau로 명명하였던 것을 현재는 마케팅 대상을 확대하여 CVB, 즉 Convention Visitors Bureau로 확대·발전하였다.

국내의 경우는 1979년 한국관광공사 국제협력처 국제회의부(현 컨벤션 뷰로)에서 중앙정부 컨벤션 전담기구로서 관련 업무를 수행하고 있으며, 지방자치단체 컨벤션 전담기구로는 2000년 3월 발족된 부산관광·컨벤션 뷰로와 서울, 대구에 컨벤션 뷰로가 설치되어 있다.

회의 기획사례 Ⅶ : 지자체 컨벤션 뷰로도 설립 박차

각 지자체들이 '관광산업의 꽃'이라 불리는 컨벤션 산업에도 힘을 기울여 컨벤션센터를 세우고 있는 가운데 국제회의를 유치하고, 행사 진행에 필요한 편의 및 서비스를 지원하는 컨벤션 뷰로(Convention & Visitors Bureau-국제회의 사무국) 설립에도 발벗고 나서고 있다.

대구 및 부산 컨벤션 뷰로에 이어 지주도 역시 '컨벤션 뷰로 설립을 추진중이며 서울시는 지난 11월 12일 서울 시청에서 컨벤션 뷰로 창립총회를 개최했다. 사단법인 서울 컨벤션 뷰로의 대표로는 창립총회에서 코엑스 정재관 사장이 추대됐으며 현재 문화부관광부에 법인신청을 준비중이다. 사무실은 삼성동 무역센터에 들어갈 예정이다.

컨벤션센터 건립을 추진중인 대전시도 내년 사반기 중 재단법인 대전 컨벤션 뷰로를 설립하는 방안을 추진하고 있다. 특히 대전시는 기존 컨벤션센터를 건립한 지자체들이 센터 건립 후 컨벤션 뷰로를 설립하거나 설립을 추진하는 것과 달리 센터 건립 이전에 경쟁력 확보 차원에서 설립을 추진하고 있다.

〈자료원〉 코리아 트래블 저널 12월호 2004

(2) CVB의 업무활동

CVB의 주요 업무활동은 다음과 같다.

첫째, CVB가 대표하는 해당도시에서 회의나 컨벤션 · 전시회를 개최하도록 여러 단체를 유치(도시홍보 및 마케팅)한다.

둘째, 이들 단체의 회의준비를 지원한다.

셋째, 잡지, 지도, 홍보물로 관광정보를 제공하여 해당도시의 역사적 · 문화적 · 여가활동 지역을 방문하도록 장려한다.

넷째, 해당 CVB가 대표하는 지역사회의 이미지 전개와 촉진활동을 한다.

다섯째, 기타 행사에 필요한 모든 사항을 지원한다.

CVB의 가장 중요한 역할과 목표는 소속된 지역을 효과적으로 마케팅할 수 있는 통일된 이미지를 제시하는 데 있으며, 명칭이나 구조는 지역사정에 따라 매우 다양하다. 한 예로 정부 산하기구의 형태나 지역상공회의소의 산하기관, 혹은 라스베가스처럼 특수법인체인 경우도 있다.

〈표 3-1〉 CVB의 주요 분야 업무

분야	주요 업무
재무 · 관리	회계, 예산의 책정 및 실행 및 재무적 통제기능 자료처리, 워드프로세싱, 원거리통신 시스템 관리 인건비나 부가급부, 기타 기록유지 등
마케팅 · 판매	국가국제회의의 판매, 지역국제회의 판매 호텔 및 회의시설 연락, 컨벤션 서비스 조사, 기업회의 · 인센티브 판매 등
정보제공	관광진흥 및 개발, 개별여행자시장의 유지 등
회원 · 지역사회 관계유지	유치사무국과 지역과 관련된 간행물 발간 유치사무국과 지역사회를 연결시켜주는 활동 회원에 관한 기록유지, 회원개발과 모집 프로그램 관리

2. CVB의 역할과 업무영역

(1) CVB의 역할

1) 지역사회에 대한 역할

CVB가 지역사회에 대한 주요 기능에 대해 Morrsion, Bruen & Anderson은 다섯 가지로 정리하였다.

첫째, CVB는 새로운 세수 증대와 일자리를 창출하며 지역경제를 활성화시키는 '경제추진자'(econmic driver), 둘째, 합당한 목적지 이미지를 고양시키며 관광매력물 및 시설을 잠재방문자에게 알리는 '지역 마케터'(community marketer), 셋째, 컨벤션과 관광으로 인해 증가하고 있는 편익을 서로 나누고 덜 발달된 산업을 촉진시키는 '산업조정가'(industry coordinator), 넷째, 업계에는 합법성을 부여하면서 동시에 개인 및 단체 방문객들을 보호하는 '준공공대표기관'(quasi-public representatives), 다섯째, 지역 주민들의 삶의 질을 높이고 지역주민과 방문객에게 자긍심을 심어주는 '지역사회 자긍심 고취자'(builder of community pride)이다.

이처럼 CVB의 다섯 가지 역할을 종합해 보면 무엇보다도 지역사회를 컨벤션 개최지로 판매하고 마케팅하는 데 있어 관련업체들과 하나의 컨벤션 개최지팀을 이루어 그 중심에서 리더로서 역할을 하는 것이다.

2) 회의주최 단체에 대한 역할

CVB는 회의 주최자들에게 그들이 컨벤션 및 전시회를 개최하는데 있어 필요로 하는 모든 서비스를 해당 도시에서 제공할 수 있도록 원스톱 쇼핑(one-stop shopping) 창구로서의 역할을 수행한다. 이러한 역할을 수행하기 위한 그들의 활동을 살펴보면 다음과 같다.

첫째, 회의개최가 확정된 단체에게 준비에서부터 마무리까지 전반적인 지원을 한다. 예를 들면, 참가자 중 동시통역사를 비롯한 연회준비 등에 적절한 서비스업체의 소개, 숙박시설에 대한 정보제공 및 숙박업무의 지원, 회의 전후 관광 프로그램 기획 등이 포함된다.

둘째, 협회나 기업으로 하여금 국제회의, 컨벤션 및 전시회 등을 해당 도시에서 개최하도록 유도한다. 이를 위하여 국제회의시설, 숙박시설, 교통 및 회의서비스업체에 대한 기초조사를 실시하여 이들에 대한 정보를 구비·제공한다. 참가자들의 요구에 부합되는 적절한 정보제공을 비롯하여 여행사, 항공사와 DM 발송 및 관광박람회 등에 참가 등의 공동 마케팅을 통하여 좀 더 많은 컨벤션 및 전시참가자를 유도하기 위한 활동을 지원한다. 셋째, 해당 지역의 관광일정을 잡아주며 잠재적 회의참가자들의 참석률을 높이기 위해 목적지에 대한 정보를 제공하며 목적지에서 즐길 수 있는 여가활동을 알리는 홍보사진을 제공하기도 하고 전년 개최 회의에 참석하여 홍보활동을 하기도 한다. 또한 많은 CVB는 회의가 그들 지역에 미치는 경제적 영향으로 객실 확보나 스폰서를 받기 쉬우므로 회의주최자에게 도움을 주기도 한다.

(2) CVB의 업무영역

1) 컨벤션 세일즈와 마케팅

CVB의 업무 중 핵심이 되는 업무인 각종 회의, 전시회 및 컨벤션 유치를 도모함으로써 궁극적으로는 지역경제의 활성화를 꾀하는 데 그 목적이 있다. 따라서 구성하고 있는 부서 중에서 세일즈와 마케팅 부서는 조직내에서 가장 큰 규모를 이루고 있는 중요한 부서이다.

주요 업무로는 각종 회의, 전시회 및 컨벤션 유치를 도모하며, 특히 도시 마케팅을 목적으로 관광관련 전시회에 참가하여 잠재 고객을 발굴하고 추후 이들로 하여금 직접 방문케 하거나 Fam tour를 조직하여 고객이 직접 해당 도시와 시설을 답사케 함으로써 시설이나 서비스에 대한 경험 및 평가를 할 수 있는 기회를 제공한다.

① 관광 마케팅 프로그램 개발

컨벤션 전담기구는 지역 내 방문객을 유치할 수 있는 포괄적인 마케팅 프로그램을 개발해야 한다. 주요 업무는 투어 프로그램 기획, 컨벤션 개최기간 동안 동반자 프로그램 개발, 목적지 홍보를 위한 책자와 시청각 홍보물 제작, 그리고 그룹투어를 위한 부가적인 서비스 지원 등을 제공한다.

또한 방문객 시장을 휴가를 즐기려는 가족단위의 방문객과 여가생활을 위한 여행객, 인센티브 참가자, 외국인 방문객, 교육 프로그램 참가자로 구분한 다음, 자체 지역에 가장 합당한 시장을 목표 시장으로 정하고 적합한 마케팅 전략을 개발한다. 예를 들어 목표 시장을 가족단위의 휴가객으로 결정했다면 마케팅 전략으로서 광고개발, 관광안내 정보센터 운영, 관광 관련 전시회 참가, 관광 관련 인쇄물에 홍보기사 게재 등과 같은 방법을 생각해 볼 수 있다.

오늘날 CVB 조직들은 컨벤션 참가자들이 곧 관광객이라는 사실을 깨닫고 관광객 유치는 물론 컨벤션 참가자 유치를 위해 효율적인 마케팅 노력을 다하고 있다.

② 마케팅 활동을 통한 도시 이미지 창출

CVB는 도시의 이미지를 개발하여 컨벤션 및 관광 목적지로서 경쟁력 있는 곳으로의 시장 위치를 점하게 하는 임무를 띠고 있다. 또한 지역 관광산업과 관련된 다양한 조직들의 이해관계를 조정하여 통일된 이미지를 창출하여야 한다.

2) 컨벤션 개최 및 사후 서비스 제공

지역 내에서 컨벤션 개최가 확정되면 사전 준비단계에서 행사기간은 물론, 행사 종료 이후 기간까지 각종 서비스를 제공한다. 행사준비 단계에서 제공되는 서비스로는 참가자 유치를 위한 프로모션 활동과 숙박시설 예약, 교통수단 제공 등의 서비스를 제공한다. 행사기간 중의 서비스로는 현장등록지원, 행사장에서 안내 데스크 운영, 셔틀버스 운행, 응급의료 서비스, 후원 등의 서비스가 있다. 행사종료 이후에는 감사편지 발송, 사후 평가 및 문제 처리 등의 서비스를 제공할 수 있다.

3) 국제회의 유치 개최 정보수집 및 제공

세계국제회의협회(IACVB)는 회원들에게 Convention Industry Network : CINET)이라는 데이터베이스 시스템을 구축하여 컨벤션 개최 초기에 대한 정보를 제공함으로써 회원들 사이의 원활한 의사소통이 이루어질 수 있는 기회를 창출하고 있다. 따라서 각 나라의 CVB는 이 시스템을 이용하여 전 세계적으로 회의나 컨벤션을 개최한 조직들에 대한 자료를 계속적으로 획득할 수 있어, 다양한 정보를 필요로 하는 회의기획가들에게 정보를 제공해 주는 역할로, 회의기획가들이 업무를 수행함에 있어 편의를 제공해 준다. 또한 회의 전후 단계에 걸쳐 CVB는 회의기획가들에게 지역사회 전반에 걸친 정보와 지원을 제공하는 가장 효율적인 정보원으로써의 역할을 수행한다. 예를 들어, 원활한 회의개최를 위해 개최지 사전점검, 컨벤션 참가촉진 활동, 숙박 서비스 제공, 현장등록지원 및 정보제공, 부가 서비스를 제공한다.

4) 이벤트 기획 및 관리

이벤트 기획은 호텔의 객실 및 레스토랑 판매상황, 외부 방문객의 목적지에 대한 관심 증대뿐만 아니라 지역경제의 영향력도 지닌다. 따라서 CVB는 기술적 지원을 제공하고 성공적인 이벤트 개최를 위해 이사회와 위원회 차원에서 지원을 하며 계절의 특성을 살린 이벤트의 개발을 위한 촉매역할을 하고 행사를 후원한다. 예를 들어 올림픽과 같은 다국적 행사 혹은 소규모 지역 축제이든 상관없이 이벤트 계획과 관리는 단순히 자원봉사자뿐만 아니라 계획, 마케팅 예산확보에 있어 전문가의 역할이 필요로 하는데 이때 CVB의 활동이 필요하다.

오늘날 이벤트는 방문객을 유치하려는 지역사회의 역동적인 활동 중의 하나로서 CVB는 이벤트에 대한 기술적 지원 제공의 요청을 받거나 이벤트의 개발·유치 요청을 받기도 한다.

5) 컨벤션 시설운영 및 관리

CVB는 컨벤션센터 관리에 관여하여 컨벤션 개최지 경제활성화의 책임을 맡고, 이에 따라 컨벤션센터 개발, 마케팅 그리고 관리에 관한 지침과 방향을 제공하는 역할을 수행한다.

CVB와 컨벤션센터 사이에 원활한 관계는 마케팅 이미지와 프로그램을 돋보이게 하는 것뿐만 아니라 호텔 객실 판매와 체제일수의 관점에서 지역경제에 긍정적 파급효과를 주는 대규모 컨벤션과 전시회를 유치에 아주 중요한 역할을 한다. 따라서 컨벤션센터의 예약과 절차에 있어 보다 효율적인 의사소통 체계와 마케팅 연락 체계를 개발해야 한다.

6) 홍보 관리

CVB는 조직의 목표, 임무, 프로그램에 대해 관련업체 및 지역 주민에게 정확히 전달함으로써 도시 마케팅 조직체로서 본 기구에 대한 신뢰도를 높여야 한다. 또한 내부 직원과 회원사에게도 지속적인 정보전달이 필요하다. 따라서 홍보업무에는 간행물 출간, 공개 프리젠테이션, 언론·대중·정부 관계 홍보 및 내부 커뮤니케이션 네트워크 등이 포함된다.

3. CVB의 유형

(1) 관주도형 CVB

국가 및 시·도 등의 지방자치단체의 재원으로 설립·운영되는 형태로 홍콩, 싱가포르, 필리핀과 같은 동남아시아 지역에서 주로 나타나며 정부기관으로 소속되어 있다. 재원은 정부에서 전액 지원되며 주정부 차원의 재정 지원 및 세제상 혜택 등 지원제도가 있다. 주요 활동으로는 국제회의 유치·홍보, 국제회의 운영지원 및 프로모션, 홍보물의 제작 및 배포 등이다. 이러한 관주도형 CVB는 재정의 안정적 확보, 조직과 인력에 있어 관리와 통제가 용이하다는 장점 외에도 해당 시설을 지역사회시설로 활용 가능한 반면, 환경변화 대응력의 미약, 창의적 책임경영 마인드 부족, 인센티브 도입의 제약 등의 단점이 있다.

(2) 반관반민형 CVB

반관반민형은 일본의 지방자치단체에서 주로 나타나는 CVB로 민간의 효율성과 행정의 공공성을 연결하여 양자, 즉 정보나 지자체와 민간이 공동출자하여 이룬 제 3섹터, 흔히 재단법인의 형태로 존재한다. 재원은 지방정부의 보조금, 회비, 사업수익 등으로 조달된다. 주요 활동으로는 국제회의의 기획 및 유치활동, 개최지의 홍보 및 마케팅, 국제회의 관광도시 및 리조트 지역조성 자문 등을 들 수 있다. 정부의 정책적 지원을 확보할 수 있으며, 민간협력의 기회를 제공할 수 있다는 장점이 있는 반면, 사업의 연속성과 운영 독립성의 한계 및 민관의 조직 내 갈등 소지의 상존 그리고 직원의 순환보직으로 인한 전문성 마약 등은 단점이 될 수 있다.

(3) 민간주도형 CVB

주로 북미지역 CVB가 운영형태로 세계국제회의협회(IACVB)의 조사에 따르면 대부분의 컨벤션뷰로가 이전에는 상공회의소의 소속기관이었지만 현재는 독립적인 기관으로, 회원의 약 60%가 독립적인 비영리협회, 15%는 상공회의소 소속기관, 그리고 나머지 25%는 공공기관이다. 재원은 호텔 숙박세(53%), 정부 보조금 또는 일반세(24%), 회비(5%), 그리고 식음료세 및 기타 수입으로 조달하고 있는 것으로 나타났다. 한편 미국 내 전담조직은 독립적 비영리협회 · 사업체, 비영리협회나 비독립적인 자회사로서의 상공회의소, 주정부기관 부서 또는 공공사업기관 및 특정법인체 등 네 가지 형태 중의 하나에 해당하는 것으로 알려져 있다. 이들 전담조직의 주요 활동으로는 국제회의의 홍보 및 마케팅, 국제회의 정보의 제공 등을 들 수 있으며, 창의적 책임경영 및 인센티브 활성화를 통한 전문가 참여의 활성화 등의 장점이 있는 반면, 정부의 정책적 지원 미약, 자체 재원조달의 부담, 민간기업의 참여의지 여부에 대한 불확실 등의 단점을 지닌다.

4. CVB의 현황

(1) 한국의 CVB

1) 한국관광공사 코리아 CVB

1979년 PATA 총회의 서울 개최를 계기로, 중앙정부 차원에서 컨벤션 산업을 촉진하기 위해 한국관광공사 내의 국제협력부를 설치하였다. 그리고 1999년 10월 조직개편에 따라, 국제회의 유치업무를 담당하는 국제회의부를 포함한 국제행사처를 해외진흥전략팀과 함께 해외진흥본부 산하의 컨벤션 뷰로로 승격하였다. 한국관광공사 코리아 CVB의 조직은 코리아 컨벤션뷰로 단장 산하로 컨벤션 진흥팀과 컨벤션 유치팀으로 나뉜다. 컨벤션 진팀은 6명, 컨벤션 유치팀 8명으로 단장을 포함하여 총 15명으로 구성되어 있다.

한국관광공사 코리아 CVB 주요 업무

• 유치가능 국제회의 발굴
- 국제회의 유치의향 조사 (국제기구가입 2,500여개 국내단체 대상)
- 국제기구 자료에 의한 유치가능 국제회의 조사
- 유치가능성이 높은 국내단체에 대한 세일즈 콜 및 유치권유 활동
- 유관인사 방한 초청지원

• 국제회의 유치에 대한 원스톱서비스 제공
- 국제회의 유치절차 안내 및 자문
- 유치제안서 작성 및 환영 서신 제공
- 보조금 지원(유치제안서 인쇄, 국제기구 간부 사전답사, 기념품 등)
- 한국홍보 간행물 및 영상물 제공
- 한국홍보 데스크 운영 지원
- 공사 해외지사망을 통한 유치활동지원

• 국제개최가 확정된 국제회의 주관 단체에 대한 지원
- 당해연도 개최지원
- 국제회의 개최관련 정보제공 및 자문
- 보조금 지원(참가안내서 인쇄, 관광 프로그램 운영, 문화예술 공연 등)

• 컨벤션 마케팅 활동
- 한국홍보 간행물 및 영상물 제공
- 한국홍보영상물 상영 및 관광안내 데스크 운영지원
- 참가자 유치증대를 위한 사전홍보
- 공사 해외지사망을 통한 홍보
- 보조금 지원(기념품 등)
- 한국홍보 간행물 및 영상물 제공
- 컨벤션 전문전시회 참가 및 한국홍보관 운영
- 컨벤션 전문지 광고게재 및 기사화
- 해외 컨벤션 로드쇼(유치설명회) 실시 및 세일즈콜 실시
- 홍보간행물 제작, 배포 : 홍보영상물, 컨벤션 시설안내 책자(영문)

• 컨벤션 산업 육성기반 조성
- 한국 컨벤션 협의회 운영
- 컨벤션 산업전 개최
- 지방 컨벤션 유치 세미나 개최
- 국내 컨벤션 전문교육 실시(온 · 오프라인)

• 컨벤션 정보수집 및 제공
- 컨벤션 홈페이지 구축 · 운영(국문, 영문)
- 국제회의 주최기관 정보수집 및 제공
- 국제회의 개최실적 및 계획 · 조사
- 국내외 컨벤션 전담조직 및 전문시설 조사

- 컨벤션 캘린더 및 국제회의 개최현황 책자 발간 · 배포
- 한국 컨벤션 e-newslestter 제작 발송

• 국제기구와의 협력활동
- 국제관광기구 관련 회의 유치 지원
- PATA, ASTA 등 국제관광기구와의 협력활동
- 컨벤션 부문 국제기구 회의참가

〈코리아 컨벤션 뷰로 발췌〉

〈표 3-2〉 한국의 컨벤션 뷰로 연도별 현황

연도	활동내역
1979	한국관광공사 내에 컨벤션 뷰로를 설치하여 중앙정부차원의 컨벤션 뷰로로서의 기능을 수행
1986	국제회의용역업인 PCO를 관광진흥법상 관광사업의 한 종류로 신설
1996	'국제회의 산업육성에 관한 법률'을 재정(국제회의 산업육성기본계획 수립, 국제회의 도시지정, 컨벤션 시설건설자 및 운영자에 대한 세제 및 재정지원 등과 컨벤션 지원 및 국제회의 유치 · 개최지원)
1997	'사회간접자본에 대한 민간자본유치촉진법'을 개정(국제회의시설을 사회간접자본시설에 포함시켜 시설건설시 토지확보, 각종 부담금 감면, 금융 · 세제상의 다양한 지원혜택)
1998	'외국인투자촉진법'을 제정 (외국자본 유치촉진, 국제회의 유치를 위한 제도적인 노력)
1999	조직개편(국제회의유치업무를 담당하는 국제회의부를 포함한 국제행사처를, 해외진흥전략팀과 함께 해외진흥본부 산하의 컨벤션 뷰로로 승격)
2001	대국민인식 제고 및 지자체와의 협력체제 강화, 회의장시설확충 및 서비스 개선, 전문인력 양성, 컨벤션 직원제도를 법제화, 정부관계부처와의 공동추진을 꾀함
2002~2006	전문 컨벤션 시설, 신공항 개항과 연계한 효율적인 유치활동 전개와 지방도시에 컨벤션 시설 건립유도, 항공망의 확충, 호텔의 신 · 증축 등 기반시설의 지속적인 확충을 도모

2) 서울 CVB

컨벤션 산업은 도시 이미지 개선과 인프라 구축 및 국제 비즈니스의 흡인력을 확충할 수 있는 산업분야로 시는 IT, 금융, 나노/바이오, 디지털 컨텐츠, 패션 산업과 함께 서울형 전략산업으로 간주되어 왔다. 서울 컨벤션

뷰로는 과거 100건 미만에 불과한 서울이 국제회의 유치건수를 2008년까지 120건 수준으로 끌어올려 아시아 1위와 함께 세계 10위로 도약한다는 목표를 가지고 설립되었다. 한편 2008년 UIA기준에 의하면 서울의 도시별 순위에서 125건으로 세계 7위, 아시아 3위를 차지하여 어느 정도 목표달성은 하였다고 볼 수 있다. 서울 CVB의 조직은 이사회를 통한 대표이사 산하로 전시 컨벤션 본부, 센터운영본부, 서비스 자원본부, 경영지원본부로 총 4개팀으로 나뉘어져 있다.

서울 CVB 주요 업무

- 컨벤션 유치마케팅, 개최지원
- 개최시 해외홍보와 같은 서울시 컨벤션 산업활성화 D/B 구축
- 조사연구 및 정보제공, 전문인력 확보 및 인재육성 개발
- 컨벤션 관광 패키지 개발
- 서울시 컨벤션 인프라 구축
- 국내외 도시 및 국제기구 간 교류증진
- 회원사간 네트워크, 협력사업 개발
- 컨벤션 정책 제안 및 대정부 건의 등 국내외 네트워크 강화

3) 대구 CVB

대구 CVB는 컨벤션의 유치부터 개최까지 원스톱서비스(one-stop service)를 제공하며 대구를 컨벤션 개최 최적지로 국내외 시장에 마케팅하는 컨벤션 전담기구로서 대구광역시, 대구상공회의소, 대구관광협회와 컨벤션센터, 호텔, 여행사, 국제회의기획사, 항공사, 광고기획사 등 컨벤션 관련 기관단체 및 기업이 발의하여 설립한 비영리사단법인이다.

또한 대구시를 컨벤션 개최지로서의 가치를 정립 · 제고하여 적극 홍보함으로써 보다 더 많은 국제회의를 지역에 유치하고, 또 이를 통하여 지역경제 활성화에 기여하고자 하는 것이 기본적인 역할을 하고 또한 지역의 컨벤션 산업발전을 위하여 관련 전문정보를 수집 · 연구하여 대구시 정책개발에도 적극 제안하고 있다.

대구 CVB의 조직은 총회를 거쳐 이사회에서 선출된 이사장의 산하로 사

무국장이 역임되어 있으며 사무국장 산하로는 마케팅팀과 마케팅 지원팀이 있다.

대구 CVB 주요 업무

- 국내·외 협회, 학회, 기업 등의 각종 회의 및 행사를 발굴 유치
- 대구에서 개최되는 협회 및 학회, 기업의 컨벤션, 세미나, 전시회와 관련된 숙박, 교통, 등록, 기타 컨벤션 서비스 등이 원활하게 이루어지도록 조정 역할
- 컨벤션, 세미나, 전시회 유치 지원
- 관련 기관단체를 섭외 또는 중재하는 역할
- 컨벤션 관련 업무를 조정, 지역 컨벤션 산업활동 촉진
- 언론기관과 기자들을 대상으로 각종 보도·홍보자료 제작 및 배포

4) 부산 CVB

부산시와 관광협회, 부산전시·컨벤션센터가 연합하여 2000년 2월 부산 컨벤션 뷰로 설립을 위한 기본계획을 수립하고 부산시 직원, 부산전시·컨벤션센터 직원 등 4명으로 설립 준비단을 구성하여 설립준비 및 종합계획을 수립하였다.

2000년 3월에는 부산시 문화관광국장을 중심으로 17명의 위원으로 구성된 부산 관광·컨벤션 뷰로 실무위원회를 발족하였고 컨벤션 산업육성을 위하여 2001년 2월에 부산광역시 문화관광국 국제협력과 내 국제회의계를 신설하고, 지방자치단체로는 전국 최초로 컨벤션 뷰로를 국제협력과 조직으로 4월에 설치하였다.

부산 CVB의 조직으로는 이사회에서 선출된 이사장 산하로 사무국이 배치되어 있으며, 사무국 산하로 총무팀, 홍보팀, 마케팅팀이 있다. 한편 부산 CVB에서는 서울사무국을 별도로 두어 홈페이지 유지 관리 및 컨벤션 산업의 동향 파악, 서울지역 홍보마케팅을 담당하게 하였다.

부산 CVB 주요 업무

- 컨벤션 유치절차 안내 및 자문
- 부산관광 및 컨벤션 관련 홍보물 제공(홍보책자, 기념품제공 등)
- 컨벤션 유치 및 지원
- 컨벤션 관계자의 사전답사를 위한 부산방문시 지원
- 컨벤션 관련정보 서비스 제공 등

5) 제주 CVB

제주도에 국제회의, 박람회, 이벤트 등 각종 국제행사를 유치하여 기획으로부터 마케팅은 물론 성공적 행사개최 및 관광에 이르기까지 전략적이고 체계적인 지원 서비스를 제공하여 제주도 컨벤션 산업을 육성하기 위한 목적으로 설립된 비영리 조직이다. 설립은 2003년 제주도 국제회의 산업육성 지원에 관한 조례 제정으로 처음 발족하여 2003년 7월에 제주국제회의 지원협의회를 구성하여 2005년 3월에 사단법인 제주컨벤션뷰로로 개소하였다. 제주 CVB 조직은 이사회에서 선출된 이사장 산하로 사무국이 배치되어 있으며, 사무국 산하로 기획총무팀, 마케팅팀이 있다. 한편 제주 CVB에서는 서울사무국을 별도로 두어 홈페이지 유지 관리 및 컨벤션 산업의 동향 파악, 서울지역 홍보마케팅을 담당하게 하였다.

제주 CVB 주요 업무

- 국제회의 유치지원
  - 해외현장유치활동
  - 유치준비지원
  - 회의답사지원
  - 기타 지원
- 국제회의 개최지원

6) 대전 CVB

대전 CVB는 지역의 특성과 역사, 문화, 관광자원등 무한한 발전 잠재력을 바탕으로 컨벤션 유치와 개최지원, 컨벤션센터 운영관리, 도시 마케팅사업 등을 통하여 지역 컨벤션 산업을 발전시키고 도시 이미지 제고와 국제 상호 이해증진을 목적으로 한다.

대전 CVB의 조직은 이사회를 거쳐 이사장 산하로 사무국이 있으며, 사무국 산하로 경영본부와 사업본부로 나누어진다. 경영본부에서는 경영지원팀, 시설운영팀을 관리하며, 사업본부는 마케팅팀과 전시팀을 관리한다.

대전 CVB 주요 업무

- 국내외 컨벤션 및 방문객 유치와 개최지원
- 컨벤션센터 등 컨벤션 관련 시설이 운영관리 및 수익사업
- 회의, 전시회, 이벤트 등 각종 컨벤션 개최 대행 사업
- 컨벤션 및 도시 마케팅 관련 국내외 기구에 참여 및 유대강화
- 컨벤션 및 도시 마케팅 관련 연구 수행, 각종 정보수집, 간행 등
- 컨벤션 참가자들의 편의를 위한 각종 서비스 제공
- 컨벤션 및 도시 마케팅에 관한 인력양성 등 컨벤션 산업 인프라 구축사업
- 컨벤션 산업정책에 대한 자문 및 건의 활동
- 국제기구 및 협회, 국가, 지방자치단체 및 공공기관 등으로부터 위탁받은 사업 수행
- 기타 컨벤션 뷰로의 목적달성을 위하여 필요한 사업

(2) 미국의 CVB

미국에서는 수많은 국제행사뿐만 아니라 연간 1백만 건에 달하는 국내행사가 개최되고 있다. 각 주는 컨벤션 뷰로를 중심으로 이러한 엄청난 규모의 수요를 겨냥해 대규모 컨벤션센터를 갖추고 활발한 회의유치활동을 하고 있다.

미국의 컨벤션 뷰로는 900여 개 도시나 지역을 대표하여 전 세계를 무대로 지역 이미지 홍보는 물론 방문객 유치를 위한 적극적인 활동을 하는 데, 라스베이거스시의 경우 컨벤션 뷰로의 연간예산이 미국 연방정부의 관광청을 능가하며, 그러한 막대한 예산과 인력을 투입하여 제반 관광산업을 활성화시키고 있다.

1) 로스앤젤레스 CVB

미국의 로스앤젤레스의 컨벤션 뷰로인 LA CVB(Los Angeles Convention & Visitors Bureau)는 1977년 순수 민간기구로 설립되었다. LA CVB는 영국 런던과 일본 동격에 각각 해외지사 두 곳을 두고 있으며, 자국 내 지사로는 워싱턴 · 시카고 · 뉴욕 등에 지역사무소를 운영중이다.

〈표 3-3〉 LA CVB 조직별 업무현황

조직	주요 업무
커뮤니티부	대정부 관련업무 총괄 및 시의회와 예산관련 업무 주정부와 마케팅 관련 업무 추진
국내 마케팅부	방송관련 업무 및 브로슈어 제작 업무 총괄
광고 · 촉진부	국내광고 총괄 및 프로젝트 수행
개발 · 회원부	회원업체(약 1,200개)로부터 회비징수 회원업체의 서비스 제공
재정 · 관리부	회계 · 인사 · 발송 · 정보관리
국제 마케팅부	관광객 정보관련 업무 및 관광상품 개발 여행무역 업무
판매행정부	타지역 컨벤션센터나 호텔 등의 컨벤션 관련업종과 밀접한 관계 속에 컨벤션 산업개발에 관한 전반적인 업무를 수행
고객 서비스부	로스앤젤레스에서 개최되는 모든 컨벤션의 관리업무와 서비스 업무 총괄
스포츠 엔터테인먼트부	로스앤젤레스시와 함께 올림픽 · 월드컵 등의 체육행사와 각종 이벤트 유치

2) 뉴욕 CVB

뉴욕시의 컨벤션 뷰로인 NYCVB(New York Convention & Visitors Bureau)는 1935년에 관광업계 중심의 순수 민간지구로 설립되었다. NYCVB는 뉴욕에 본사를 두고, 시카고와 워싱턴에 국내지사를, 런던과 뮌헨에 해외지사를 설치하고 있다.

〈표 3-4〉 뉴욕 CVB 조직별 업무현황

조직	주요 업무
여행자정보부	뉴욕시 관광정보 제공
컨벤션 · 관광 서비스부	컨벤션 참가자에게 뉴욕시 관광연계
컨퍼런스부	회의진행업무
커뮤니케이션부	통역 및 번역업무
홍보부	뉴욕시 컨벤션 시설 및 정보 대외홍보
회원부	참가자의 회원관리 및 등록
조사부	각종 컨벤션 관련 전시회참가, 업계대상 주요 국제회의 정보지원
웹사이트부	컨벤션센터 관련 정보 웹사이트 관리

(3) 일본 CVB

일본은 아시아지역에서 일찍부터 활발한 국제회의 유치활동을 전개해왔으며, 이미 1987년부터 '국제회의도시 계획'을 세워 국제회의 산업육성에 박차를 가하고 있다.

특히 국제사회에서 일본의 지위에 맞는 국제회의를 유치하고자 1994년 6월 "「국제회의 유치촉진법 및 개최원활화에 의한 국제관광진흥에 관한 법률」"(일명 컨벤션법) 제정 이후 일본의 국제회의 진흥활동은 발전을 거듭하고 있다.

1) JCB CVB

중앙정부 차원의 JCB(Japan Convention & Bureau)는 1994년 7월 국제관광진흥회(JNTO) 내에 설립하였고 국제 컨벤션 진흥지원의 중추적 기관으로 자국 내 본사를 두고, 뉴욕 및 런던에 해외유치 센터를 운영하고 있다. 본사에는 해외유치부와 국내유치부로 분류하여 총 15명의 인원으로 운영하며, 해외유치 센터의 인력은 6명이 있다.

국제관광진흥회 산하에는 14개 해외관광선전사무소를 두고 컨벤션과 관련된 유치 및 개최 지원활동을 하고 있다. 최근 45개 도시를 국제회의 관광도시로 선정하고, 도시 컨벤션 뷰로 관할 하에 각 지역의 국제회의 유치활동 및 국제회의 산업에 대한 투자를 확대하고 있다. 국제관광진흥회는 JCB에 많은 지원을 하는 데, 컨벤션 개최시 개최지로서의 일본을 선전하며, 주최자나 수용단체에 관련된 컨설팅과 자료를 제공하는 등의 활동을 하고 있다.

JCB CVB의 주요 업무

- 컨벤션의 유치 및 기획
- 컨벤션 기초의 목적 · 기본구상
- 사업계획의 개요작성
- 파급효과 등의 검토 및 방침수립
- 조직운영주체의 편성 및 공동주최 · 후원 · 협찬 · 지원 및 재원의 확보
- 자금운영계획의 대책 및 기부금에 대한 면세조치
- 컨벤션 개최지 · 회의장 선택 및 확보
- 참가자 · 입장객의 모집 및 광고
- 컨벤션 개최목적을 달성하기 위한 프로그램 참여 및 홍보
- 회의장 운영 및 직원훈련
- 회의기간 중 프로그램 운영, 회계관리, 컨벤션 관련 출판물 발간 등

2) JCCB CVB

민간기구차원의 JCCB(Japan Congress & Convention Bureau)는 1995년 6월에 설립하였고, 국제관광진흥회, 각 도시 컨벤션 뷰로, 회의장 시설업체, 호텔, PCO(professional Convention Organizer), 항공사 등 컨벤션 관련기관 · 단체 · 업계를 회원으로 한다.

JCCB CVB의 주요 업무

- 내 · 국제 컨벤션 유치촉진사업
- 국제관광진흥회와 IME(International Meeting Expo : 일본 내 유일한 컨벤션 트레이드쇼) 공동주최
- IME를 통한 컨벤션 유치촉진 활동
- 컨벤션 데이터베이스 구축을 위한 자료수집
- 인재양성 사업, 홍보전시 사업
- 회의운영에 관한 연구
- 컨벤션 시장 및 경제적 파급효과 측정에 대한 연구 등

(4) 싱가포르 CVB

싱가포르는 아시아지역에서 비교적 컨벤션 산업이 발달하였고, 싱가포르 관광청(Singapore Tourism Board : STB) 내에 독립적 컨벤션 뷰로인 SECB(Singapore Exhibition & Convention Bureau)를 1974년에 설립하여 24명의 인력으로 컨벤션 시장과 인센티브 관광시장을 대상으로 활동을 하고 있다.

싱가포르 컨벤션 산업에서 주목할 점은 대규모 회의장 시설을 건설하면서 이에 대한 자금을 조달하는 방법이다. 싱가포르는 지난 1995년 완공한 1만 2천 명 규모의 아시아 최대의 컨벤션센터인 총 12억 달러 규모의 선택 시티를 건설하면서 쇼핑센터 등 상업용 건물을 지을 수 있는 조건으로 홍콩 자본가의 자금을 끌어들였다. 우리나라가 회의시설에 소요되는 대규모 자금조달 문제로 컨벤션 시설을 확보하지 못하고 있는 것과는 대조적이다.

싱가포르 CVB의 주요 업무

- 회의, 인센티브 여행, 컨벤션과 전시의 중심지로서 싱가포르를 부각
- 컨벤션 관련 시설설치 지원
- 싱가포르 개최예정인 컨벤션 및 전시박람회 행사참가자의 증대 도모
- 성공적인 컨벤션 개최를 위한 컨벤션 관광업계 조정
- 컨벤션 조직책 지원

(5) 파리 CVB

파리 CVB(Office du Tourism et des Congres de Paris : OTCP)는 1971년 파리시청과 파리의 상공회의소에 의해 설립된 비영리 기관이다. 주요 재원 도달 방법으로는 파리시와 파리 상공회의소에서 총예산의 60%를 부담하고, 나머지 40%는 회원사로부터 받는 회비, 간행물 발간 수입, 레저파크 등의 입장수입, 호텔예약세, 기념품 판매비 등 자체 수입을 통해서 조달하고 있다.

파리 CVB의 주요 업무

- 파리시 관광정보 지원
- 파리시 및 인근지역 대외홍보
- 각종 컨벤션 관련 전시회 참가

(6) 호주 CVB

호주의 국가 차원에서의 CVB (Team Australia : TA)는 호주 관광 위원회와 컨벤션 뷰로지가 합병하여 1999년 정식으로 발족되었다. TA의 주요 목표는 호주에 국제행사를 유치하기 위한 마케팅 활동이다.

호주 CVB의 주요 업무

- 호주를 비즈니스 이벤트 개최지로서 홍보
- 국제 행사 유치를 위한 해외 마케팅가

(7) 캐나다 CVB

캐나다 CVB CTC(Canadian Tourism Commission)는 민관활동 기구로 1995년 설립되었다. CTC의 주요 목표는 행사 개최지로서 캐나다의 이미지를 증대시키고 행사 주최 측을 대상으로 캐나다 관련 정보를 제공한다. 주요 목표 시장은 기업, 스포츠 협회를 포함한 각종 협회, 이벤트 업체를 대상으로 하고 있다.

캐나다 CVB의 주요 업무

- 광고 및 홍보 캠페인
- 직접 우편 마케팅
- 전시회 및 스페셜 이벤트 참가

(8) 홍콩 CVB

홍콩은 1957년 지역 관광개발을 목적으로 정부 법인의 형태의 정부산하 홍콩관광청(Hong kong Tourism Association)을 설립하였다. 그리고 1977년 홍콩관광청 소속 전담기구로 HKCITB(Hong Kong Convention &Incentive Travel Bureau)를 설립, 운영중에 있다.

HKCITB의 재원은 정부의 재정지원과 회원사의 회비, 공공기금, 주 또는 시의 지원금으로 조달되고 있으며, 최근에는 광고, 출판물 판매 등을 통하여 재원의 다각화를 추진하고 있다.

홍콩 CVB의 주요 업무

- 컨벤션 유치 홍보
- 국내 개최 컨벤션 운영지원
- 컨벤션 홍보물 제작, 배포

제2절 PCO

1. PCO의 개념 및 역할

(1) PCO의 개념

PCO(Professional Convention/Congress Organizer : 국제회의기획업체)는 컨벤션 개최와 관련한 다양한 업무를 행사 주최 측으로부터 위임받아 부분적 또는 전체적으로 대행해주는 영리업체로서, '관광진흥법' 제3조4항에 "대규모 관광수요를 유발하는 국제회의를 기획, 준비, 진행 등 필요한 업무의 행사를 주관하는 자로부터 위탁받아 대행하는 업"이라고 표기되어 있다.

컨벤션 산업은 여러 가지 산업이 관련된 종합 서비스업이라 할 수 있기 때문에 전문적인 지식이나 경험이 부족한 상태에서 컨벤션이나 전시회를 개최할 경우 회의개최에 큰 어려움을 겪게 될 수 있다. 따라서 전문적으로 회의개최와 관련된 업무를 수행하는 PCO의 역할이 회의산업에서 매우 중요하게 작용되는데, 이는 풍부한 경험과 회의장, 숙박시설, 여행사 등 회의 관련업체와 평소 긴밀한 관계를 유지하여 모든 업무를 종합적으로 조정·운영할 수 있을 뿐만 아니라, 주최 측의 시간과 경비를 상당히 절감해 줄 수 있는 PCO의 장점 때문이다.

유럽 및 미국을 비롯한 선진국에서는 많은 PCO들이 대부분의 컨벤션·전시회 등의 준비·운영업무를 주최 측으로부터 위임받아 회의개최에 따른 인력 및 예산을 효율적으로 관리함으로써 시간과 자금을 절약하면서 세련된 회의진행의 효과를 거두고 있다. 또한 많은 회의기획가들이 PCO 산하에 가입하여 회의를 유치하려는 주최단체들의 욕구를 충족시키는 기능을 한다.

우리나라에서는 PCO를 "대규모 관광수요를 유발하는 국제회의의 계획·준비·진행 등 필요한 업무행사를 주관하는 자로부터 위탁받아 대행하는 업"(관광진흥법 제1조 4항)으로 규정하여 1986년에 관광진흥법상 관광산업으로 추가시켰다.

PCO를 관광산업으로 포함시킨 배경은 다음과 같다.

첫째, 국제사회의 발달로 인한 빈번한 인적 교류로 점차 국제회의의 규모가 확대되어가고 있는 추세이다. 따라서 이를 관광과 연계하여 발전시킨다.

둘째, 86아시안게임, 88서울올림픽대회를 계기로 준비된 관광수용시설을 최대한 활용하고, 보다 많은 대규모 관광객을 유치하여 관광수입을 증대하기 위해서 국제회의를 적극 유치한다.

셋째, 국제회의업무를 효율적으로 수행하기 위해서는 회의의 기획·준비·진행 등 제반 관련 업무에 관한 전문지식을 가진 전문용역업체의 육성이 절실하다.

현재 우리나라의 PCO는 202개 업체가 등록되어 있으며, 서울 157개 업체, 대전 3개 업체, 대구 7개 업체, 광주 2개 업체, 부산 17개 업체, 울산 1개 업체, 경기 4개 업체, 강원도 1개 업체, 경상남도 3개 업체, 전라남도 1개 업체, 제주도 7개 업체가 활동하고 있다.

국제회의용역업의 등록기준은 다음과 같다.

〈표 3-5〉 국제회의용역업의 등록기준

구 분	등록기준
자본금	1억 원 이상일 것
사무실	사무실 면적은 100m 이상일 것
위 치	사업장은 국제회의 용역업을 수행하는 데 적절하다고 인정되는 곳에 위치할 것

(2) PCO의 역할

국제회의와 전시박람회는 그 준비과정이나 운영에 있어 개최성격에 따라 부대시설에서부터 행사진행에 이르기까지 다양성을 가진다.

따라서 국제회의의 준비를 위해서는 고도의 전문성이 요구되며, 이렇게 국제회의산업에서 요구되는 전문성과 다양성이 PCO(국제회의 기획업체)의 출현과 발전을 가져왔다.

대규모 국제회의가 빈번하게 개최되는 나라에서는 PCO가 국제회의의 국내유치를 위한 촉진활동은 물론, 준비 및 운영업무를 주최 측으로부터 위임받아 수행함으로써 시간 및 비용절약과 함께 효과적인 회의진행을 유도하고 있다.

1) 유치활동의 역할

관광공사 등의 공적 기관과 협력하여 국제회의와 박람회의 국내유치를 위해 공동협력 방안을 연구하고 촉진활동을 한다.

2) 제반업무 운영의 역할

주최 측으로부터 위임받은 회의의 성공적인 개최와 운영을 위해 회의 주최 측과 상호 긴밀한 협조 하에서 제반업무를 조정, 운영한다.

3) 업무협조의 역할

관광회사, 항공사 등의 교통운송회사와 쇼핑업체, 숙박업체와 같은 국제회의 관련 업체, 그리고 관련정부기관과 국제회의 전담 정부기구 등 원활한 회의 운영에 필요한 모든 외부기관 및 업체들과 긴밀한 업무협조 관계를 유지한다.

4) 조정의 역할

외부기관과 업무협조 하에서 회의안을 전문적으로 편성하고 회의장, 숙박시설 및 전문인력 용역과 시설을 효과적으로 관리하는 한편, 이러한 모든 업무를 전체적으로 조정하고 주최 측이나 참가자들로 하여금 행사가 가장 효율적으로 조직되고 운영된다.

2. PCO의 업무

독립적 컨벤션 기획업체인 PCO는 컨벤션의 기획 · 운영 · 평가 등의 전 과정업무를 위탁받아 업무를 수행하는 업체이다. PCO가 구체적으로 수행하여야 할 세부 업무내용을 살펴보면 다음과 같다.

(1) 컨벤션 유치

컨벤션을 유치하고자 하는 단체나 조직을 위해 성공적인 컨벤션 유치를 위한 구체적인 전략을 수립한다. 입찰관계서류의 작성을 비롯하여 홍보 브로슈어 제작, 홍보 부스 기획, 통역 및 번역사를 포함한 현지 홍보 전문인력 파견 등 컨벤션의 유치를 위한 일체의 활동을 치밀하게 진행한다.

(2) 컨벤션 컨설팅

컨벤션 유치 및 진행을 위한 계획수립, 프로그램 구성, 행사의 홍보, 회의 참가자 증대방안, 예산계획, 준비 사무국 운영, 회의진행 등에 관해 종합적으로 컨설팅한다.

(3) 회의준비사무국 운영

PCO는 주최자와 협의하여 컨벤션을 계획하고 준비하는 데 필요한 공간과 인력을 확보하고 회의 개최준비를 위한 사무국을 운영한다.

(4) 예산기획

컨벤션 개최에 소요되는 비용을 정확하게 예측하여 필요한 재원 조달 방법, 수입과 지출, 후원 및 협찬계획을 수립하고 효율적인 예산운영 지침을 마련함으로써 경제적 부가가치를 배가시키도록 노력한다.

(5) 행사장소의 섭외

컨벤션센터, 호텔, 전시장의 규모와 시설, 특성, 위치에 대한 정보를 활용하여 주최자가 보다 유리한 조건으로 개최시설을 이용할 수 있도록 협상·계약한다.

(6) 예상참가자 데이터베이스 구축

컨벤션기획사는 회의 참가자들을 증대시키기 위한 방안으로 예상참가자들에 대한 정보를 수집하여 데이터베이스화하고, 이를 홍보자료로 활용함으로써 많은 사람들이 회의에 참가할 수 있도록 유도한다.

(7) 참가자 관리 프로그램 구축 및 운영

PCO는 과거 국제회의 개최 경험을 통해 개발한 국제회의 등록 프로그램을 활용하여 참가자들의 등록을 효율적으로 접수하고 관리하는 프로그램을 개발·운영한다.

(8) 참가자 숙박업무

컨벤션기획사는 국·내외로부터의 국제회의 참가자들이 체류하는 동안 경제적 부담을 최소화할 수 있도록 호텔을 비롯한 다양한 숙박시설과 유기적인 협력체계를 구축하여 필요한 숙박시설을 확보하고, 참가자들로부터의 숙박신청접수 및 확인, 숙소 배정 등의 업무를 수행한다.

(9) 출판물 제작

컨벤션기획사는 회의의 특성에 맞도록 창의적인 아이디어로서 국제회의 참가를 위한 초청장, 안내책자와 같은 홍보물 각종 출판물을 기획·디자인·인쇄한다.

(10) 홍보 및 촉진활동

컨벤션기획사는 회의준비단계별로 효율적인 홍보 전략을 수립하고 최소의 비용으로 최대의 홍보효과를 거둘 수 있도록 다양한 홍보매체를 통해 홍보 및 촉진활동을 전개한다.

(11) 홈페이지 구축

컨벤션기획사는 국제회의 참가자들이 인터넷을 통해 손쉽게 회의에 대한 정보를 얻을 수 있도록 편리하고 매력적인 홈페이지를 구축할 필요가 있다. 인터넷을 이용한 참가자 등록이나 등록비의 납부, 논문의 투고 등은 국제회의 분야에서도 보편화된 현실이기 때문에 인터넷의 중요성은 아무리 강조해도 지나치지 않다.

(12) 행사기획 및 진행

컨벤션은 본래의 목적인 회의뿐만 아니라 연회, 공연, 전시 등의 다양한 프로그램이 수반되는 복합적인 이벤트이기 때문에 컨벤션기획사는 회의참가자들에게 흥미롭고 유익한 프로그램을 기획·제공함으로써 오랫동안 기억에 남는 성공적인 국제회의가 되도록 노력해야 한다.

(13) 관광 프로그램 기획 및 진행

컨벤션 참가자들을 위한 관광 프로그램은 개최지의 매력을 소개할 수 있는 절호의 기회로서 참가자들의 재방문을 유도할 수 있는 좋은 계기가 된다. 따라서 참가자들의 관광수요를 충족시키기 위해서는 전문 여행사와 전략적 제휴를 통해 참신한 관광 프로그램을 운영함으로써 개최지에 대한 깊은 인상을 심어줄 수 있도록 해야 한다.

(14) 회의 시청각 기자재 및 물품수급

컨벤션을 성공적으로 진행하기 위해서는 회의에 필요한 다양한 기자재와 첨단 장비들이 동원된다. 특히 회의참가자들의 회의집중도와 이해도를 높이기 위해 고해상도 프로젝터, 방송, 중계, 조명, 음향, 위성 시스템 등의 첨단장비가 동원되기 때문에 PCO는 최고의 품질을 보장하는 전문 시스템 공급업체와 유기적인 협력체재를 구축하여 컨벤션 주최자의 다양한 욕구를 충족시켜주어야 한다.

(15) 회의 전문인력 수급

컨벤션을 운영하기 위해서는 다양한 분야의 전문가들을 필요로 한다. 따라서 PCO는 동시통역사, 번역사, 전문사회자, 이벤트 연출가, 행사도우미, 임시 운영요원 등 국제회의 전 분야에 걸친 인재풀을 운용하여 컨벤션이 성공적으로 운영되도록 노력해야 한다.

(16) 행사 시설물 제작

회의장 무대시설, 홍보탑, 현판, 배너, 등의 장치물이나 홍보물을 참신하고 감각적인 아이디어로 제작되어야 한다. 컨벤션기획사들은 일반적으로 행사시설물의 제작이나 설치는 관련 업체에게 위탁하는 경우가 대부분이다.

(17) 전시 및 이벤트 기획

컨벤션기획사는 전시를 위한 시장동향분석, 수요조사, 유치 등의 전시회 기획업무와 기업문화행사, 해외투자 유치행사, 마케팅 행사 등 이벤트 기획

업무도 수행한다.

이와 같이 컨벤션 개최와 관련하여 다양한 업무를 수행하는 컨벤션기획사의 활동영역은 매우 광범위하다.

3. PCO의 특징

PCO는 컨벤션의 주최자로부터 컨벤션 업무를 위임받아 초기 기획 단계부터 행사를 완결하는 전 과정을 책임지고 일괄 처리하는 총괄운영 시스템(total processing system)을 지향하므로 전문성 · 효율성 · 경제성 등의 특징을 가진다. 따라서 PCO의 특성을 구체적으로 살펴보면 다음과 같다.

(1) 전문성

국내 · 외 행사의 기획 · 준비 및 진행 각 분야별 실무경험을 축적한 전문인력팀으로 구성된 총괄운영 시스템을 통하여 초기 기획 단계부터 결과보고에 이르는 업무 전 과정을 동시관리하고 업무단계별 제반 사항을 예측하여 기획 · 추진함으로써 완벽한 대회준비 및 개최를 가능하게 한다.

(2) 효율성

총괄운영 시스템을 통하여 등록관리 및 회계 · 정산업무의 정확한 통계유지뿐만 아니라 기획수립부터 대회를 준비 · 진행하고 결과보고에 이르는 업무 전 과정을 전산화하여 관리하며, 특히 대회 개최시 부수적으로 발생하는 숙박 · 수송 · 관광 등의 일반 여행업무까지 일괄 수행함으로써 업무의 효율성을 극대화시킨다.

(3) 경제성

업무 전 과정을 관리하는 총괄운영 시스템을 통하여 대회준비 및 진행과정에서 발생할 수 있는 예산낭비를 최소화하고, 최소의 전문인력만으로 대회준비와 진행을 가능하게 함으로써 가장 규모있고 경제적인 대회로 이끌 수 있다.

장기간 마라톤 마친 후 성취감 대단

관광업계의 꽃이라 불리는 PCO(Pro fessional Convention(Congress) Organizer, 국제회의전문가)는 관광공사와 관광청 등 안정적인 여건 보다는 향후 비전 때문에 시장에서 관심이 높아가고 있다. '컨벤션 코디네이터'라고 불리는 국제회의전문가는 주로 국제적인 행사를 유치, 기획, 진행하는 업무를 담당하면서 회의 목표 설정부터 예산, 등록, 계약, 현장 관리, 평가 등을 다양한 역할을 수행한다.

한국 PCO 협회장이자 인터컴 대표인 최태영 사장은 "컨벤션 시장은 차세대 유망 시장으로 주목을 받고 있지만 전문인력이 많이 부족한 상황"이라며 "PCO 업무야 말로 뛰어난 인재들이 시작부터 끝까지 행사를 도맡아 100% 자신의 능력을 발휘할 수 있는 무대"라고 강조했다. 업체마다 차이는 있지만 관광업계에서 항공사 다음으로 연봉이나 근무조건이 나은 곳도 있다고.

최태영 사장은 PCO 업무를 하려면 영어는 기본, 제2외국어를 할 줄 알면 더욱 유리하다고 전한다. 그는 "직접 외국에 나가 홍보활동은 물론 행사를 유치할 수 있을 정도의 능숙한 영어실력을 갖춰야 한다"며 "그러나 영어만 완벽하다고 되는 것이 아니라 해외 문화체험 등 열려 있는 마인드, 진취적인 성격도 중요하다"고 말했다.

더불어 실수가 없어야 하는 일로 꼼꼼한 성격과 인내도 필요하다. 인터컴은 서류전형 외에도 영어 영작시험, 외국인과의 직접대화, 적성검사, 이밖에 사람들과 어울리는 것을 보기 위해 비공식적인 술 면접도 실시하고 있다고. PCO의 업무는 장기적인 마라톤같은 비즈니스라고 전하는 최 사장. 그는 "하나의 행사도 준비기간만 몇 개월에서 규모가 크면 1년 이사이 걸린다"며 "장기간에 걸친 준비가 힘들어도 성공적으로 마쳤을 때의 성취감은 이 업무가 가진 매력"이라고 말했다. 또 "주 고객이 사회 오피니언 리더인 경우가 많아 다양한 분야의 전문가와 인맥을 쌓을 수 있다"고 그는 설명했다.

– 최태영 PCO 인터컴 사장(한국 PCO 협회장)

자료 : 여행신문 2007년 3월 21

제3절 PEO

1. PEO의 개념

PEO(Professional Exhibition Organizer : 전시전문기획사)는 전시회는 산업사회가 도래하면서 탄생된 '신생산업'으로서 형태는 산업전시회로 나타난다. 그리고 전시회의 목적이 무역의 장이 되어야 하고 기술비교의 장이 되어야 하며 정보교류의 장이 되어야 하기 때문에 무역 전시회라고도 한다. 따라서 전시회를 '산업 전시회'라거나 '전문 전시회', 또는 '무역 전시회'라고 하는데 이는 모두 동일한 의미이다. 개별전시회 주최자, 각 산업분야 진흥협회 · 단체, 쇼프로듀서, 매니저 등이 있으며 그들은 전시회를 기획하고 운영하는 역할을 한다. 현재 우리나라의 PEO는 46개 업체가 등록되어 있으며, 5개 업체를 제외하고 모두 서울에서 활동하고 있다.

2. PEO의 업무

(1) 기본계획단계

기본계획단계에서는 전반적인 사업계획을 구성한다. 이때 시장조사와 부대행사 준비도 병행한다.

(2) 준비단계

준비단계에서는 출품료를 결정하고 인쇄, 홍보물 제작, 운영위원회를 구성한다.

(3) 유치단계

유치단계에서는 간접유치와 참가신청 홍보 및 설명회를 하고 출품사를 마감한다.

(4) 전시회개최 단계

전시회개최 단계에서는 개최 전 준비사항을 점검하고 관광객유치 홍보와 전시회 개막, 운영을 한다.

(5) 종료단계

종료단계에서는 결산을 하고 결과보고와 차기 전시회를 안내한다.

제4절 DMC

DMC(Destination Management Company : 현지(지역) 컨벤션 운영회사)란 해박한 지역 정보로 이벤트, 여가활동, 관광, 운송 그리고 상세한 계획을 디자인하는 컨벤션 서비스 업체로서, 개최 현장의 모든 상황에 대해 잘 알고 있기 때문에 컨벤션 주최자나 컨벤션 기획가를 위해 코디네이터 역할을 수행한다. 또한 DMC는 참석자나 배우자를 위한 현지 관광 프로그램을 기획하고 준비하며, 연사 섭외 및 회의와 관련된 재미있는 행사 프로그램을 개발하여 현지에서 운영 · 관리한다. 대체로 현지 관광정보의 지식을 근거하여 업무를 수행하기 때문에 현지 여행사들이 주로 담당한다.

따라서 컨벤션 서비스 업무뿐만 아니라 일정이 끝난 참가자들의 관광을 담당하기도 하지만 대체로 참가자들을 직접적으로 다루지 않고 대리인들을 통하여 거래한 것이 일반 여행사들과 다른 점이다.

현재 우리나라의 DMC는 39개 업체가 등록되어 있는데, 이중 37개 업체가 여행사이며, 전업체가 서울에서 활동하고 있다.

제Ⅱ부

호텔컨벤션 기획운영실무

제4장
호텔컨벤션 기획실무

제 1 절　호텔컨벤션 기획수립

제 2 절　호텔컨벤션 유치 및 개최지 수립

제 3 절　호텔컨벤션 실무조직 인력구성

제1절 호텔컨벤션 기획수립

1. 컨벤션 기획수립의 의의

컨벤션 기획이란 컨벤션 기획자가 컨벤션의 개념화와 생산의 과정에서 가지는 관심사항을 확인하고 준비하는 것을 말하며, 이러한 과정에서 문제를 예측하고 해결함으로써, 컨벤션의 지향 목표를 효과적으로 달성하기 위한 일련의 조직활동이다.

컨벤션 운영의 단계는 기획, 준비, 실시, 평가라는 흐름으로 이루어지고 있다. 기획단계에서는 컨벤션의 개최 가능성과 필요성에 대한 타당성을 조사하여, 컨벤션을 유치하고 개최할 목표를 수립하고 그 목표를 효과적으로 달성하기 위해 구체적이고 체계적인 방법과 절차를 작성한다. 따라서 컨벤션 기획에는 목표설정의 역할을 하는 기획과 기획된 목표를 어떻게 시행하고, 어떻게 사후 평가를 할 것인가에 대한 구체적인 방법에 대한 계획까지 포함하고 있다. 이처럼 컨벤션 기획단계는 중요한 부분을 차지하는데 이는 기획이 효율적이고도 성공적인 회의개최를 가능케 하는 기본이 될 뿐만 아니라 후에 컨벤션의 전체적인 평가의 척도가 되기 때문이다.

컨벤션 기획의 단계

(1) 컨벤션 단체분석
컨벤션을 개최하는 단체를 분석하는 단계이다.
- 개별특성과 선호도
- 지리적 특성
- 이미 개최된 회의의 특성
- 단체의 정책과 실시

(2) 컨벤션 목표설정
컨벤션의 목표를 설정하는 것은 물론 회의단체의 정책과 전통에서 잘 나타나 있다.

(3) 회의예산 책정
일단 컨벤션 목표가 결정되고 나면 예비예산을 책정하는 것이 필요하다.

(4) 컨벤션 계획수립
컨벤션이 하나의 산업으로 요구되고 있고 또한 더욱 정교해짐에 따라서 계획수립의 필요성과 요구도 늘어나고 있다.

(5) 회의형식과 의제 확정
회의형식은 도착에서 출발시까지 회의의 전체적 연결과 흐름을 말한다.

(6) 컨벤션 개최지 결정
컨벤션 개최지는 컨벤션 단체가 미리 결정하는 경우가 많지만, 회의기획자가 개최지선정에 대한 책임을 지는 경우도 있다.

(7) 컨벤션 개최장소 선정
개최장소를 선정하는 데는 숙박시설, 회의시설, 서비스와 접근성, 식음료 수용능력 등이 고려된다.

(8) 현장운영 및 관리
원만하고 효과적인 회의가 되도록 하기 위해 현장에서 일어나는 여러 가지 문제들을 다루는 것을 의미한다.

(9) 회의 후 평가
회의평가는 객관적 평가에다 주관적인 개별 논평을 가미하는 것이 바람직하다.

2. 컨벤션 목표수립

모든 컨벤션은 확실한 개최목적과 목표가 있어야 한다. 목표를 분명히 하고 기획하는 것이 모든 실무의 기본이기 때문이다.

컨벤션의 개최목적은 컨벤션 참가자에게 미치는 영향과 관련이 있으며, 기획자의 의도보다 더 직접적인 영향을 행사한다. 따라서 다음의 목적을 상기하여 컨벤션의 목표를 수립한다.

(1) 지적 유용의 목적

컨벤션 참가자들이 주제에 대하여 회의 전보다 회의 후에 유용한 지식을 얻도록 함을 목적으로 하는 것이다. 이러한 목적을 이루기 위해서는 회의기획자가 회의참석자들이 이미 가지고 있는 지식의 수준을 알고 있어야 한다.

(2) 신념강화의 목적

컨벤션 참석자가 회의 중 제시된 정보나 콘셉트를 올바른 것으로 받아들이고 인정하도록 하기 위함이다. 따라서 회의기획자는 이와 같은 목적을 달성하기 위하여 회의를 기획하는 태도와 신념에 대해서 정확한 사전평가가 있어야만 한다.

(3) 문제해결의 목적

단편적인 문제 또는 복합적인 문제에 대해서 어떠한 해결방안을 구할 것인가는 조직의 정책에 따를 문제이다. 문제해결을 목적으로 하는 회의는 회의기획자에게 접근방법과 기법이라는 점에서 많은 대안을 주고 또한 타목적보다는 참가자들을 많이 참여하게 하는 것이 보통이다. 따라서 회의기획자로서는 커뮤니케이션이나 경영문헌에 나타난 문제해결 기법에 정통해 있을 필요가 있다.

(4) 동기화의 목적

컨벤션 참가자들로 하여금 지적으로 그리고 정서적으로 동기화함으로써 단체의 정책입안자들이 선정한 과업을 성취할 수 있도록 준비하고 의욕을 갖게 하는 것이다.

(5) 화합의 목적

화합을 목적으로 한 컨벤션은 가장 분명한 것이긴 하지만 달성하기는 가장 어려운 것이다. 왜냐하면 장애가 될 만한 사소한 일들이 너무 많기 때문이다. 예를 들면 여행연결편이 좋지 않다든지, 회의장에서 등록이 지연된다든지, 의사소통이 안 되는 호텔종사원이든지, 이 모든 것들이 호텔컨벤션에 있어서 화합이라는 목적을 어렵게 만드는 것이다.

적절하게 진행되기만 하면 어떤 국제회의든 어느 정도는 즐거운 것이 되기 마련이므로 회의기획자는 화합의 자체를 회의의 주목적으로 하기보다 계발이나 신념강화와 같은 타목적과 병합해서 기획하는 것이 좋다.

(6) 행동변화의 목적

행동의 변화라는 목적이 분명해지는 경우는 판매회의나 동기화 목적회의에서 참가자들로 하여금 자유로운 회의형식을 취하는 경우이다.

이 목적회의에는 커뮤니케이션 자체가 기본이므로 모든 회의에서 커뮤니케이션이 이루어지도록 해야 한다.

3. 컨벤션 기획준비

(1) 컨벤션 기획 정보수집

기획은 아이디어와 달리 스스로 생기는 것이 아니라 만들어지는 것이므로, 기획서를 만들기 위해서는 우선적으로 정보수집이 필요하다. 정보수집은 기획의 성공여부를 가릴 만큼 중요한 과정이지만, 실제로 정보의 본질을 제대로 파악하지 못하여 많은 정보가 수집되지 않은 채 그대로 간과되는 경우가 많다. 정보에는 여러 유형이 있겠지만, 컨벤션 기획을 위해서 정보를 수집할 때는 컨벤션을 개최하는 입장과 동시에 주최자 입장이 함께 고려되어야 한다.

물론 컨벤션을 기획하기 전에 필요한 자료의 깊이와 범위를 나열하다보면 끝이 없을 것이지만, 그러나 충분치 못한 자료보다는 많은 자료로 준비해 나가는 것이 유용하다. 따라서 이러한 정보로 참가자들의 인적특성에 관한 자료를 얻을 수 있고 음식의 선호도에 관한 자료도 얻을 수 있다. 숫자나 문자로 정리된 자료는 컴퓨터에 입력하여 저장할 수 있으면, 후에 주방장과 메뉴를 기획할 때에는 물론이고 사교행사를 교섭할 때도 유용하게 사용할 수 있다.

한편 컨벤션기획사가 본인의 조직에 대하여 알게 되면 그 단체가 갖는 지리적 차이도 나타나기 마련이다. 만약 그 단체에게 지부나 지역회의가 있다면 수집된 자료는 지역 간 개최지 경쟁을 위한 기초자료로 활용될 수 있다.

지리적 분석 자료는 예산수립과 장소선정 등을 위해서 여비요인을 결정하는 결정적 수단이 될 수도 있으며, 개인적인 선호도, 특성, 그리고 지리적 위치 같은 것은 컨벤션기획자가 필요로 하는 지식의 절반일 뿐이다.

또 다른 부분은 회의기획자가 일하는 조직의 역사와 정책에 관한 것이다. 회의단체가 제품이나 목표, 회원, 명칭에서 다르듯이 정책면에서도 다르다. 따라서 회의기획자는 해당단체의 정책을 아는 것이 필수적이다. 왜냐하면 이 정책이 회의 개최장소에서부터 프로그램 내용에 이르기까지 회의의 모든 부분에 영향을 주기 때문이다.

이와 같이 회의단체를 이해하는 것이 중요하다면 그 단체에 대한 적절한 자료를 적기에 수집하는 일도 역시 중요하다.

1) 자료수집 접근방법

① 설문지 조사

설문지 조사방법은 응답자들이 스스로를 회의단체의 중요한 부분으로 느끼는 동안 무기명으로 하게 한다. 훌륭한 응답을 도출하는 데는 두 가지 방법이 있는데, 하나는 강력한 호소력이 있는 커버레터이고, 또 다른 하나는 응답을 체크하는 데 최소의 노력이 소요되는 간단한 설문지여야 한다는 것이다. 또한 설문지를 만들 때에는 많은 지면을 남겨놓을 필요가 있고 설문문항도 응답자가 답하는 데 많은 시간이나 노력이 요구되지 않는다고 느끼게끔 시각적으로 좋게 보이도록 구성한다.

비용은 더 많이 소요되겠지만 응답해줄 사람에게 편지를 발송해 회신용카드를 써서 협조를 당부하고 설문지는 회신자에게 발송하는 방법도 있다. 또 한 가지 생각해야 할 것은 통계적으로 유용한 표본을 선정해서 발송해야 한다는 것이다.

② 면 접

면접 방법은 일반적으로 유효 표본을 얻기가 어렵고 투입되는 시간이란 관점에서 보면 대단히 비싼 편이다. 모든 피면접자들에게 동일한 질문을 할 수 있도록 설문서를 가지고 있어야 하며, 인터뷰는 임원들, 그것도 목표개발에 도움을 줄 정보나 정책에 관한 정보를 제공해줄 임원들과 하는 것이 더 좋은 경우가 있다.

단 전화인터뷰는 자제해야 한다. 왜냐하면 사람들은 2~3분만 걸린다지만 실제로는 수분의 시간을 빼앗기는 텔레마케팅 전화홍수에 파묻혀 있기 때문이며, 전화인터뷰가 사생활의 침범이라고 생각하는 태도가 있기 때문이다. 컨벤션에 대한 입장이 텔레마케팅 조사의 범주에 묻혀 퇴색될 수가 있기 때문에 전화인터뷰는 피해야 한다.

③ 이전의 회의자료 분석

이전에 개최된 회의에 관한 자료를 수집하고 저장해서 이용한다면 회의 기획업무가 상당히 감소될 수 있다. 지난회의 이후 가입한 신규회원에게 설문서를 보내면 된다.

④ 컴퓨터 자료조사

컴퓨터 자료조사 방법은 가장 빠르고도 가장 효과적인 방법이다. 이전의 자료가 컴퓨터에 입력되어 있다면 그 자료를 찾는 방법만 알면 되는 것이다. 그러나 이제 처음으로 자료를 수집하기 시작한다면 회의단체 내에서 이용할 수 있는 소프트웨어에 맞는 자료수집과 자료 저장형식을 개발할 필요가 있다.

2) 참가자 자료수집 접근방법

① 참가자들의 출생지

참가자들의 출생지 또는 고향에 초점을 맞추는 것은 손쉽게 이용할 수 있는 정보들이다. 이러한 정보는 어떤 교통수단을 참가자들이 선택하게 될 것인가에 대한 방법을 알려주게 될 것이다. 그리고 또한 기후로 인한 여행시에 발생되는 예측가능한 문제점들을 파악할 수 있다. 이러한 요소들은 참가자들이 접근하기 쉬운 편리한 회의개최지를 선택하게 하는 것에 목적이 있다. 지리학적으로 출생지는 회의가 형식적 혹은 비형식적 프레젠테이션의 방법을 선택할 것인가에 대한 판단하는데 도움이 된다. 특정 지역에서 온 참가자들은 비형식적 프레젠테이션을 선호하는 반면, 다른 지역의 참가자들은 구조화된 형식에 더욱더 만족하게 된다.

② 참가자의 특성

참가자의 특성의 기본적인 정보는 인구 통계학적인 것과 관련이 있으며, 인구통계학적인 것은 시장의 분석과 관련이 있다. 이러한 것을 파악하기 위해서는 참가자들의 연령, 수입의 정도, 교육수준, 직업을 알아야 한다. 또한 참가자들이 협회의 회원인지, 기업의 지도자인지, 클럽 회원들인지, 혹은 일반적인 기관의 대표자로서 참가한 사람들인지를 확인해야 하며, 통상적으로 선호하는 것은 무엇인지를 파악해야 한다.

③ 참가자의 참석이유

참가자들이 참가 경험을 통해 얻고자 하는 기대를 파악하기 위해서는 참가자들의 관심사항과 욕구를 이해해야만 한다. 따라서 생활양식을 통해 확인하거나 대표자의 개인특징을 이해하는 것부터 시작하는데, 이러한 필요와 욕구 파악은 매우 어려운 것으로 참가자들을 위한 지역적 매력과 문화적 기회, 레크리에이션 활동에 대한 중요성을 이해할 필요성이 있다. 참가자들은 프로그램 내용 혹은 개최지선정 중 어떤 것을 가장 중요하게 생각하는지를 파악해야 한다.

④ 기타 문제

회의기획과정에서는 앞서 수집된 정보보다 더 많은 정보가 필요하다. 즉 예상참가자 인원, 신체적 장애가 있는 참가자들을 위한 특수 서비스, 비정보적 세미나 중요성 등 이러한 의문에 대한 대답과 참가자들에게 관련된 다른 질문들은 가장 적합한 행사를 기획하는데 도움이 된다.

⑤ 참가자 신상명세서와 프로필 준비의 필요성

회의기획 중 참가자 프로필과 신상명세서로 집단의 욕구를 보다 정확히 파악할 수 있다. 프로필은 대표자를 확인할 수 있고, 신상명세서는 참가자의 과거 참가유형을 알 수 있다. 참가자 분석은 회의의 목표를 정하고 프로그램을 구상하고 개최지를 선정하는데 중요한 정보이다. 또한 음식에서부터 레크리에이션 활동에 이르기까지 행사의 일부분인 모든 연회와 활동들을 원활하게 기획하게 한다.

3) 참가자 정보수집 출처

컨벤션 등록이 가능한 참가자들에 관한 정보는 컨벤션기획사는 물론 향후 컨벤션 기획유치에도 유용한 정보가 된다.

참가자의 정보수집 출처가 되는 곳은 네 가지로 나눌 수 있는데, 첫째, 조직파일이다. 기업회의에서 조직 파일은 최고의 정보자료로 사람에 의한 출처부문과 회의를 후원하는 부서에 이르기까지 필요한 데이터의 부분을 받을 수 있다. 이러한 자료는 기록을 통해 작성·보존되어 장래의 회의 개최를 보다 원활하게 하며, 진행중인 회의와 평가하여 향후 개최되는 회의를 쉽게 기획할 수 있게 한다. 둘째, 다른 조직에서의 정보이다. 유사한 회의를 개최한 다른 조직에서 이용 가능한 정보를 제공받는 것이다. 이 정보는 가능성 높은 시장을 이해하는데 도움이 된다. 셋째, CVB의 정보이다. 현재 한국관광공사 내 CVB외에 서울, 부산, 대구, 제주, 대전, 광주, 창원, 인천 여덟 기관이 설치되어 있어 지역도시에서 개최한 회의의 광범위한 기록들을 가지고 있다. 예를 들어 지난 개최지의 데이터 특히 세부적인 도착 패턴과 호텔객실의 요구사항 등이 있다. 넷째, 등록양식이다. 현재 회의예약자들에게 사용되는 양식들은 컨벤션기획사가 만든다. 특히, 처음으로 개최되는 회의일 경우 등록에 대한 모니터는 등록이 가까워질수록 계속되어져야 하며 마지막 순간까지 수정할 준비를 해 두어야만 한다. 따라서 이러한 등록양식에 기록되어지는 자료를 참고하여 참가자 정보를 수집할 수 있다.

4) 참가자 정보에 대한 상품분석

컨벤션 산업은 유형의 상품도 중요하지만 무형의 상품, 즉 서비스를 우선순위에 둔다. 하지만 유·무형 상품 중 어떤 것이 참가자들로부터 좋은 반응을 불러일으키게 되는지는 철저한 분석을 통해서 가능하게 된다.

유형상품 분석은 회의의 주요 장면이나 핵심적인 특징들을 확인하기 위해서 필요하게 되며, 가능한 철저하게 후원조직의 시각에서 분석한다. 예를 들면 회의 특성에 맞는 연설자, 세미나, 레크레이션 기획, 전시회, 고급호텔 이러한 사항은 참가자들에게는 당연시 될 수 있지만 후원조직에서는 만족감을 줄 수 있다. 또한 무형상품 분석은 참가자의 시각에서 이루어져야 한다. 각각의 특징들을 살펴보고 그것이 참가자들에게 적절한 만족을 줄 수 있는지 파악하여야 한다. 예를 들어, 전시장을 20,000평방피트의 공간을 확보하는 것은 주최자 입장에서 자랑할 거리가 되지만, 참가자들에게는 큰 의미를 부여하지 못한다. 참가자들은 전시회가 그들의 관심사항, 관련 있는 특정 지역인가에 대해 더 많은 의미를 부여하게 된다. 따라서 참가자들에게 관심과 만족을 줄 수 있는 것은 전시장의 수치보다는 흥미를 줄 수 있는 다양한 내용이다. 이처럼 유·무형 상품이 모두 참가자들에게 이롭게 적용되었을 때 정보의 평가를 할 수 있다.

(2) 컨벤션 개최자 단체 분석

컨벤션 단체에 관한 자료를 모으고 분석하는 접근방법은 기획자에 따라 다를 수 있지만, 개별특성과 선호도, 지리적 특성, 이미 개최된 회의의 특성, 단체의 정책과 실시와 같은 네 가지 분석이 널리 쓰이고 있다.

따라서 컨벤션 단체를 세부적으로 분석 하려면 컨벤션기획사는 잠재적인 참가자들에 대한 정보를 가능하면 많이 수집해야 한다. 단체구성원들이 알고 싶어하는 것을 알아보지 않고는 컨벤션을 기획할 수는 없는 것이고, 회원들이 높이 평가하는 프로그램을 만들지 않으면 그들의 회의에 꼭 참석할 것인지 확신할 수도 없는 일이기 때문이다.

이처럼 컨벤션 단체를 분석해야 이유를 정리하면, 첫째, 회의참가자들의 지식이나 기술의 욕구를 분석해야 단체의 목표도 달성하고 개별참가자들의 지식수준에도 맞는 프로그램을 정확히 만들 수 있다. 둘째, 참가자들의 경제적 지위를 알고 있어야 회의개최지 선정이나 회의시설과 메뉴선정에 크게 도움이 된다. 셋째, 정치적·종교적 성향, 교육수준, 연령, 성별, 음악, 음식 그리고 레크리에이션 성향들을 알고 있으면 회의양식과 의제선정에도 크게 도움이 된다.

4. 컨벤션 기획서 작성

컨벤션 기획서를 작성시에는 다음과 같은 필요 요소를 반드시 체크해야 한다.

(1) 필요성

기획서가 갖추어야 할 요소는 그것의 필요성, 내용, 준비(기획의 실현방법), 효과성이다.

(2) 참신성

내용이 구비되어 있더라도 그것이 컨벤션 주최자로부터 기획으로서 인정되지 않으면 기획서를 작성하는 의미가 없다. 따라서 제대로 된 기획서로 평가받기 위해서는 창조성, 의외성, 구체성, 정보성을 모두 구비해야 한다.

(3) 명확성

컨벤션 기획이 아무리 훌륭하더라도 컨벤션 주최자가 읽지 않으면 이익은 고사하고 원금까지 날린다. 따라서 컨벤션 주최자가 읽도록 기획서를 작성하기 위해서 명확성, 간결성, 정확성, 도표 등을 갖추어야 한다.

(4) 목표성

컨벤션 기획서는 기획을 그냥 설명하고 보여주는 것만이 아니므로, 컨벤션 주최자가 읽기만 하고 끝나버리는 정도의 수준으로 작성되어서는 안된다. 따라서 목표를 정확히 기술하여 주최자로 하여금 기획을 실행하도록 해야 한다.

한편 하나의 훌륭한 컨벤션 기획서를 만들고 작성하기 위해서는 주최자가 기획서를 읽게 할 수 있는 기획의 표현이 실제 활용에 대한 요소들을 두루 갖추어야 한다. 이런 요소들을 갖춘 컨벤션 기획서가 컨벤션 유치를 위한 결정적인 수단이 된다.

제2절 호텔컨벤션 유치 및 개최지 수립

1. 컨벤션 유치개요 및 방식

(1) 유치개요

대규모 컨벤션 협회는 대부분 많은 국가의 회원으로 구성되어 있다. 이들은 소속회원들과의 정보전달 및 지식교류, 사회적 상호작용을 하기 위해서 일정한 주기로 특정 장소에서 회의를 개최한다. 일반적으로 많은 회원으로 구성된 컨벤션의 경우에는 회의 개최장소를 매번 다르게 순회하면서 개최한다.

이러한 회의를 개최하기 위해서 컨벤션 협회본부는 먼저 회원국 지부나 컨벤션 전담기구에 회의 개최지로 입후보할 것을 요청하게 된다. 유치요청서의 내용은 회의기간, 예상참가인원, 회의장, 숙박시설의 규모, 참가자의 안전 등 회의 개최를 위한 필요사항과 프로그램 일정 및 사교행사 등 프로그램 관련 사항, 분담금 및 본부 이사의 체재비 지원 등 주최 측의 부담내용에 대한 관련 사항들로 이루어져 있다. 일반적으로 국내 컨벤션 협회지부가 컨벤션 협회본부로부터 이러한 요청받으면 다음과 같은 입후보 조건을 검토하게 된다.

첫째, 컨벤션 협회본부에서 주최 측의 주요 활동과 국제적인 위상, 관련 종사자의 지위 및 활동상황을 분석한다. 이는 컨벤션 협회본부에서 활동하고 있는 주요 인사에 따라 컨벤션 유치활동과 국내에서의 자금확보, 참가자의 모집 등의 결과가 크게 영향을 받을 수 있기 때문이다.

둘째, 컨벤션은 회의참가자의 수에 따라 회의규모를 예측할 수 있다. 따라서 과거에 개최되었던 회의개최 실적자료 및 개최장소, 시기 등으로 컨벤션의 규모를 예측해야 한다.

셋째, 컨벤션을 유치하고 개최하기 위해서 어느 정도의 예산이 소요되는지를 검토해야 한다. 컨벤션 추정소요 예산을 파악하기 위해서는 과거에 개최되었던 컨벤션 예산서를 확보하여 검토하고, 후원금의 확보 가능성 및 협회 본부의 지원가능성 여부를 검토해야 한다.

넷째, 컨벤션은 개최시기에 따라서 참가자의 수가 변동될 수 있고, 따라서 객실확보 등의 문제가 생길 수 있다. 물론 대부분은 컨벤션 협회본부의 이해관계에 따라 결정된다. 그러나 참가자의 참석 여부 및 개최국의 특수한 사정으로 고려하여 회의 개최시기를 검토하는 것이 바람직하다.

다섯째, 컨벤션의 규모와 성격에 맞는 개최장소를 선정하고 수용할 만한 숙박장소 및 객실료를 고려해서 회의참가자의 구분에 따른 숙박 호텔의 등급을 다양화하도록 고려해야 한다.

여섯째, 외국인 예상 참가자의 항공편 및 공항에서 회의장소까지의 교통편, 회의장에서 숙박장소 간의 연계교통편을 고려하여 편리성 및 접근성을 검토해야 한다.

일곱째, 기타 외국인 예상참가자의 출입국상 문제점, 정부 주요인사의 참석 여부, 특히 저개발국가의 비자발급 문제 등을 검토한다.

(2) 유치방식

대규모 컨벤션 중에 국제기구의 유치방식에는 폐쇄 입찰방식, 제한공개 입찰방식, 완전공개 입찰방식이 있다. 먼저 폐쇄 입찰방식은 특정한 1개국만을 선정하여 개최하도록 하는 방식이다. 예를 들면 아시아 · 태평양 지역 회의와 같이 특정 지역에 한정해서 회의를 개최하는 경우에 해당된다. 제한공개 입찰방식은 전 세계를 대상으로 유치제안서를 받지만, 그 중에 몇몇 국가를 선정하여 우선 협상하는 방식이다. 마지막으로 완전공개 입찰방식은 전 세계 회원국을 상대로 회의 개최지를 선정하는 방식이다.

2. 컨벤션 유치실무

(1) 유치절차

1) 개최요청서

개최요청서에는 회의 개요, 회의개최를 위해 필요한 사항, 주최 측의 부담사항을 작성한다. 회의개요에는 회의기간, 참가 예상규모 등이 있으며, 회의개최를 위한 필요사항에는 회의장, 숙박시설 규모, 재정분담금, 각종 사교행사, 무료초청 등이 있다. 또한 주최 측의 부담사항에는 사무국요원 체재비 등이 있다.

2) 유치제안 양식

국제기구에 따라 유치제안 양식이 다르나 기본적인 사항은 개최일자, 장소 및 현황, 사교행사, 관광행사 등의 프로그램, 항공료할인, 객실료 할인 및 블록 가능 객실 수, 관련 기관의 국제회의 개최지, 소요예산 및 예산 활용방안, 국제기구에 대한 분담금 비율(개최 예정수입의 일정비율 또는 확정 금액)로 기본사항은 동일하다.

3) 개최조건 및 타당성 검토

개최조건 및 타당성 검토는 첫째, 주최 측의 조직력 및 개최 능력이 있다. 이는 과거의 국제회의 개최실적, 유치하고자 하는 기구의 이사회, 집행위원회 등의 각종 회의 개최실적, 국내단체의 조직력, 예산에 관한 능력 제시, 한국개최 확정시 해외 프로모션 계획을 검토한다. 둘째, 회의규모이다. 과거회의 참가자 실적을 토대로 추정하고 주최 측의 영향력, 개최장소, 시기 등의 변수를 검토한다.

4) 예산규모

예산규모는 개최조건 검토시 가장 중요한 사항으로 유치에 따른 추정 대차대조표 또는 손익분석이 반드시 필요하다. 또한 등록비 이외 예산 확보를 위한 자금조달 방안 확립하고 회의 유관 기업의 후원 확보, 전시회 개최 등 검토한다.

5) 개최시기 및 기간

회의 개최시기 및 기간은 국제기구 본부의 의견과 관례에 따르는 것이 보통이지만, 그렇지 않을 경우에는 참가자들이 가장 참가하기 쉬운 시기를 선택한다. 예를 들어 학회 회의의 경우에는 방학기간 중 동반자가 많은 회의의 경우에는 봄이나 가을이 좋다. 다만 우리나라의 경우 봄과 가을은 관광 성수기라서 객실 확보 등에 문제가 따를 수 있다. 따라서 비수기에 회의를 개최하여 숙박, 관광, 수송 등에 할인 혜택을 받는 것을 고려해 보는 것도 바람직하다. 다만, 이 경우에는 날씨가 나쁠 것에 대해 충분히 대비해야 한다.

6) 회의장

회의장은 회의규모와 성격에 맞는 장소를 선정한다. 이때 회의성격 및 규모에 따라 전문국제회의장 또는 호텔의 국제회의장을 선택할 수 있으나 예산의 차이가 발생한다. 또한 회의장을 선정할 때는 국제기구에서 요구하는 각종 전문장비 확보여부를 검토하여 최첨단 기자재, 통역시설, 화상회의 등이 갖추어져 있는지 확인한다.

7) 숙박시설

숙박시설 선정시에는 반드시 수용규모, 객실료 등을 고려하며 회의장과 인접한 숙박시설을 선정한다.

8) 교 통

교통편은 공항에서 숙박시설, 회의장을 바로 연계되는 편이 좋으며 관광교통편 또한 고려한다.

9) 기 타

참가자의 출입국상의 문제점이 없는지 외교통상부와 국가정보원, 법무부의 협조를 구하며, 주요 인사의 영접 및 경호문제에 유의한다. 또한 유치경쟁국 유무 및 장·단점 파악보다 나은 유·무형 서비스를 한다.

(2) 유치방침 결정

유치방침 결정은 세 단계 나눌 수 있는데 다음과 같다.

첫째, 국내단체 내에서 유치를 확정한다. 국내단체의 의사결정 과정에 대한 설명을 요청하는 국제기구가 많으므로 이사회는 개최일시, 참가자, 주요 내용 등을 면밀히 확인한다.

둘째, 정부기관 및 국내 관련 업계와 협의를 한다. 유치를 하기 위해서는 소속 정부기관, 지방자치단체 등과 사전협의와 호텔, 여행사, 항공사, 회의시설업체, 국제회의기획업체와 의견 교환이 필요하다.

셋째, 유치를 위한 실무위원들로서 주로 주최기관의 핵심인사를 조직한다. 이때는 조직은 준비위원장, 사무총장, 총무, 각 분과위원장으로 구분한다.

(3) 유치계획서

유치계획서는 환경분석, 목표설정, 방향설정, 행사구성, 운영계획, 동원계획, 추진계획, 예산계획 순서로 전개된다.

1) 환경분석

회의 주최자의 조달 가능한 재원과 동원 가능한 인원과 물자가 어느 정도인지, 개최 가능한 지역과 장소, 시설 등을 분석한다. 또한 회의 주최자(조직)의 관련 분야에서의 국내·외 위상, 해당 분야의 학문적, 산업적, 경제적 측면의 국내·외 동향, 개최시기의 국내외 사회, 경제, 정치, 문화적, 조류, 회의개최시 예상되는 파급효과 등을 분석하는 것이다.

2) 목표설정

목표는 정략적 목표와 정성적 목표로 나뉘게 되는데 정략적 목표로는 회의 참가자 수, 부스 상담 투자계약 유치건수, 참가비, 전시 후원, 광고 등과 같은 수입액, 여행수지, 관련 사업유발 효과 정도를 들 수 있다. 정성적 목표로는 주최기관의 위상강화, 주최기관의 국내외 홍보, 회의참가자 간 교류의 확대해당 분야에 대한 대중적 관심유도와 대내외 경쟁력 제고, 주최자(기관, 국가) 신인도 및 이미지 제고 등이 될 수 있다.

3) 방향설정

행사를 어떤 주제로 어떤 프로그램으로 구성할지를 결정하는 행사 방향을 설정하고 구성하는 것이다.

4) 운영계획

행사 방향을 설정했으면 구체적인 운영계획을 세워야 한다. 운영계획에는 등록, 숙박, 회의진행, 전시진행, 사교행사, 의전, 홍보, 수송, 관광 등의 사항들로 이루어진다. 운영계획이 세워졌으면 운영을 하기 위해 필요하다.

5) 인력동원

인력 및 물품을 어떻게 동원할 것인지 대한 계획을 세운다. 필요한 인력으로는 PCO, 통역·번역자, 시스템 엔지니어, 이벤트 프로듀서, 장치 설치자, 행사진행자 등이 있다. 세워진 운영계획대로 착오 없이 행사를 추진하기 위해서 각 업무별 혹은 단계별 추진 일정을 세운다.

6) 예산계획

예산계획은 불필요한 예산낭비를 방지하고 적재적소에 예산을 운용함으로써 업무 생산성을 극대화하기 위해서 필요하다. 수입항목으로는 크게 등록비, 후원 및 협찬비, 전시부스 판매비 등이 있고, 지출항목으로는 초청비, 행사비, 인건비, 임차비, 전시비 등이 있다.

위와 같이 작성된 개최 기본계획안은 정부가 주관하거나 지원을 하는 행사로서 참가 예상 외국인이 200명 이상이거나 참가 예상국이 20개국 이상일 경우 "국제대회의 유치 조정에 관한 규정"에 의거하여 국무총리 행정조정실에 사전 보고되어야 한다.

(4) 유치신청

1) 유치신청 준비

국제기구가 요청하는 유치제안서 내역 입수한 다음 개최지 선정에 결정적인 영향을 미치는 요소를 파악한다. 그리고 과거 3~4회 등 회의 개최 연혁 등 관련 사항 조사하고 제출방법과 수속 관련 사항 파악한다. 한편 이전 개최도시와 접촉하여 개최경험 등을 파악한다.

2) 유치제안서 작성

유치제안서는 간단한 서류 또는 보고서 형식으로 만들어지는데 그 내용은 일반적으로 주최 기관장의 공식유치 표명 서신, 정부 기관장, 지방자치단체장의 환영 메시지, 회의개최를 위한 각종 제안(출입국 항공 교통편 및 비자, 회의시설, 숙박시설 현황 및 제공가능 요금, 회의일정, 관광, 내륙 수송 계획), 주최기관의 유치 타당성 설명(배경, 약력 등), 홍보 및 출판계획, 등록비산정 기준 등을 포함한 소요예산서, 조직위원회 및 운영위원회 등으로 구성된다.

3) 유치제안서

국제기구 본부에 유치제안서를 발송하고 이때 자국을 소개하는 책자와 비디오 등도 함께 보내어 자국의 수용능력과 매력 등을 충분히 홍보하여야 한다.

(5) 유치활동

유치제한서가 도착하면 해당 국제기구 임원들이 제안서 내용의 진위여부를 확인하고 관련 기관과의 협조 여부를 점검하며 회의시설, 숙박여건, 교통, 주민환대 분위기 등을 파악하기 위해서 현장답사를 한다. 현장답사반이 도착하면 회의준비계획 전반에 대한 프리젠테이션을 하고 회의장, 숙박 시설, 주요 관광지 등을 답사하며 국내 유관 인사들과 면담을 하게 된다. 답사 비용처리는 관례상 혹은 유치 조건상 주최기관이 부담하게 되는데 과다한 비용부담은 부정적인 영향을 주게 되므로 사전에 지원 가능한 분야를 반드시 명시하여 통보하는 것이 필요하다.

회의 유치에 대한 경쟁국이 없을 경우에는 유치에 별 어려움을 없지만, 경쟁국이 있을 경우에는 이사회에서 대상국을 압축한 후 총회에서 표결을 거쳐 최종적으로 결정되므로 표결 전에 유치를 위한 각종 홍보활동을 전개할 필요가 있다.

1) 사전답사

일반적으로 현장답사를 하는 경우에는 지역을 먼저 선정하고, 그 다음에

도시 및 숙박 호텔을 선정한다. 따라서 이때에는 컨벤션을 유치할 만한 지역 및 도시의 수준, 적절한 컨벤션센터 및 숙박시설의 현황, 과거 컨벤션 개최실적, 항공망과 편리한 교통, 컨벤션을 활용하고 수용하는 시민사회의 분위기 등을 특히 부각시켜야 한다.

대형 국제행사일 경우 별도의 조사단 또는 평가위원회를 구성하여 파견되며, 일반국제회의일 경우는 국제기구본부 사무총장 일행이 답사한다. 한편 본부 임원과 개최지 결정에 영향력이 있는 인사를 별도로 초청하는 경우도 있다.

2) 방한답사

유치제안서의 기술되어 있는 측면에서 검증을 실시하며 실사단의 보고서가 개최지 선정에 결정적인 영향을 미친다. 그러므로 국제회의 참가자의 입국에서부터 출국에 이르기까지의 전 과정에 대한 세밀한 프리젠테이션 준비가 필요하다. 또한 문화 및 관광매력 체험과 관광기관, 국민, 정부의 유치열의 및 확고한 지지를 입증시키며, 회의시설, 보건위생 및 안전에 대한 확신을 준다. 또한 국제기구 본부의 수익면에 대한 자신감 부여한다. 하지만 지나친 접대는 역효과를 가져올 수 있음을 명심해야 한다.

3) 서신 발송

국제기구 임원이나 개최지 결정권자들에게 국내 유력 인사를 통한 유치 지지 및 협조를 부탁하는 서신을 보낸다. 또한 국제협회의 이사진에게 유치 취지서를 발송한다.

4) 임원회의 · 총회시 홍보

임원회의 개최시 설명회를 하거나 홍보 부스 및 데스크를 설치하여 홍보할 수 있다. 또한 결정권자를 대상으로 기념품, 홍보물 제공한다. 이때 증정대상자 국가의 법률 및 소속 기구의 규칙에 위배되지 않는 범위의 기념품을 선정하며 과도한 기념품은 뇌물로 오해받을 수 있다.

한편 개최지 결정권자들에게 프리젠테이션을 하는 것도 큰 도움이 된다. 국내의 주관단체장이나 유치위원장 혹은 국제기구에서 인지도가 높은 회원이 발표하는 것이 좋고 특히 출입국 절차나 개최도시소개, 관광 등의 여건은 컨벤션 뷰로 관계자가 발표하는 것이 효과적이다. 프리젠테이션 내용은 제안서 내용을 간결하게 요약한 것으로 경쟁국이 있은 경우는 경쟁국 대비 장점을 부각시키면서 신빙성 있는 구체적인 정보를 제공하는 것이 효과적이고 발표시간은 짧게 할 수 있도록 한다.

(6) 개최지 수립

컨벤션을 개최하기 위한 개최장소는 협회본부의 결정이나 회원국의 순번에 의해서 총회에서 정식 결정하여 개최하기도 하지만, 회원국이나 지역이 개최를 위해서 경쟁을 할 경우에는 이사회에서 개최지역을 선정하여 총회에서 표결하는 방법으로 결정한다. 이때 이전 개최장소를 고려하여 적정한 수위를 조정하고 국제공항 접근성과 숙박 등을 고려한다.

개최지 결정방법으로 합의나 투표 등이 있으며, 국제기구의 특성에 따라 결정방법이 다르다. 합의의 경우는 개최지 결정을 위한 회의 직전 공식 행사(환영식, 개막 등)에서 후보국들과 결정권자들과의 자연스러운 접촉을 통해서 개최지의 합당성을 판단하여 불리한 쪽이 양보하는 경우이다. 만약 합의가 부결될 경우 개최지 결정은 연기된다.

(7) 유치결정

유치가 결정되면 국제기구 본부로부터 결정 통보를 서면으로 접수하는 것이 바람직하다. 이는 향후 동 서신이 관련 기관에 대한 후원금 요청, VIP 출석 등에 필요한 경우가 많기 때문이다.

일단 회의개최가 결정되면 국내 조직위원회를 구성하여 개최를 위한 준비를 시작하게 되며, 국제 본부로부터 회의와 관련한 요청이 있을 경우, 즉시 그 실행 가능성을 검토하고 불가능한 사항에 대해서는 본부에 연락하여 대안을 검토하게 한다. 또한 준비과정에서는 국제기구 본부와 서로 긴밀한 업무 연락을 통해 업무 내용을 서로 분명히 나누어 결정해 둘 필요가 있다.

1) 국제기구 본부

국제회의준비 업무 중 회의 내용에 관한 사항, 즉 회의주제 선정, 연사 선정, 프로그램 내용 결정, 인쇄물 양식 결정, 공용어 및 통역방법 결정, 회의내용과 관련된 경비를 담당한다.

2) 조직위원회

회의장 선정, 예약, 숙박, 관광기획, 등록관리, 업자 선정, 요원의 확보, 자금조달, 실행예산 작성 등 회의운영에 관한 사항과 실제 운영과 관련한 경비를 담당한다.

3. 유치성공의 핵심요소

유치를 성공하려면 먼저 유치하고자 하는 국제기구의 특성과 과거 회의 개최지를 선정할 때 주안점을 어디에 두는지를 잘 파악한다. 예를 들어, 등록비, 숙박비, 관광지 등 이 중에서 어떤 항목을 가장 고려하는지 알고 그 항목에 대해 경쟁력 있는 제안을 한다면 유치될 확률이 높아진다.

(1) 특성 파악

참가국들의 경제적 수준과 국제기구의 경제적 현황을 이사회 회의록이나 총회 회의록을 통해 알아둘 필요가 있다. 또한 국제기구 주도권자의 소재지를 파악과 국제기구의 특성, 경쟁국이 있을 경우 경쟁 국가에 대해서도 파악을 해야 한다.

(2) 자국의 강점부각

경쟁 국가의 핵심 항목과 비교하여 그것에 대한 강점과 약점을 분석하고 약점을 최소화하고 그에 따른 보완책을 제시하는 것이 좋으며, 강점에 대해서는 최대한으로 부각시키고 그 파급효과를 제시한다. 그와 더불어 유관 산업 혹은 학문의 발전 현황에 대해서 부각시킬 필요도 있다.

(3) 적극적인 국제기구 활동

이사회 및 각종 위원회 활동하면서 위원들과의 개인적 친분관계를 구축해 둔다. 국제회의 개최지 선정은 대부분이 회의장 밖인 연회, 사교행사, 커피 브레이크 때 이루어진다는 것을 기억해 둘 필요가 있다.

대구 컨벤션 유치 절차

(1) EXCO Daegu에 맞는 국제회의 선정
- 주제 : 조선, 해양 등
- 규모 : 1,500~2,000명 참가
- 세션 : 5~10개 정도, 전시회 (포스터) 1개
- 숙박 : 관광호텔이상 객실수 1,000실

(2) 유치대상 국제회의 선정
- 주제 : 섬유에 관한 국제회의
- 조사 : ICCA, UIA 등 국제기구 데이터 또는 인터넷
- 결과 : 섬유에 관한 국제회의 15개 검색
  - International Geosyntehtics Society
  - International Textile Manufacturers Federation
  - International Wool Textile Organization
  - International Apparel Federation
- 유치 타깃 설정
- 각 국제기구 웹사이트 방문분석
- 컨벤션센터 규모, 숙박시설 등 제반사항 검토

(3) International Geosynthetics Society
- 회의개요
  - 회의명 : Int'l Conference on Geosyntehics
  - 주 기 : 4년마다
  - 개최지 : 프랑스, 미국, 오지리, 싱가포르
  - 규 모 : 1,000~1,500명
  - 한국회원 : Korean Chapter(총 13개장) 한국원사직물시험연구원 (GSI-Korea)
- 유치타당성(유리한 점)
  - 한국개최경험 무
  - 중국, 일본 등 동-아태지역의 성장 가능성 큼
- 타당성(불리한 점)
  - 현재 국제기구 간부 진출 무(단 1996년 1명)
  - 각종 Committee 진출 무
- 대구의 적합성 검토
  - 섬유산업의 본고장
  - 섬유 + Technology 잠재력
  - 컨벤션센터 수용가능성(최대 1,500명, 4개 분과회의, 전시회, 포스터

200개 등)
- 호텔 수용가능성 : 객실소요량 약 700~800실

(4) International Colored Gemstones Association
- 규모 : 500명
- 개최주기 :2년(대형 전시회와 동시 개최)
- 주요개최지 : 호주, 이탈리아, 브라질, 일본, 이스라엘, 미국, 스리랑카, 태국, 독일
- 국내단체 : 대한보석협회
- 현 황 : 2004년 유치의향서 제출, 2005년 인도 총회에서 결정

(5) 세일즈 콜 실시
- 대구지역 관련 인사 우선 접촉
  대학교, 연구소 등 추가 정보 입수
- 대구 유치시 지원 가능사항 확인
  시장 환영 리셉션, 객실료 할인 등

(6) 유치위원회 구성
- 관련 단체, EXCO, 대구시
- 한국관광공사 등

(7) 유치활동 전개
- 국제기구본부 접촉 각종 절차 및 내용 문의
- 결정시기 : 2003년 총회 시(9월중)

제3절 호텔컨벤션 실무조직 인력구성

1. 컨벤션 실무조직 인력구성

컨벤션을 유치하려면 보통 유치위원회가 먼저 설립이 되고, 유치가 결정되면 자연스럽게 컨벤션 조직위원회로 명칭이 변경되어 컨벤션 개최준비를 한다. 그러나 만약 유치위원회가 설립되지 않은 경우라면, 바로 조직위원회는 컨벤션의 준비와 운영에 대한 최고의사 결정기구와 실무조직으로 구성된다.

컨벤션 개최에 소요되는 인력은 조직내부에서 인력을 선출하여 충당하는 방법, 외부 전문업체서 충당하는 방법 및 공개 선발절차를 거쳐 충당하는 방법 등이 있다.

소규모 국제회의의 경우에는 조직내부인력의 선출방법을 주로 이용하고, 중규모 및 대규모의 국제회의는 외부 전문업체에 위탁하거나 직접 선발하는 방법을 많이 사용한다. 회의개최준비는 통상적으로 1~2년이나 그 이상의 기간을 필요로 하기 때문에 내부인력만으로 소요인력을 충당하는 방식은 당사자의 본연의 업무공백을 가져올 수 있으므로 핵심인력으로 최소화하고 가능한 한 국제회의기획업체(PCO) 등 외부인력을 활용하는 것이 바람직하다.

내부인력은 가급적 전원이 회의개최 경험인력으로 충당되는 것이 바람직하지만 현실적으로 불가능한 경우가 대부분이므로, 적어도 총괄책임자나 부문별책임자만이라도 유경험자를 확보하는 것이 중요하다. 회의개최전반에 대하여 총괄책임자만 내부인원이 맡고 나머지 전반적인 업무를 PCO 등에게 일임할 수도 있으나, 조직내부의 의사결정부분은 내부인력이 담당할 수밖에 없으므로 최소한의 내부인력의 소요는 필수적이다.

준비인력은 초기에는 분야별로 업무수요가 많지 않으므로 소수의 인원이 여러 분야를 복합적으로 담당하다가 업무량의 증가시기를 감안하여 단계별·업무별로 세분하여 인력을 확충하고 회의개최 1년~3개월 전까지는 회의개최에 참가할 인원이 전부 충당되어 각자 자기분야의 업무를 정확히 숙지하도록 한다.

회의개최가 임박한 최종단계에는 준비조직을 운영조직으로 개편하고 외부 운영인력의 충원 및 교육을 필요로 한다.

(1) 조직위원회 구성

컨벤션이 유치되면 조직 내부적으로 행사개최를 총괄할 조직위원회를 구성하여야 한다. 조직위원회는 회의개최에 따른 업무의 결정권한을 위임받아 개최계획의 전반적인 면을 설계할 수 있는 경험자 위주의 소수 인원을 선발한다. 조직위원회에서는 행사 프로그램 확정, 회의장소 선정 등 회의개최에 중요한 업무를 결정하고 그 이후에는 확정된 프로그램 등에 의하여 세부 추진계획이나 세부내용을 확정한다. 그에 따른 업무의 내용으로는 회의주제의 개발, 회의별 의장 및 연사 선정, 회의장 결정, 공식항공사 및 공식여행사 등의 선정, 회의 공식로고 및 포스터 등 개발, 주최국 홍보를 위한 General Information Brochure 제작, 각종 등록서식 개발, 참가예상자의 Mailing List 작성 및 Update, 참가예상자에게 주최 측의 인사장 발송, 홍보계획 결정 및 홍보개시, 회의개최 예산편성, 회의개최 기본계획 수립이 있다.

(2) 실무위원 구성

실무자 인원은 회의규모에 따라 다르겠지만 가급적 소수의 인원에게 많은 권한을 위임하여 신속한 의사결정이 이루어지도록 하고 총괄책임자가 전체적인 조정을 하는 형태가 바람직하다. 국제회의는 주관적이고 창의적인 면이 강조되는 특성이 있어 분야별 인원이 많아질 경우 옥상옥이 되어 오히려 조직의 효율을 떨어뜨리고, 상대적으로 업무비중이 낮은 사람으로 인하여 업무비중이 높은 사람의 사기저하를 초래할 수도 있다. 주요업무로는 본격 준비단계에서 처리할 업무인 회의참가 초청장 및 관련자료 발송, 연사별 원고 접수, 영접, 수송 등 외부행사 세부계획 확정 및 발전, 회의, 연회 등 행사장 세부계획 확정 및 발전, 관광 등 사교행사 개발 및 세부계획 확정 및 발전, 옵션 관광 프로그램 확정에 대한 실무를 담당한다.

2. 컨벤션 운영조직 개편에 따른 인력구성

컨벤션 준비조직을 운영조직으로 개편하는 단계로, 단계적으로 분야별 내 · 외부의 운영인력을 확보하여야 한다. 회의준비조직을 운영조직으로 개편할 경우에는 운영조직은 이제까지의 계획을 실행하는 단계이므로 준비단계에서 같은 업무를 담당하던 인원들도 세분하여 해당분야 행사별로 책임자를 분담하여 수행하는 것이 효율적이고, 개인별로도 행사종료 후에 성취감을 가질 수 있는 이점이 있다.

컨벤션 운영인력은 특정분야 업무에만 전담 배치하는 것보다는 그때그때 행사일정에 따라 전환배치가 가능하므로, 분야별로 날짜별, 시간대별 소요인력을 산출하여 제출하면 이를 총괄하는 분야에서 한정된 인원을 날짜별, 시간대별로 배치계획을 수립하여, 최소의 인력을 효율적으로 활용하며 경비를 절감하여 내실을 기하는 것이 필요하다.

한편 내 · 외부 지원인력은 공식적인 회의기간 전에는 영접이나 수송 등에 중점 배치되며, 회의기간동안에는 영접이나 수송 등에는 인력수요가 줄어들므로 지원인력의 수를 감소시켜 등록, 회의 등 행사인력으로 전환하는 등 인력을 탄력적으로 운영한다.

Convention News

국제기구 진출 인력 늘리자

40여 년간 외교무대에서 활동하며 국제기구에서 활동하는 한국 젊은이들을 많이 만났다.

유엔 통계에 따르면 2004년 2월 현재 총 38개 국제기구에서 231명의 한국출신 전문직 직원들이 활동하고 있다. 이는 과거에 비해서는 크게 늘어난 것이지만 분담금 규모에 비해서는 아직 부족한 편이다.

지난해 한국의 정규 유엔 분담금 비중은 1.851%로 191개 회원국 중에서 10번째로 많은 돈을 내고 있다. 이 정도 분담금에 적절한 국제기구 진출 규모를 정확히 말하기는 힘들지만 지금보다 늘어나야 하는 것만은 분명하다. 2001년 아시아 국가들의 분담금 상승으로 한국은 직원수에 있어서 '과소지출' 국가로 분류되고 있다.

유엔은 직원의 적정 진출 규모에 미달하는 국가들을 대상으로 '국가별채용시험'을 실시하고 있다. 국제기구 취업에 관심이 있는 젊은이들은 이 시험에 도전해볼 것을 권하고 싶다.

유엔 회원국들은 또 정부예산으로 1~2년 과정의 '초급전문가'를 선발해 국제기구

사무국에 수습 목적으로 파견하고 있다. 한국은 매년 평균 7명의 초급전문가를 파견하고 있는데 앞으로 이를 대폭 늘려서 국제기구 지원자들이 실무 경험을 쌓을 수 있도록 하는 것이 바람직하다. 일본은 매년 40여명의 초급전문가를 파견하고 있다.

전문직 지원뿐 아니라 고위직 인사의 국제기구 진출을 확대하는 것도 시급한 과제다. 고위직에 진출하는 한국인이 많아질수록 그만큼 한국의 발언권이 강해질 수 있기 때문이다.

뉴욕 유엔본부 사무국에서 12개의 부서가 있는데 이들 부서의 업무를 총괄하는 사무차장 11명 중에는 단 한 명의 한국인도 없다. 고위직 공석(空席) 정보를 사전에 파악하고, 국제기구 관리능력을 갖춘 우수한 후보자들을 사전에 확보하는 노력이 필요하다.

동아일보(2004. 3. 8.) '오피니언 발언대' 김승호 전 모로코 대사

제5장

호텔컨벤션 준비실무

제1절 호텔컨벤션 예산부문

1. 예산의 의의

예산이란 컨벤션기획사의 계획을 계수화 한 것으로 컨벤션의 유치에서 개최까지 가장 기본이 된다. 따라서 담당자의 주 업무는 기획단계에서 예산편성과 예산확보가 되며, 준비단계에서는 확보된 예산을 별도로 정한 회계규정에 따라 적절히 사용하도록 통제·관리한다. 그러나 회의예산은 대부분 전체예산 중 국제행사비 한 항목에 속해 있고 비영리를 목적으로 하는 경우가 많아서 통상적으로 세목별 구분과 자금운용표 정도만 작성하면 된다.

2. 예산편성의 기본

예산편성의 기본은 참가자 수와 프로그램 내용, 회의장소와 회의준비 기간 등의 파악이다.

따라서 담당자는 먼저 컨벤션의 목표와 목적이 결정되면 예상할 수 있는 참가인원을 파악하여, 예상되는 참가인원에 따라 회의실의 규모, 호텔의 객실, 각종 주문 및 인쇄제작물, 관광 및 사교행사 등을 예약한다.

이때 예산편성 담당자가 과거 행사를 치룬 경험이 있다면 이를 참고하여 작성하되 물가상승 등의 변수를 반영하고, 회의를 처음 개최하는 경우에는 전문가의 의견을 수렴하여 각 분야에서 편성한 자료를 토대로 집계한다.

또한 예산을 편성할 때에는 과거의 경험을 토대로 한 통계적인 방법과 전체 흐름을 기초로 한 시뮬레이션 방법을 통해 편성하되 불확실성에 대비한 방법을 강구하여 편성한다.

회의는 정해진 예산 범위 내에서 치루는 것이므로 예산을 편성하고 확보하는 것이 해당회의의 규모나 성패를 좌우한다고 해도 과언이 아니다. 예산은 미래를 예측하여 준비하는 것이므로 예약 편성시 누락되는 부분이 있어 집행자금이 부족하지 않도록 치밀함을 요구한다. 단 일정 변경 등 예상치 못한 상황에 대비하여 예비비를 확보하여 편성하는 것이 현명하다.

3. 예산편성 확인

예산편성의 기본을 정하였으면 예산 내에 특별한 비용이 발생하는가 혹은 수정을 해야 하는가를 결정을 하기 위한 확인이 있어야 한다. 이때 이전에 개최된 회의의 재무자료와 경험이 도움은 될 수 있으나 이전 실무자의 경영방법이나 스타일 그리고 경험을 쌓는 동안에 경제적 여건 등이 변하기 때문에 이전 자료와 경험으로 비교 분석은 상당한 오차가 발생할 수 있다. 따라서 자체적으로 세부적인 자료와 범위를 개발할 필요가 있다.

우선 오차의 범위를 줄이고 예산편성의 정당성을 확보하려면 자료 수집이 선행되어야 하며 가장 노력이 많이 드는 부분이다.

(1) 예산편성의 비교 조사자료

1) 호텔 운영비용

호텔면적과 식음료자료는 선정된 개최지의 호텔에서 직접 얻어야 한다. 호텔이 제공하는 브로슈어를 통해서 체계적으로 수집·보관할 수도 있고, 관계전문지나 자료를 통해서도 얻을 수 있다.

2) 인쇄 및 출판비용

인쇄비에는 종이값과 미술작업 비용도 포함시켜야 하며, 우편 발송료는 대량 발송할인료를 적용받을 수 있기 때문에 우체국 서비스를 면밀히 조사해야 한다.

3) 프로그램 비용

프로그램 비용은 여러 변수의 발생으로 결정하기 어려운 부분이다. 시청각 기자재 비용도 회의양식에 따라 그리고 회의개최지에 따라 달라지기 마련이므로, 자체적으로 시청각 기자재를 가지고 있을 때는 비용절감이 되지만 발송 운반시에는 보험가입을 고려해야 한다.

4) 레크리에이션 비용

레그리에이션 비용은 형태와 질에 따라 다르고 이벤트 회사 및 레크리에이션 강사의 수준에 따라 격차가 발생한다. 따라서 계약을 할 때에는 명성 있는 에이전트를 이용하는 것이 좋다.

5) 일반관리비 비용

일반관리비도 여러 가지 방법으로 계산할 수 있다. 컨벤션 관련 전문지를 구독하면 여러 가지 장비와 비품제공자들의 광고를 통해 비용정보를 제공받을 수도 있으며, 또 한 가지 방법은 회의용품 업자들의 우편발송 주소록에 가입되면 제공품목 카탈로그를 볼 수 있어 비용계산이 용이하다.

(2) 편성된 예산의 초과

조사 후 비교를 통해서 얻은 전체 비용이 책정된 예산을 초과하면 첫째, 회의기획자가 결정할 수 있는 일반적인 선택은 우선 전체 예산을 증액하도록 노력하는 것이고, 둘째, 전시회 개최 등과 같은 다른 수입원을 찾아보는 것이다. 셋째, 한 가지 이상의 개인비용을 줄여보는 것이고, 그것도 여의치 않을 경우 개최지를 변경한다. 그러나 실제적인 선택은 회의단체와 상황에 따라 이루어진다고 볼 수 있다.

예를 들어 예상 참가인원을 초과한 경우 추가 장소를 찾거나 원래 장소에서 더 확보할 수 있도록 교섭계획을 세워야 한다. 또한 추가되는 식음료 비용은 메뉴를 다르게 변경시키거나 식사를 다른 장소에서 실시함으로 해서 감소시킬 수 있으며, 이벤트 비용도 형식이나 연예인을 변경시킬 수 있고, 연예가 포함된 연회에는 비용을 추가하여 받는다든가 레크리에이션의 경우 참가자가 비용일부를 부담하게 하는 등으로 비용을 절감할 수 있다.

4. 예산수립

(1) 수입부문

수입 재원의 조달방법은 영리를 목적으로 하는 경우와 비영리를 목적으로 하는 경우 등 회의의 성격과 규모에 따라 다르지만 주로 참가자 등록비, 자기자금, 보조금 또는 지원금, 기부금, 광고수입, 전시수입, 판매수입, 기타 수입 등의 항목으로 이루어진다.

〈표 5-1〉 수입항목

수입항목	내 역
참가자 등록비	전 참가자의 등록비(Delegates와 Spouse 또는 Accompanying person, 외국인과 내국인 등 참가의 차이가 있다.
자기자금	주최자의 순수한 자기자본
보조금 또는 지원금	정부나 외부기관으로부터 보조 또는 지원받는 금액
기부금	개인이나 사업체가 기부한 금액
광 고	각종 발간물 등에 게재하여 주고받는 수입
전 시	전시회 개최시 부스 판매수입
판 매	기념품이나 사진 등의 판매수입
기 타	이자 등

(2) 지출부문

컨벤션 행사운영에 소요되는 비용은 참가자수에 영향을 받지 않는 고정비용과 참가자수에 영향을 받는 변동비용, 예기치 않은 상황에 대비한 예비비로 나눌 수도 있다.

〈표 5-2〉 기획 지출항목

지출항목	내 역
전차총회 참가 및 전야제 행사비	등록비, 출장비(항공료, 숙박료, 일비, 식비 등), 공연비, (전야제 행사에 필요한 제반경비 : 공연자 출장비 및 공연비 등), 전야제 행사장 임차료, 식음료비, 현지 행사장 운영요원 등의 인건비, 각종 홍보물 및 기념품 제작비, 회의비, 통신비, 화물운송비, 기타 운영경비 등
국제회의기획 용역비	PCO(동시통역사, 기자재 등의 용역비) 등
국제기구 또는 협회 등의 임직원 초청경비	항공료, 숙박료 등 초청에 필요한 일체 경비

〈표 5-3〉 준비 및 개최 지출항목

지출항목	내 역
사무국	조직위원회 직원 및 임시직원 등의 임금, 사무실(회의실 포함) 임차료, 사무기기 임차료, 차량비(업무용차량 등 임차 및 운영비), 사무용품 및 소모품비, 인터넷 홈페이지 제작 및 유지관리비, 전용선 사용료 및 전화료 등 통신비, VIP 및 연사 선물구입비, 초청자 및 조직위원회 직원 숙박비, 만찬 및 사교행사시 참가자 기념품 제작비 스폰서 섭외 및 유치비, 발송비(일반서류, 참가안내문, 등록양식 등) 국내외 출장비 및 활동비 등
회의비	국제기구 또는 협회 등과의 회의비, 조직위원회 전체 및 분야별 회의비, 국제회의 관련기관 및 업체 간 회의비, 회의장 및 행사장 임차료 초청연사비, 시청각장비 및 동시통역장비 등 임차료, 동시통역사 용역비, 발표자료 제작비 등
연회행사비	만찬, 오찬, 공연비, 인테리어비용, 행사장 임차료 및 장비 임차료 등
홍보비	기자간담회 및 기자회견비, 로고 및 포스터 제작비, 홍보활동비, Brochure 및 Press Kits 등의 홍보물 및 홍보책자 제작비 각종 현수막, 홍보탑 및 환영간판 등 제작비, 기자실 임차료, 기자실용 사무기기 및 장비 임차료, 기념우표 및 기념담배 등 제작비, 발송비(홍보물 및 홍보책자 등) 등
광고선전비	방송 광고비, 신문광고비, 잡지 및 디렉토리 광고비, 지하철 방송 및 광고게재비 등
관광비	참가자 공식관광(이벤트 행사 등), 동반자관광, 회의 전후 관광
수송비	VIP 차량운영비, 입출국 수송, 셔틀버스(공항/호텔, 호텔/회의장, 회의장/행사장) 임대 및 운영, 공식관광 및 동반자관광(이벤트 행사 등)
전시회비	전시장 임차료, 전시장 시설 및 기본 부스 설치비, 전시회 사무실 임차료 및 운영비, 전시회 사무실 사무기기 및 사무용품비, 인쇄비, 각종 장비 및 시설 사용료, 전시회운영요원 인건비 등
예비비	총지출예상금액의 10% 내외

제2절 호텔컨벤션 프로그램 설계부문

1. 프로그램 기획

프로그램 설계란 회의의 모든 요소를 기획하고 조정하는 것을 의미하며, 참가자들이 회의의 구매를 결정하는 중요한 요소이다. 일단 컨벤션을 개최하기로 결정했으면 호텔은 회의참석 범위, 회의일정, 의제 등 회의개최 및 진행에 관한 모든 프로그램에 대해 컨벤션 주최 측 사무국과 충분한 협의를 거쳐야 한다. 또한 사무국과 개최국 간에는 회의 참가자의 특권과 면제부여, 참가자의 비자 발급 협조, 예산 부담, 편의 제공 등에 관하여 사전에 합의가 이루어지며, 보통 이러한 합의는 국제기구의 규칙에 없으므로 합의서 형태로 이루어진다.

프로그램은 회의의 목표와 예산을 고려하여 계획해야 하며, 과거에 개최했던 프로그램의 내용을 참고로 하되, 독창적인 행사가 되도록 한다. 따라서 컨벤션 행사를 성공적으로 개최하기 위해서는 회의 유치부터 회의 종료 후의 마무리까지의 회의 전반에 대한 흐름 및 고려사항을 숙지하고 있어야 한다. 이러한 프로그램을 기획하는 데 필요한 고려사항을 15단계로 나눌 수 있으며, 준비기간에 따라 각 단계가 병합되어 이루어지기도 한다.

〈표 5-4〉 프로그램 기획시 고려사항

단계	요소	세부내역
1단계	기본요소 결정 (Establish Foundation)	목표 설정(Objectives), 운영방침 결정(Policies), 일시 확정(Dates), 예산편성 및 확보(Budget), 지리적 위치를 고려한 장소 선정(Location), 회의 참가대상의 범위(Audience), 만찬이나 동반자관광 등의 사교행사 계획 수립(Social function)

단계	요소	세부내역
2단계	운영관리 (Administration)	시설물 선정(Facility selection), 시설물에 대한 설비계획(Facility instruction), 교통수단 결정(Transportation), 인원구성(Staffing), 회의장확보(Room arrangement), 업무편람작성(Workbooks, Badges), 식음료서비스(Food & Beverage), 등록(Registration)
3단계	조사연구대상 (Research Subject)	현장 인터뷰(Field interview), 설문조사(Questionnaire), 신문기사(Articles), 위원회(Committee) 의견
4단계	주제설정 (Identify Topics)	현재의 문제점 파악(Problems), 일반적 추세를 검토(Trends), 회원국 등의 관심분야를 고려(Interests) 주제의 필요성을 고찰(Needs), 구체적 실행방법(Practices)
5단계	프로그램 기획 (Schedule Program)	총회, 분야별 회의 등 개최할 회의수 결정(Number of sessions), 시간별 진행계획 결정(Timing of day), 진행방식의 결정(Tracks), 각 회의별 주제선정(Subjects in each session)
6단계	프로그램 설계 (Design Program)	연설내용(Talks), 워크숍(Workshops), 회의 참여유도계획 수립(Participative projects), 패널(Panels) 토의, 사례소개(Demonstrations), 원격지 회의(Teleconferencing), 비디오,영화(Video cassettes, movies), 원탁회의(Roundtables), 각 회의실의 룸 배치(Room setups), 회의장 내 무대배치(Staging)
7단계	연사선정 (Select Speakers)	연사 선택 정보수집(Sources for names), 위원회의 의견 수렴(Committee), 자문위원 등의 의견수렴(Consultants), 소개인의 추천(Venders), 스텝진의 추천(Staff), 편집인의 의견수렴(Editors), 협회 의견수렴(Associations)
8단계	연사 초빙 (Invite Speakers)	전화(Telephone), 서신(Letters), 통지(Instructions), 확인(Follow-up)
9단계	연사 요청사항 (Ask Speakers to Supply)	연사의 약력 및 자기소개서(Biographies), 연설내용(Talks), 시청각장비 필요 유무(Visual needs), 발표자료(Handouts)
10단계	연사 지원사항 (Supply to Speakers)	연사 호텔 예약 등 확인(Hotel needs), 여행수배(Travel arrangements), 발표자료 복사물 제작(Handout Reproduction), 영접(Hospitality)
11단계	공급업자 선정 (Select Suppliers)	시청각교재(Audiovisual), 컴퓨터(Computers), 인쇄업자(Printing, reproduction), 꽃장식업체(Flowers), 사진업체(Photography), 보안업체(Security), 항공사 및 관광업체 등 수송업체(Transportation), 해운업체(Shipping), 지상업체(Ground arrangements)

단계	요소	세부내역
12단계	회의 사전점검 (Pre-Conference Opening)	호텔 재점검(Hotel review), 회의실 배치(Meeting room setup), 오디오 시설설치(Audio setup), 조명시설 확인(Lighting controls), 영상기기 이용(Projection coordination), 등록 점검(Registration setup)
13단계	현장 운영 (On-Site Operation)	등록 데스크 운영(Registration), 회의장 운영요원 등 현장요원 확인(Staff), 호텔 협조(Hotel coordination), 유인물 배포(Handouts), 각종 안내사항 공지(Messages), 각종 인쇄물 및 기념품(Equipment)
14단계	프로그램 확인 (Direction of Program)	연사 브리핑(Speaker briefing), 회의 총 점검(Session checkup), 기자실(Press room)
15단계	회의 종료 후 (Post Conference)	회의참가자, 발표자 및 스폰서 등 회의 지원 대상에 대한 감사 표시(Thank-yous), 국제회의 개최비용에 대한 경비사용내역 확인(Bill review), 국제회의 개최성과에 대한 평가(Evaluation), 스텝 진 평가(Staff review)

2. 프로그램 구성

프로그램 구성은 해당 국제기구와 주최 측이 협의하여 결정하는 것이 일반적이며, 대부분의 국제회의는 기본이 되는 골격을 갖고 있으므로 프로그램을 구성할 때에는 과거의 프로그램을 참고로 하여 작성하되, 주최 측에서 변경이 가능한 부분은 주최 측과 주최국의 특성을 살릴 수 있는 요소를 가미하여 해당회의를 부각시키는 것이 필요하다.

또한 컨벤션은 다양한 종류의 프로그램의 집합체이며, 프로그램은 해당 국제회의의 종류와 관례 등에 따라 상이하지만 보편적으로 회의의 개회식과 폐회식, 각종 회의, 기자회견, 연회나 관광 등 사교행사, 전시회 등으로 구성된다. 가장 긍정적인 프로그램 구성이란 가능한 많은 참가자를 유도할 수 있도록 다양해야 하며, 그러기 위해서는 각종 행사의 구성과 이의 효율적인 실행방법 등을 감안하여 결정하여야 한다. 참가자 다수의 관심이 있는 회의주제와 연사의 선정여부나 다양한 진행방법 등 프로그램의 구성과 내용에 따라 컨벤션 성공의 전제인 참가자 수에 많은 영향을 미칠 수 있다.

또한 프로그램을 작성할 때는 전체회의 및 소집단회의들을 적절히 구성하여 참가자들이 흥미를 갖고 참석할 수 있도록 해야 하며, 특정계층 인사들에게 편중되지 않고 너무 무리하게 스케줄을 편성하지 않도록 하여 참가자들이 여유를 가지고 참석할 수 있도록 하여야 한다.

한편 프로그램의 작성은 가능한 한 조기에 작성하여 확정하는 것이 이의 집행을 위한 집행계획이나 실행을 위하여 바람직하기 때문에 해당 회의가 유치되면 회의장소의 결정과 병행하여 최우선적으로 처리해야 한다.

(1) 회의 프로그램 구성

컨벤션 프로그램에서 가장 중추적인 것이 회의 프로그램이다.

1) 전체회의

전체회의(general session)는 등록된 참가자 전원을 대상으로 하는 개회식과 폐회식 등을 말한다.

2) 소집단회의

소집단회의(breakout sessions)는 특정한 주제를 심도있게 다루기 위한 것으로, 일부 참가자들만을 대상으로 한다. 소집단회의는 보통 워크숍(workshop) 또는 라운드 테이블(round table)이라고도 불린다.

3) 회의시간 배정

회의시간 배정은 주로 일자별 · 시간대별로 배정하여야 하는데, 통상적으로 회의일정은 매일 오전 09 : 00부터 16 : 30~17 : 00 정도까지 개최하고 그 동안 3~4개의 회의를 개최한다. 그리고 각각의 회의별로 참가자가 구분될 수 있을 경우에는 동시에 여러 개의 회의를 개최할 수 있는데, 장소가 적합하다면 동시에 2~3개의 회의를 개최하여 참가자들의 선택의 폭을 넓히고 회의참여율도 높일 수 있다. Coffee break 시간은 매일 각 회의의 중간에 20~30분 내외로 배정한다.

4) 회의 진행방법 결정

진행방법에는 일방적인 연사의 연설을 경청하는 강연회형태, 하나의 주제에 대하여 서로 견해를 달리하는 수명의 패널리스트가 각자의 의견을 발표하고 이에 대하여 토론을 벌이는 심포지엄, 포럼, 참가자들을 소단위 그룹으로 편성하여 주어진 문제를 해결하는 방식의 소집단회의 형태 등을 회의성격에 맞춰 적절히 계획한다.

(2) 사교행사 프로그램 구성

사교행사 프로그램은 다양한 연회로 구성되어 만찬, 오찬, 커피 브레이크 및 기타 사교행사에 부대되는 행사 등이 있다.

따라서 참가자들에게 사교의 장을 제공하여 주최측과 참가자 상호간의 유대강화, 국제회의 전반에 걸쳐 활력제공 등 자칫 딱딱해질 수 있는 분위기를 완화하는 역할을 담당한다. 이 행사는 공식적인 스케줄에서 특정 인사를 대상으로 한 행사를 제외하고는 전 참가자에게 공식적으로 참가자격이 주어지며, 주최 측에서 모든 비용을 부담하고 행사참가자는 무료로 초대된다.

한편 사교행사 프로그램은 해당 국제회의 관례에 따라 주최하는 주빈이 기본적으로 결정되어 있는 행사와 주최 측에서 임의로 주빈을 섭외하여 개최하는 행사로 구분할 수 있다.

1) 주빈이 정해진 행사

해당 국제회의의 관례에 따라 주최하는 주빈이 정해진 행사에 대하여는 프로그램 작성시에 잠정적인 시간만 결정하고, 행사의 세부내용은 프로그램 확정 후에 단계별로 준비를 이행한다.

2) 임의로 주빈을 정한 행사

주최 측에서 임의로 주빈을 구성하는 행사는 연회 프로그램 확정에서 가장 중요한 단계이다. 주최 측에서 섭외하는 주빈으로는 대통령, 장관 및 지방자치단체장 등과 관련기업이나 단체가 대상이며, 이들을 섭외하여 프로그램을 확정하는 데는 많은 시간이 소요되므로 미리 미리 준비해야 한다.

(3) 관광 프로그램 구성

관광 프로그램을 구성할 때는 관광 코스, 식음료 제공계획 및 비용부담 등을 관광행사를 담당하는 여행사측과 협의하여 주최 측에서는 관여치 않고 여행사에서 코스나 가격 등을 결정하여 시행하는 것이 일반적이다.

따라서 회의개최 전·후에 개최되는 관광행사는 기간별, 코스별로 가급적 다양하게 편성토록 여행사에 주문하여 실시하는 것이 바람직하다. 규모가 큰 국제회의라면 참가대표단만을 위한 관광행사로도 참가자를 어렵지 않게 유치할 수 있는 반면, 규모가 상대적으로 작은 행사는 해당 국제회의 참가자만으로는 별도의 관광 코스를 개발하거나 운용할 수 없는 경우가 있으므로 이런 경우에는 공식 여행사가 운영하는 코스에 함께 참여토록 하는 방법도 가능하다.

회의기간 종료 후에 실시하는 관광행사 중 회의와 관련한 시설의 시찰 등은 주최 측에서 행사요원이 동행하여 진행을 담당하며 실시목적은 프로모션이나 국가의 발전상을 홍보하는 측면이 주를 이룬다.

1) 참가자 대표단을 위한 관광

참가대표단을 위한 행사는 국제회의의 개최기간 이전이나 이후에 실시하며 비용부담은 참가자 개인이 부담하는 것이 일반적이며, 특별한 경우로 회의 중에 개최하는 경우가 있는데 회의 중에 실시하는 관광행사는 주최 측에서 비용을 부담한다.

2) 동반자관광

동반자관광은 대표단이 공식회의에 참가하는 시간에 개최하는 것이 일반적이며 참가대상은 동반자들과 대표단들 중에서도 회의 스케줄이 없거나 동반자와 같이 행사에 참가하려는 사람도 참여할 수 있다. 진행시간은 보통 회의개시시간보다 약간 늦게 또는 빠르게 출발하여 회의종료이전에 출발장소로 돌아오는 당일코스가 일반적이며, 주로 그 나라의 문화예술이나 관광명소를 방문하는 것으로 구성된다.

동반자관광행사는 참가자들의 흥미를 유발하고 참여의식을 고취하기 위하여 참가자들이 스스로 참가하여 즐길 수 있는 프로그램을 삽입하는 것이 좋으며, 진행 형태는 한 장소에서 여러 가지 프로그램을 계획하는 방법과 참가자를 시간별로 장소를 이동하여 방문토록 하는 방법 등이 있다.

(4) 산업시찰 프로그램 구성

산업시찰은 회의내용의 보충을 위하여 국제회의와 관련한 자국의 해당산업 현장을 방문하거나, 자국의 첨단산업시설을 방문하여 자국의 첨단산업의 홍보 등의 목적을 위하여 실시하는데, 통상적으로 공식적인 컨벤션 행사의 스케줄이 종료된 후에 희망자를 대상으로 실시하는 것이 일반적이다.

(5) 전시회 프로그램 구성

전시회는 크게 나누어 해당 컨벤션 행사와 관련한 자료나 물품 등을 전시하는 비영리 형태와 컨벤션 행사와 관련이 있는 기업 및 단체가 영리목적으로 관련 상품을 프로모션하기 위하여 실시하는 형태로 구분할 수 있다.

전시회의 개최장소는 회의장과 인접하여 회의참가자들이 수시로 방문할 수 있는 위치에서 개최하는 것이 필요하며, 해당 국제회의 참가자들이 관심을 가질 수 있는 내용으로 구성하는 것이 전시회를 활성화하고 관련 업계의 적극적인 참여를 유도할 수 있다.

컨벤션 행사 프로그램 예시

2006 KOREA CONVENTION FAIR

KOREA TOURISM ORGANIZATION

김대중컨벤션센터 Kimdaejung Convention Center

Official Program

November 30, 2006 - December 1, 2006
Kimdaejung Convention Center, Gwangju, KOREA

DATE & TIME	PROGRAM	PARTICIPANTS
Wednesday, November 29		
Full Day	Pre-Tour - Gwangju Area	Foreign Buyers
Thursday, November 30		
11:00	Opening Ceremony	All Participants
10:00 ~ 17:00	Convention Mart	All Participants
12:00 ~ 14:00	Special Presentation of KTO & Kimdaejung Convention Center	Invited Buyers
12:30	Domestic Convention Leaders Meeting	Korea Convention Council Members
15:00 ~ 18:00	Symposium	All Participants
18:30	Welcome Reception (hosted by Mayor of Gwangju)	All Participants
Friday, December 1		
7:50 ~ 8:50	Continental Breakfast	All Participants
9:00 ~ 17:00	Convention Mart	All Participants
11:00 ~ 13:00	Convention Workshop	Sellers & Buyers
14:00 ~ 15:00	Job Seminar for Convention	College Students
15:00 ~ 17:00	Simulated Meeting Proposal Contest	College Students
16:00 ~	Post-Tour(A) - Choice of Seoul, Daejeon, Daegu, Busan, Changwon, Jeju	Foreign Buyers
17:00 ~	Farewell Reception	All Participants
Saturday, December 2		
Half Day	Post-Tour(B) - Gwangju Area	Domestic Buyers
Full Day	Post-Tour(A) - Continued	Foreign Buyers

제3절 호텔컨벤션 회의장 선정부문

1. 회의장 선정 및 확보

컨벤션을 유치·운영하는데 가장 기본적인 요건이 회의참가자를 수용할 수 있는 회의장시설로서, 컨벤션 유치가 확정되면 바로 회의장을 선정하여야 한다.

(1) 회의장 선정

회의장을 선택하기 위해서는 다음과 같은 방법을 참고하여 선정한다.

1) 자료수집

해당 국제기구가 이전에 개최했던 컨벤션 프로그램과 참가규모 등의 자료를 수집한다.

2) 참가규모 추정

수집한 자료를 토대로 외국인 참가자의 규모를 추정하고 내국인의 참가규모를 합산하여 컨벤션 참가규모를 추정한다.

3) 전시회 여부 파악

전시회가 병행되는지 여부를 확인하고 그 규모를 파악한다.

4) 회의장 선정

추정된 회의 참가규모를 수용할 수 있는 대회의실과 동시에 개최할 수 있는 중소규모의 회의실을 보유하고 있으며, 전시회를 개최할 수 있는 회의장을 보유한 호텔 및 전문국제회의장을 1차 선정한다.

5) 숙박시설 선정

1차 선정된 회의장소와 참가자들이 숙박할 수 있는 숙박시설 여부 및 이동수단에 대해 종합적으로 분석하여 회의장 및 숙박시설을 2차 선정한다.

6) 이용가능 파악

회의장소와 숙박시설이 해당 회의기간에 이용가능 여부를 파악한다.

7) 계 약

파악된 회의장소 및 숙박시설의 객실료 및 사용료 등을 국제기구 사무국과 협의하여 최종 결정한 후 계약을 맺는다.

(2) 회의장 세부 점검

확정된 회의장은 참가자들이 쾌적하고 안전하게 행사를 진행할 수 있도록 다음 사항을 점검한다.

1) 온도와 조명

회의실의 온도는 적당한지, 냉·난방시설은 완비되어 있는지, 조명은 여러 가지로 조절이 가능한지 등을 점검한다.

2) 방음시설

회의장의 방음시설 여부를 점검한다.

3) 장애물

기둥과 같이 회의장 배치에 있어 방해가 되는 요소가 있는지 점검한다.

4) 테이블과 의자

회의의 목적에 적합한 테이블인지, 의자는 편안한지 등을 점검한다.

5) 색 상

회의실의 색상은 전반적인 회의분위기에 영향을 주므로 점검해야 한다.

6) 시청각장비

슬라이드 프로젝터, 오버헤드 프로젝터, 비디오 프로젝터, 음향 시스템 등의 시청각장비가 갖추어져 있는지 점검한다.

7) 신체장애인의 접근용이성

일반회의 참가자는 물론, 신체장애인의 이용에 불편함이 없는지 점검한다.

8) 회의장과 연회장과의 연계성

회의장과 휴식 공간 및 연회장 등이 너무 멀지 않은지 점검한다.

2. 회의장 배치

회의장은 다양한 목적을 위한 회의공간을 제공하고 있어 반드시 표준화된 회의실의 형태로 제한되지는 않는다. 즉 하나의 회의장은 전시 · 사교모임 · 연회 등에 대한 공간으로 다양하게 이용될 수 있다. 회의단체의 요구는 여러 가지일 수 있는데, 어떤 단체는 표준화된 회의공간만을 요구하고, 또 다른 단체는 전시나 연회공간을 원한다.

따라서 회의장은 필요에 따라 다양한 형태로 변화되어야 한다. 회의장의 배치는 회의에서 다루게 될 의제나 활동에 근거를 두고 결정한다. 강연의 경우 연사와 청중과의 상호작용이 최소한으로 이루어지고 강연만을 듣기 때문에 좌석 배치는 연사들이 최대한도로 잘 보이는 형태로 배치하도록 한다.

사용될 각 회의실에 대해서는 좌석과 무대 및 기자재 배치사항을 나타내는 도면을 작성해서 사용계획서와 함께 회의시설업체의 담당자에게 전달하여 회의장 설치에 관한 지시서 역할을 할 수 있도록 한다. 회의실은 회의진행의 흐름을 고려하여 서로 연관성이 있는 공간들은 가능한 한 가까이 배치하도록 해야 한다. 사용계획서를 작성할 때에는 현지답사를 통해 현장을 보고 결정하도록 한다. 시설업체에서 제공하는 도면만으로 결정해두면 회의현장에서 돌발 사태에 부딪치는 경우도 있을 수 있다.

각 회의실에 대한 사용계획이 결정되었으면 다음은 각각의 회의실을 어떤 형태로 할 것인지를 결정한다. 회의실 배치와 관련하여서는 헤드 테이블과 연단의 배치, 좌석의 배치, 부속실의 배치 등이 있다.

(1) 헤드 테이블과 연단의 배치

헤드 테이블(head table)과 연단은 참가자의 시야가 가리지 않게 참가자의 좌석보다 높게 배치하고, 참가자 좌석 첫 열과의 거리는 최소한 약 6피트(약 1.8m)를 유지하는 것이 좋다. 만약 시청각 기자재를 이용한다면 스크린과 전기 콘센트의 위치도 고려하여야 한다.

헤드 테이블은 연사 · 패널리스트 · 사회자 등 착석할 사람들의 수를 고려하여 적당한 크기로 준비하고, 의자의 앞 · 뒤 공간도 충분하게 두어 강연대로 쉽게 걸어 나올 수 있도록 한다. 헤드 테이블의 좌석배정은 의전상의 관례를 따르는데, 제1순위자가 중앙에 앉고, 제2순위자는 1순위자의 오른쪽, 제3순위자는 제1순위의 왼쪽 순으로 오른쪽, 왼쪽을 번갈아 앉게 된다.

헤드 테이블 앞 · 뒤편을 꽃이나 회의와 회의주관 단체의 로고 또는 각종 국기 등으로 장식하면 회의분위기를 돋울 수 있을 뿐만 아니라 좋은 사진의 배경도 될 수 있다.

(2) 좌석의 배치

1) 극장식 스타일

극장식 형태(theater style)는 전체회의에서 가장 많이 이용되는 배치형태이다. 따라서 대규모의 인원을 수용할 수 있다는 것이 가장 큰 장점은 있으나, 대부분 테이블이 없어 참가자들이 메모나 필기를 하기에는 불편함이 따른다. 또한 연사와 참가자 사이에는 서로간의 얼굴을 대할 수 있지만, 참가자들 간에는 상호간의 소통이 어렵고, 앞사람으로 인해 뒷사람의 시야가 가리는 단점이 있다.

극장식 스타일에서 중요한 것은 연사 혹은 패널들이 모든 참가자들에게 잘 보일 수 있도록 하는 것이다. 이는 연사 혹은 패널들을 연단 위에 높게 위치시키면 해결될 수 있다.

극장식 스타일은 의자를 직선이나 반원형태의 줄로 늘어놓아 배열한다. 의자는 옆으로 4~6인치(10~15cm), 앞뒤로는 앞 의자 등부분에서 뒷 의자 앞면까지 대략 약 76cm 정도 떨어져 배열하여야 한다. 배열 간에 더 많은 공간이 바람직하지만 이는 현실적이지 못한 경우가 많다.

2) 강의식 스타일

강의실 스타일(classroom style)도 극장식 스타일처럼 대규모의 인원이 참석하는 전체회의에서 많이 이용되는 배치형태이다. 강의식 스타일은 참가자들이 연사 혹은 패널들과 한쪽으로 마주보고 앉아 직사각형의 테이블이 줄로 늘어선 형태를 띤다. 극장식 스타일과 다른 점은 테이블이 있어 참가자들이 자료를 읽거나 필기를 하기에 용이하다는 것이다.

강의식 스타일에는 몇 가지 형태가 있는데, 첫째, 중간통로가 없는 교실에 가까운 형태 둘째, 좌석에 쉽게 접근할 수 있도록 통로를 갖추고 줄로 늘어선 형태, 셋째, 참가자들이 부분적으로 서로 얼굴을 마주할 수 있도록 구성한 V자 형태(V-shaped) 등이 있다.

3) 소집단 회의의 배치형태

소집단 회의는 비교적 적은 규모의 인원이 모여서 진행하는 회의이므로 참가자들 간의 상호작용이 용이한 형태로 배치하는 것이 좋다. 소집단 회의의 배치형태는 다양하다.

(3) 의자 사용 셋업

의자를 강당형 회의를 위해서 셋업할 때 의자와 의자 사이를 공간이라 부르고 앞의 의자와의 사이를 고리라고 부른다. 공간과 거리는 사용회의장의 수용능력에 따라 그리고 배정된 회의장에 수용될 참가자 수에 따라 달라진다.

1) 전통적 강당형

연사의 테이블위치가 결정되고 나면 의자의 첫줄 앞 끝이 연사의 테이블

끝으로부터 6피트 떨어져야 한다. 그보다 적은 홀에서는 5피트나 4피트 넓이가 되어야 한다.

두 개의 의자가 정확한 중앙통로의 위치를 표시하기 위해 놓여지면 강당식 회의장 셋업은 시작할 수 있다. 회의장이 참석자수용을 위해서 셋업되어야 한다면 의자 간 공간은 2인치보다 적어야 하며, 의자중앙에서 중앙까지의 거리는 33인치보다 적어서는 안 된다. 대부분의 도시에서는 소방 및 건축법이 있어서 앞을 가로지르는 후면까지 그리고 양쪽 측면을 따라 통로가 있어야 하고 대형 회의장에서는 추가통로가 있어야 한다.

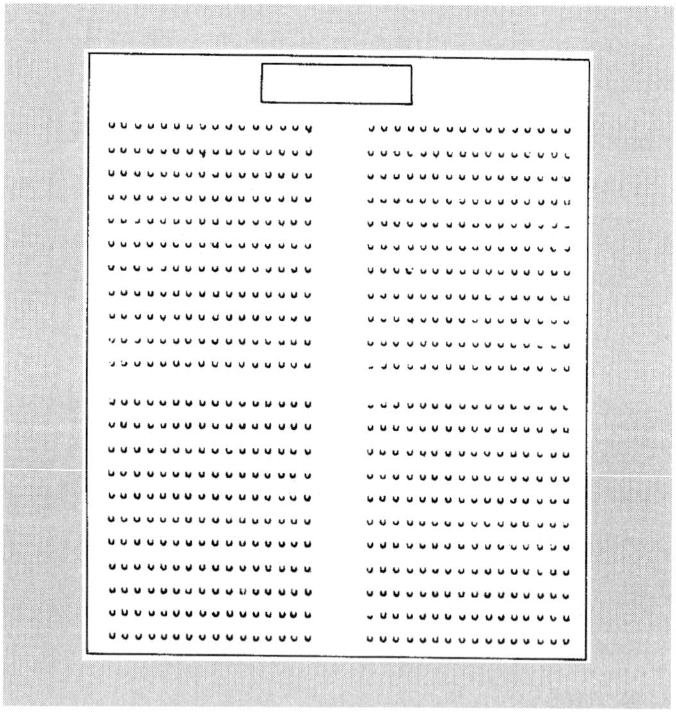

[그림 5-1] 전통식 강당형

2) 반원형 강당형

플랫폼과 연사의 테이블은 앞의 것과 동일하다. 의자를 셋업할 때 통로의 폭을 나타내는 의자의 앞 끝은 적어도 연사의 연단끝으로부터 12피트 떨어져야 한다. 의자를 6피트 통로 양쪽에 첫 의자를 놓아 중앙통로를 표시한다.

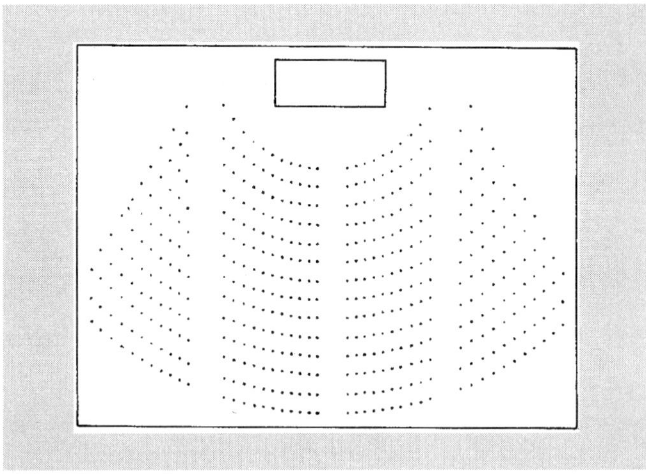

[그림 5-2] 반원형 강당형

3) 반원중앙 블록 강당형

헤드테이블은 앞의 것과 같지만 회의장은 중앙부분은 블록형으로 만드는 형태이다. 의자는 한 줄에 8~10개씩 배열한다. 그 블록 양측에 4피트짜리 통로를 만든 다음 날개부분을 곡선형으로 만든다. 이때 양측통로는 폭이나 앞뒤쪽이 모두 일정하게 배치해야 한다.

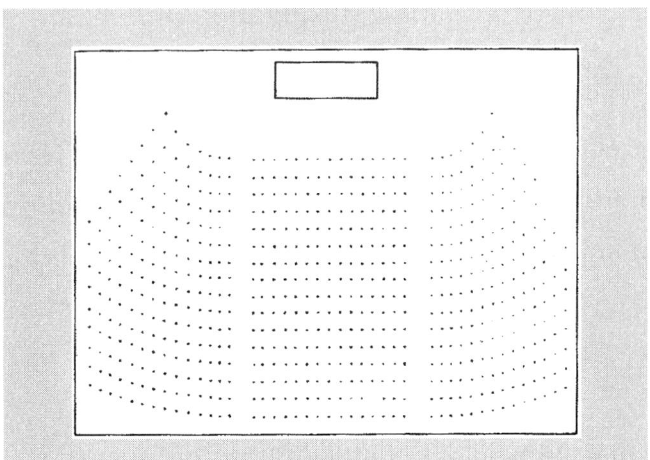

[그림 5-3] 반원 중앙 블록 강당형

4) V형 강당형

연사의 테이블은 앞의 것과 동일하다. 통로의 폭을 나타내는 최소의 두 개 의자는 헤드테이블의 끝에서 최소 12피트 떨어져야 한다. 의자를 똑바르게 정렬해야 하지만 헤드테이블을 향해 30° 각도로 기울어지게 배치한다.

이런 형태의 셋업은 오늘날 자주 쓰이지는 않지만 그 원천은 제2차 세계대전 중 승리를 상징하는 V자를 회의장 셋업에 적용한 것이다. 극소수의 오래된 회의단체는 아직도 이런 유형의 셋업을 고집하고 있다.

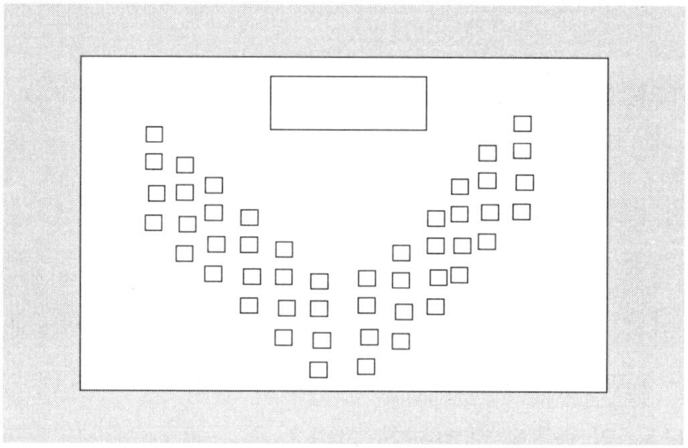

[그림 5-4] V자 강당형

5) 암체어 배열

필기판이 달려 있는 암체어를 이용할 수 있는 경우, 필기판의 끝과 암체어의 팔걸이간의 공간은 3인치이고 의자 줄의 거리를 중앙에서 중앙으로 36인치가 되어야 한다. 재떨이는 5개판마다 하나씩 준비하여야 하고 얼음물은 입구에 소형테이블은 마련하여 놓아둔다. 물론 헤드테이블에도 얼음물을 놓아야 한다.

(4) 테이블 이용 셋업

1) U자형 셋업

U자형은 6′×30″, 4′×30″, 8′×30″형의 직사각형 테이블을 조합해서 설치하

며, 테이블의 규격은 참가자 수에 따르는 문제지만 일반적으로 1인당 24인치의 테이블공간이 요구된다. 과학자단체와 많은 전문가단체에서는 홀더나 서류를 펼칠 수 있는 더 많은 공간을 요구하지만 규격을 명시해야 한다.

받침과 연필을 테이블마다 준비해야 하고 의자는 쉽게 앉을 수 있도록 1피트 떨어지게 해야 한다. 얼음물과 잔을 적절한 위치에 놓되, 쟁반 하나에 잔 10개, 16명마다 물주전자 하나씩을 준비한다. 60명이 넘을 경우에는 충분한 잔과 음료 부스를 입구 부근에 설치하고 6명에 재떨이 하나씩을 준비하면 셋업은 끝난다.

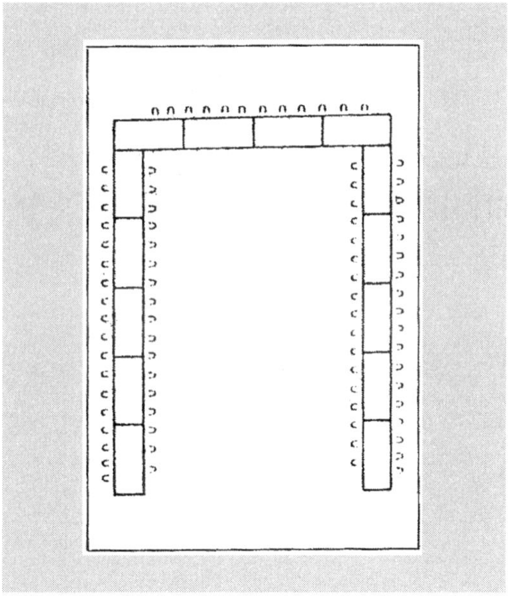

[그림 5-5] U자형

2) E자형 셋업

U자형과 같은 절차이지만 E자 안쪽의 의자후면 사이에는 4피트 공간이 있어야 한다는 점에 주의해야 한다. 출입을 쉽게 하기 위해서이다. 받침, 연필, 얼음물, 재떨이 등은 U자형과 마찬가지이다.

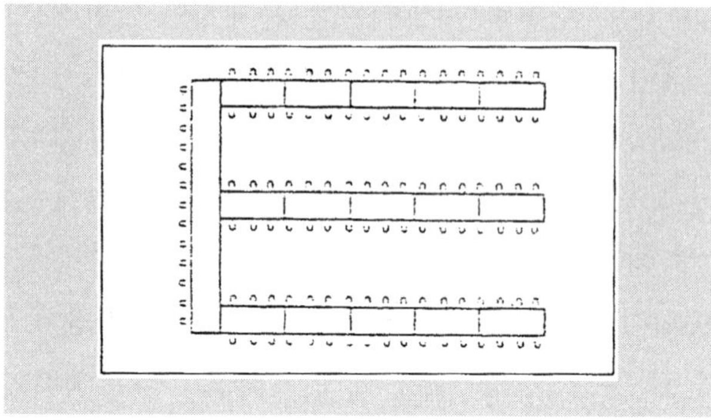

[그림 5-6] E자형

3) T자형 셋업

6′×30″ 테이블을 설치해서 헤드테이블처럼 예상했던 사람들이 앉을 수 있을 만큼 길게 설치한다. 테이블 중앙에서 회의장 쪽으로는 2배규격(60″)의 테이블을 설치해서 원하는 만큼 길게 설치한다. 받침 얼음물, 재떨이는 U자형과 같은 방법으로 처리한다.

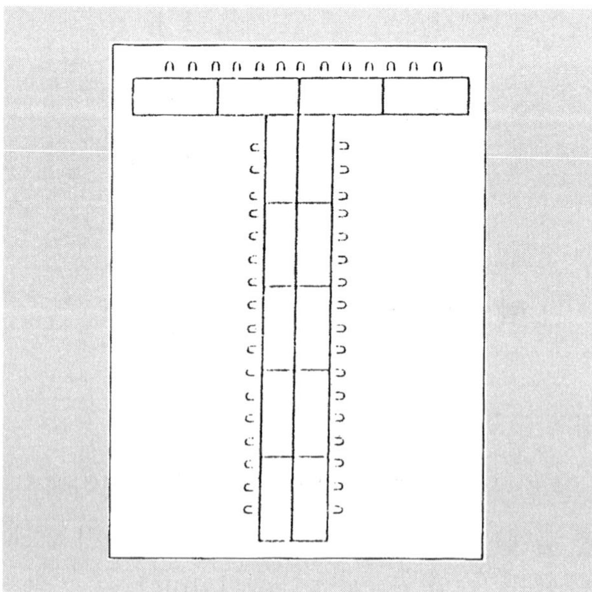

[그림 5-7] T자형

4) 이사회 직사각형 셋업

폭 60″, 길이 6피트 테이블을 예상참가자가 앉을 만큼 크게 배열한다. 사람과 사람 사이는 최소 24″를 두어야 한다. 받침, 연필, 얼음물, 재떨이는 U자형과 같이 한다.

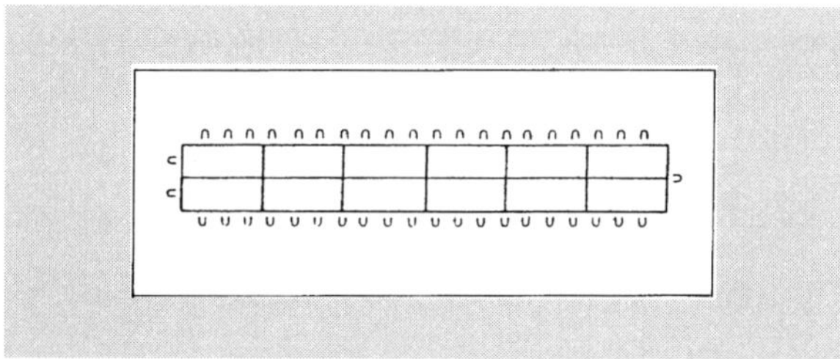

[그림 5-8] 이사회 직사각형

5) 이사회 타원형 셋업

공식적인 헤드테이블을 원하지 않는 경우 테이블 배치는 다음과 같다. 그러나 60″짜리 반원 테이블을 양 끝에 붙여 설치하고 반쪽마다 2개의 의자를 놓는다. 그러나 맨 끝부분에는 놓지 않는다. 받침, 연필, 재떨이는 U자형과 같은 방식으로 처리한다.

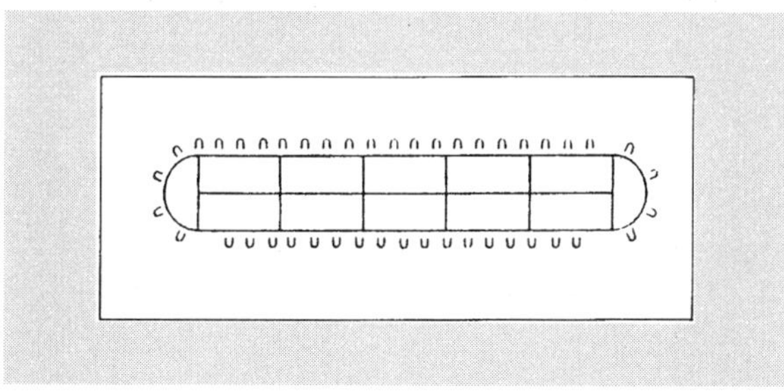

[그림 5-9] 이사회 타원형

6) 사각형 셋업

ㅁ형 셋업은 U자형과 비슷한 배치인데 열린 끝부분이 닫혀 있고 의자를 외부에만 놓아야 하는 것이 다르다. 테이블클로즈는 안쪽부분까지 모두 쳐야 한다. 어떤 경우 이것을 격식 없이 설치하길 원하는 경우도 있다.

이럴 때는 반원 테이블을 네 모서리에 설치하고 의자도 놓음으로써 테이블 주변의 의자의 선이 끊어지지 않도록 한다. 받침, 연필, 얼음물, 재떨이는 U자형과 같이 한다.

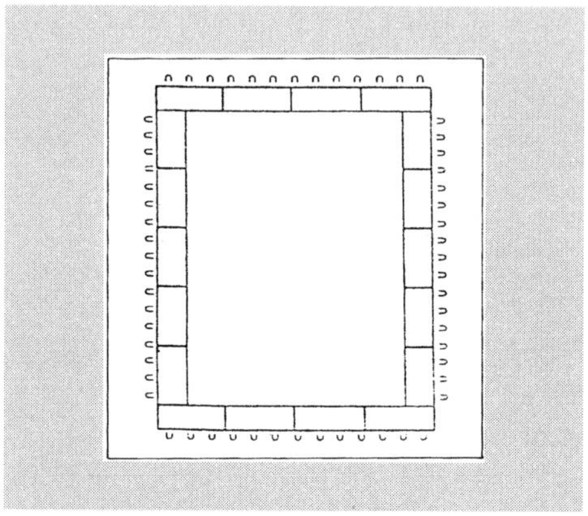

[그림 5-10] 사각형

7) 말굽형 셋업

말굽형 셋업은 U자형과 같지만 헤드테이블 부분과의 이음형이 배모양으로 연결되어 말발굽형태를 이루는 형식이다. 의자는 테이블주위로 계속해서 배열한다. 받침, 연필, 얼음물, 재떨이는 U자형과 같은 방식으로 처리한다.

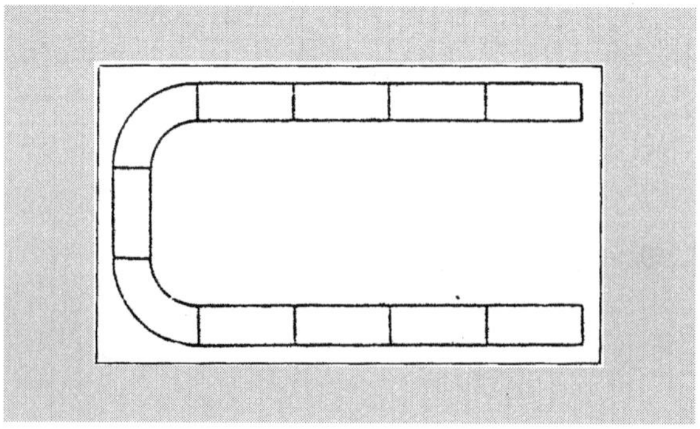

[그림 5-11] 말굽형

8) 고리형 셋업

고리형 셋업은 말발굽형태와 같은 셋업인데, 다만 열린 부분이 두 개의 반원형 테이블 6피트 테이블로 막혀 있다는 점이 다르다. 이런 식은 보기 좋게 만들기는 어렵다. 반원형 이음테이블은 위를 덮어야 한다. 받침, 연필, 얼음물, 재떨이는 U자형 테이블과 같이 처리한다.

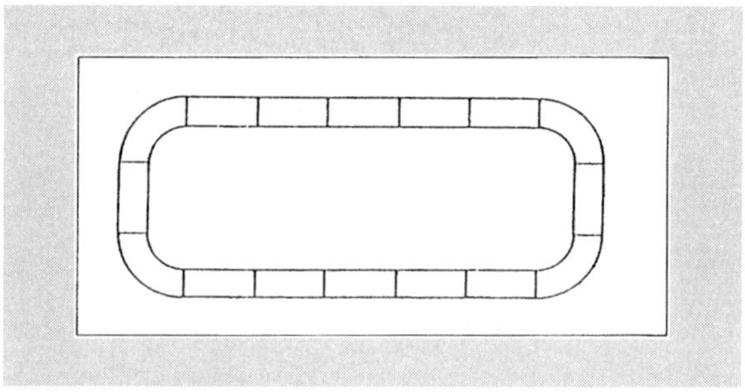

[그림 5-12] 고리형

9) 학교 교실형 셋업

대부부의 호텔컨벤션에서는 테이블 길이에 따라 학교교실형 셋업이 가장 알맞다. 설치 방법은 테이블을 회의실의 크기에 따라 두 줄 또는 세줄로 설치하고 중앙통로를 두며, 테이블 간의 거리는 중앙기준으로 42″보다 작아서는 안 된다. 그러나 2인치에서 4인치를 더 두는 것은 허용된다. 만약 30″ 테이블을 이용한다면 테이블 간의 거리는 중심기준으로 적어도 54″는 되어야 한다. 받침, 연필, 얼음물, 재떨이는 U자형과 같이 처리한다.

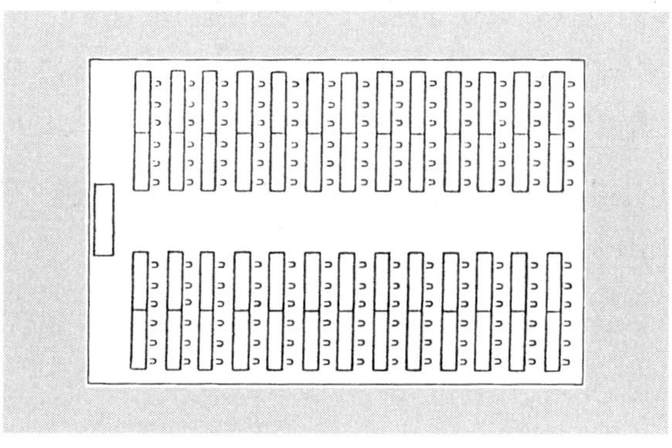

[그림 5-13] 학교 교실형

10) 직사각 교실형 셋업

노동조합회의나 보험회사회의는 연사테이블에서 위아래의 길이로 수직으로 테이블을 배열하기를 원한다. 이를 위해서는 30″ 테이블이 사용되는데, 대표자들이 테이블 양쪽으로 앉을 수 있기 때문이다. 의자를 연사 쪽으로 돌려야 할 필요성 때문에 대표자당 할당공간은 다른 방식에서 계산된 24″보다 30″로 계산해야 한다.

첫 테이블의 앞끝이 연사테이블의 앞끝에서 6피트 떨어져야 한다. 이렇게 되면 테이블 30″, 의자 34″, 의자후면 사이 20″가 된다. 통로는 양측 넓이가 6′가 되어야 한다.

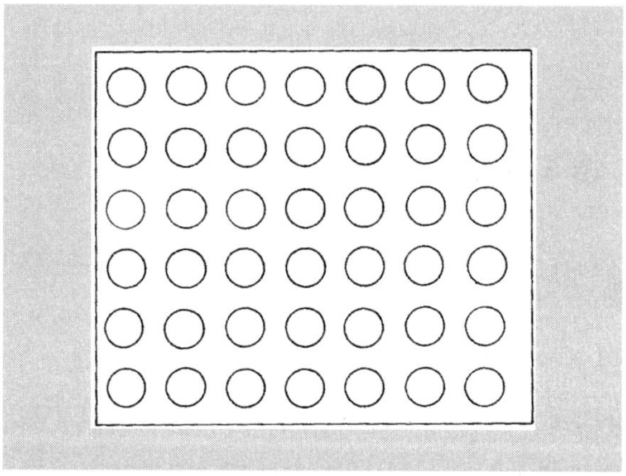

[그림 5-14] 직사각 교실형

11) V자 교실형 셋업

이것은 교실형과 같은 방식이지만 그러나 테이블을 30° 정도 연사의 테이블을 향해 경사지도록 하는 것이다. 이런 형태를 요구하는 이유는 위원회가 계획한 토의에 회원들이 참가하도록 하고 또한 총회중이나 직후에 일어나는 토의에 적극 참여시키고자 함이다. 받침, 연필, 얼음물, 재떨이 등은 U자형과 같이 처리한다.

3. 회의준비

(1) 개 · 폐회식 준비

소규모 회의를 제외한 대부분의 국제회의는 개 · 폐회식을 정식 프로그램으로 선정하여 일정 형식을 갖추어 진행한다. 폐회식은 주로 마지막 회의가 종료될 때 폐회선언으로 간단히 끝난다. 그러나 개회식은 해당 국제회의의 첫인상을 참가자에게 주는 중요한 행사로 행사는 간단하지만 소홀히 할 수 없으며, 우리나라의 경우는 특히 격식을 중요시 여기는 풍조가 강해 해외 귀빈보다도 오히려 국내 참가 귀빈을 더 신경쓰게 되는 경우가 많다. 따라서 개회식의 준비는 치밀하고도 체계적으로 준비해야 하며 도상훈련은 물론 시나리오까지 작성하여 사전 리허설을 한다. 개회식의 준비 절차로는 먼저 개회식 장소 선정, 개회식 프로그램 수립, 개회식 프로그램에 따른 세부 추진계획 수립, 개회식 국내외 초청대상 및 참석대상 파악, 사회자 선정으로 진행된다.

사회자는 컨벤션 행사마다 다르지만 조직위원장이 하는 경우가 많고 환영사의 경우는 해당 총회의장 또는 조직위원장이 진행한다. 또한 치사의 경우는 해당회의의 총책임을 맡고 있는 조직위원장보다 지위가 높은 사람들 주에서 선정하면 되며 축사는 국내외 VIP를 선정하되 1~2명이 바람직하다. 국내 인사가 대상일 경우 대부분 연설문 초안은 조직위원회에서 작성을 한다. 또한 개회식에 필요한 준비사항으로는 첫째, 환영사 및 축사 등에 필요한 국내외 VIP가 있을 경우 초청장 발송 및 해당 연설문 입수 및 개회식 프로그램 인쇄, 둘째, 단상인사 선정 및 좌석 배치하고 개회식에 필요한 VIP 대기실 확보 및 영접요원 배치한다. 셋째, 개회식에 동원될 연주자 및 필요한 멀티슬라이드 등의 확보 및 위치를 선정하며, 넷째, 참석대상자의 명찰, 안내표지판, 음료수, 각종 인쇄물 제작 및 비치한다. 마지막으로 동시통역 장비 및 스피커 볼륨 등 각종 행사장비를 점검한 후 도상 훈련 및 리허설을 한다.

(2) 동시통역사 선정

컨벤션에 필요한 동시통역사를 선정할 때는 국제회의통역사협회나 한국관광공사 등의 자문 및 추천을 받아 선정한다. 이때 동시통역사는 발음이 정확하고 자연스러우면서도 생동감 있고 단조롭지 않은 음성을 지니고 있는 사람 중에서 능숙한 언어구사력, 광범위한 분야에 대한 폭넓은 지식과 상식, 언어의 이해 및 분석기술과 논리의 전개 및 유추능력을 보유한 사람을 선정한다. 또한 선정된 동시통역사에게는 내용이 정확하게 전달될 수 있도록 원문과 통역내용이 일치하게 통역해 줄 것과 즉각적인 통역을 해줄 것을 요구한다.

통역의 종류에는 크게 순차통역, 동시통역, 휘스퍼링 통역(Whispering)이 있다.

1) 순차통역

2개 언어 위주로 이루어지며, 연사의 연설 후 통역사가 말을 전해 주고 통역이 끝나면 다시 연사가 말하는 것을 말한다. 그러나 시간 지연이 있으므로 국제회의 등에서는 자주 사용되지 않고 기업 간 거래, 사업적 회의 등에서 주로 사용된다.

2) 동시통역

2개 이상의 언어가 가능하며 통역사가 통역 부스에서 발표자 등의 말을 Receiver를 통해 듣는 즉시 Microphone을 통해 다른 나라말로 옮기는 것을 말하며, 주로 국제회의나 학술회의 등에서 사용되며 통역사가 집중할 수 있는 시간이 한정되므로 두 명 이상의 통역사가 동시에 필요하다.

3) 휘스퍼링 통역

바로 옆에서 속삭이듯 하는 통역을 말하며 동시통역과 거의 비슷하나 통역 장비 없이 속삭이듯 말한다는 점이 다르다.

4. 회의 기자재 준비

최근에는 더욱 다양한 형태의 시청각장비가 개발되어 참가자들의 회의에 대한 만족도를 높이고 있다. 따라서 발표자들에게 필요한 기자재가 무엇인지를 파악하여 사전에 준비한다.

회의에서 사용되는 장비로는 전통적인 것과 최첨단의 것으로 나누어볼 수 있으며, 최근에는 시각적 효과를 높이는 장비를 선호하는 경향이 있다.

시각적 장비로는 크게 비영사매체와 영사매체가 있다. 비영사매체로는 흑판, 화이트보드, 플립 차트 등이 있으며, 영사매체로는 영사기, 슬라이드 프로젝터, 오버헤드 프로젝터, 컴퓨터 비디오 프로젝터, 비디오 등이 있다.

이러한 기자재는 시설업체나 기자재임대업체 또는 국제회의기획업체와 상의하여 준비한다.

(1) 전통적인 기자재

기본적인 기자재로 흑판, 화이트보드, 플립 차트 등이 대표적이다. 기술적인 면으로 보아서는 가장 낮은 수준에 있다고 할 수 있지만, 이들은 회의에 있어 정보전달의 수단으로 중요하게 이용된다.

1) 흑 판

흑판은 백묵으로 판서하는 것으로 가장 오래 사용되던 것이지만 최근의 회의에서는 잘 쓰이지 않는 편이다.

2) 화이트 보드

화이트 보드는 흑판 대신에 자주 사용된다. 화이트 보드는 먼지가 나오는 백묵 대신 먼지가 나지 않는 지우개와 필기구를 사용하기 때문에 일반흑판에 비해 선호되고 있다.

3) 플립 차트

플립 차트(flip chart)는 수년 동안 회의에서 중요하게 사용되었던 것이다. 플립 차트는 종이(일반적으로 27×34인치)를 철로 묶어 걸이대에 걸쳐 놓은 것으로 청중의 생각과 아이디어를 기록하거나 연사가 설명을 할 때 이용하는 것이다.

(2) 첨단기자재

1) 영사막 스크린

영사막 스크린(screen)은 영상물을 상영하는데 필요한 것으로 고정형과 이동형이 있다. 이동형 스크린은 말아서 케이스에 담아 운반하는 것인데 찢어지기 쉬우므로 반드시 상영 전에 점검해야 한다. 또한 스크린을 사용할 때는 사용할 프로젝터와 룸 크기에 맞는 스크린 크기를 선택한다.

2) 슬라이드 프로젝터

슬라이드 프로젝터(slide projector)는 슬라이드 필름을 상영하는 기기로서 최근에 생산되는 프로젝터에는 타이머와 리모콘 장치가 갖추어져 있어 발표자가 스스로 조작한다.

3) 오버헤드 프로젝터

오버헤드 프로젝터(Over Head Projector : OHP)는 아세테이트 혹은 투명 필름에 작성하여 스크린에 투영하는 기기로서 회의장의 전면에 영사스크린의 설치가 필요하다. 가시도(visibility)는 회의장의 장애물이나 회의장 뒤로부터의 거리에 따라 제한을 받는데, 보통 60명 이하의 회의단체에 적합하다. 오버헤드 프로젝터는 이동과 조작이 간단하고, 일반조명 아래서 사용될 수 있어 발표자는 발표중 청중의 반응을 주시할 수 있고, 청중의 입장에서는 메모를 할 수도 있다.

4) 컴퓨터 비디오 프로젝터

컴퓨터 비디오 프로젝터(computer video projector)는 최근 가장 많이 사용되는 기기로 컴퓨터 화면을 그대로 슬라이드처럼 영사하는 장치이다.

5) 멀티사이드 프로젝터

멀티사이드 프로젝터(multi-slide projector)는 슬라이드 필름을 동시다발로 상영하는 기기이다.

6) 다원영상 시스템

다원영상 시스템(video-teleconferencing system) 화상회의에 필요한 시스템이다.

7) 홀로그래픽 프로젝션

홀로그래픽 프로젝션(holographic projection) 3차원 영상으로 표현하는 기기이다.

8) 비디오

비디오는 영사기보다 촬영과 상영방법이 쉽기 때문에 최근에 영사기를 대체하는 수단으로 많이 사용되고 있다. 비디오는 회의기록을 위한 주요장면의 녹화와 교육용 비디오 상영 외에도 개·폐회식 등에서 발표자와 공연자의 모습을 촬영하여 바로 대형 스크린을 통해 청중에게 보여주는 등 다양한 용도로 사용될 수 있다.

9) 동시통역장비

컨벤션 및 세미나, 기타 국제행사를 자연스럽게 진행할 수 있도록 통역 전달하는 장비이다.

동시통역 회의장비 구성도

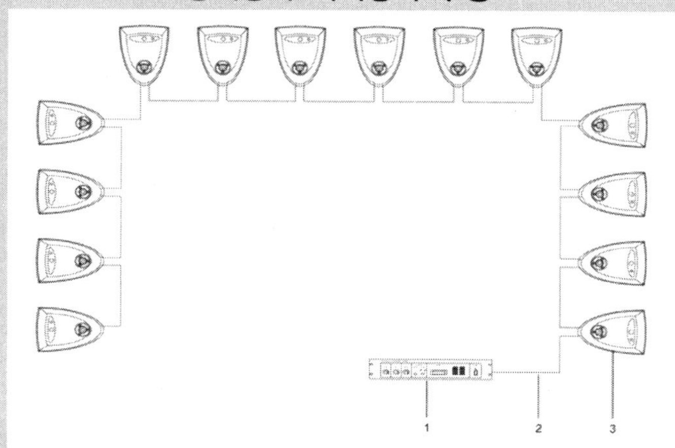

1. Interface Unit 2. Junction Cord 3. Chairman & Delegate Unit

〈그림 발췌 : 솔빛씨엔씨〉

제4절 호텔컨벤션 홍보부문

1. 홍보의 의의

홍보란 잠재적 참가자에게 컨벤션 행사에 관련된 지식 및 정보를 제공하고, 컨벤션 행사에 대한 이미지를 제고하여 참석률을 증가시키기 위한 것이다. 따라서 컨벤션을 성공적으로 유치하고 개최하는 데 가장 중요한 분야는 홍보부문이라고 할 수 있다.

홍보는 마케팅과 직접적인 연관이 있으나 마케팅보다 훨씬 더 범위가 넓어, 일반적으로 개인이나 기업, 단체 또는 관공서 등이 일반 대중의 이해나 관심을 끌기 위해 스스로의 생각이나 계획, 활동, 업적 등을 알리는 활동을 의미한다.

2. 개최 전 홍보

컨벤션이 유치되면 최대한 많은 참가자가 참여하도록 즉시 홍보 및 마케팅 활동을 펼친다. 따라서 조직위원회는 유치가 확정되면 홍보분과위원회를 구성하여 자체에서 홍보를 할 것인가 또는 홍보전문업체에 대행할 것인가를 결정해야 하며 전체적인 홍보계획과 단계별 추진계획을 수립하여 시행한다.

(1) 1단계 : 홍보대상 선정

홍보대상은 국외단체, 국외개인, 국내 단체 및 개인으로 나뉜다. 국외단체의 경우 국제기구 및 협회 등의 각종 디렉토리 및 관련 잡지 등의 자료를 수집하여 데이터화한 다음 홍보에 적합한 대상을 선정하여 홍보한다. 그리고 국외 개인은 과거 개최되었던 국제회의의 참가자 리스트 및 회원국 주요 관련인사의 리스트를 국제기구나 협회 등으로부터 입수하거나 회원명부 등을 이용해 홍보대상을 선정하며, 국내 단체 및 개인의 경우는 국내의 컨벤션과 관련된 기관이나 단체 및 업체 등의 리스트를 선별하여 홍보대상을 선정한다.

(2) 2단계 : 홍보매체 선정

홍보매체의 특징을 파악하여 예산에 맞게 최소의 비용으로 최대의 효과를 누릴 수 있도록 하여야 한다. 방송이나 신문, 잡지, 인터넷 등 매체의 종류가 다양하기 때문에 매체의 성격에 맞는 홍보 방법을 선정하여야 홍보효과를 극대화할 수 있다.

〈표 5-5〉 주요 홍보매체의 특징

홍보매체	특 징
TV	광범위한 전달범위, 접근성 용이, 메시지 전달효과 극대화 (단점 : 비용충당이 큼)
라디오	적은 비용, 표적세분시장에 효과적으로 메시지 전달 용이 (단점 : 메시지 노출시간이 짧음)
신문	신축성과 적시성, 메시지를 빈번하게 제시할 수 있음, 독자투고, 칼럼을 이용하여 홍보효과 극대화 (단점 : 전달범위가 한정됨)
잡지	색채인쇄로 메시지 전달극대화, 선택적 독자에게 메시지 전달이 효과, 토막뉴스나 기획기사에 투고하면 홍보효과 극대화 (단점 : 신축성 저하, 메시지 제시의 빈번성 저하)
DM	개성적, 직접적, 목표시장에 홍보효과 극대화, 컨벤션 참가를 권유하는데 주로 이용됨 (단점 : 목표시장 파악이 용이하지 못함)
기타 홍보	브로슈어, 회원명부, 세일즈 콜, 텔레마케팅 등

(3) 3단계 : 홍보문안 작성

홍보문안 작성은 선정된 매체에 알맞게 표제를 포함하여 작성하고 사용할 도안을 선정한 다음 어떻게 배열할 것인가를 결정한다.

〈표 5-6〉 ◘ 홍보문한 작성의 유의사항

문안작성기초	세부내용
개요작성	설명하고자 하는 내용을 구체적으로 결정, 홍보대상에게 스스로 느끼게끔 작성
정확성	멋과 품위보다 말하고자 하는 표현이 정확해야 함, 완곡한 표현은 피함, 내용의 중복은 피함
구체성	추상적인 표현은 피함
문맥	홍보대상이 홍보문안을 읽었을 때 그 뜻이 분명하게 파악되도록 명료하게 즉, 어법에 맞고 문맥이 정확하게 작성함
문장	문장의 길이를 짧게 하고 사실과 아이디어만 표현함
단어선택	전문용어 사용 자제, 의미의 정확한 전달을 위해 형용사나 부사는 가급적 피함

(4) 4단계 : 홍보물 제작

종합적인 예산을 고려하여 선정하며 제작하는 홍보물은 〈표 5-7〉과 같다.

〈표 5-7〉 ◘ 홍보물 내역

홍보물	세부내용
안내 책자	개최국 및 컨벤션 행사장의 기후, 화폐, 출입국절차, 교통, 쇼핑, 회의장 주변 관광지 등 포함
홍보책자	개최국 및 개최도시의 문화, 예술, 민속, 관광자원, 관광지 등
브로슈어	회의장소 및 시설, 위치, 전시장 시설 등
공고	개최지, 개최장소, 회의명 등
팜플렛	회의참가 가능성이 있는 사람에게 회의에 관한 정보를 알리고 참가를 권유함
시청각물품	홍보 CD 및 Video Tape 등
기념물품	기념우표 및 기념담배, 기념 승차권 등
기타 홍보물	포스터, 회의를 상징하는 로고 등

※ 모든 홍보물은 외형상 흥미와 관심을 끌 수 있어야 하며 공식 로고가 포함되어야 한다.

(5) 5단계 : 홍보 실행

컨벤션을 유치하고 개최하는 데 필요한 홍보방법은 예산이나 주변 환경 등 처한 상황에 따라 다양하게 전개할 수 있지만 가장 성공적인 홍보는 가장 저렴한 비용으로 어디에(where) 누구에게(To whom) 언제(when) 어떤 방법으로(how) 어떤 홍보간행물(what kind of releases) 또는 메시지(message)를 전달하여 홍보효과를 극대화하고 원하는 목표를 달성할 수 있는 방법을 찾아내는 것이다. 따라서 컨벤션의 개최가 확정된 초기단계에 DM을 통하여 관계자에게 개최사실을 알리는 공고문을 보내고 선정된 홍보대상에게 컨벤션 행사 조직위원장 명의로 참가권유 팜플렛을 2~3회 보내야 하며, 필요시에는 초청서한을 발송하고 홍보물 및 안내책자를 보내어 지속적인 관심을 표명하여 회의참가를 유도한다.

3. 개최기간 중 홍보

(1) 기자실 설치 운영

컨벤션 행사에 대한 홍보를 효율적으로 진행하기 위하여 국내외 언론인의 취재자료 정리 및 대회연락 등 편의를 도모한다. 경우에 따라 취재활동을 도와줄 담당직원을 배치한다.

(2) 홈페이지 홍보

컨벤션 행사의 공식 인터넷 홈페이지를 통해 회의 진행사항 및 참가자 현황 등을 전 세계에 홍보한다.

(3) 언론사 홍보

언론사에게 무료 등록은 물론 행사 자료나 참가자에게 제공하는 모든 자료를 제공해주고 취재기자임을 표시하는 비표 등을 제공한다.

(4) 기타 홍보

공식행사 사진을 촬영하여 참가자들에게 유료 또는 무료로 제공하기 위한 공식사진업체를 선정하고 이에 필요한 데스크를 지정·운영한다. 이는 회의 전 과정을 기록하고 보존하기 위한 사진 및 비디오 촬영이기도 하다.

4. 종료 후 홍보

컨벤션에 참가자 및 스폰서 등 성원해준 모든 개인, 단체, 업체, 기관 등에 감사서신을 보낸다. 그 다음 컨벤션 행사 전반에 걸쳐 이루어진 홍보활동에 대한 성과 분석을 실시하여 데이터화해야 하며, 그 분석내용에는 비용, 접촉한 대상의 리스트, 관련기사 및 방송 내용, 참가자 명단, 회의관련 자료 및 발간물, 차기 컨벤션 행사의 홍보효과를 높일 수 있는 각종 제안 등을 포함한다. 컨벤션 행사 결과보고서는 관련기관 및 단체에 배포한다.

제5절 호텔컨벤션 의전부문

1. 의전부문의 의의

의전부문은 컨벤션의 참가자가 공항에 도착할 때부터 모든 일정을 마치고 본국으로 돌아갈 때까지의 전 과정에서 나타나는 것이므로 컨벤션을 준비하는 주최 측에서는 가장 어려움이 많은 분야이다.

의전은 좁은 의미로 국가행사, 외교행사, 국가원수 및 고위급 인사의 방문과 영접에서 행해지는 국제적 예의를 의미하지만 넓게는 사회구성원으로서 개개인이 지켜야 할 건전한 상식에 입각한 예의범절을 포함한다.

2. 의전의 구분

(1) 국가의전

국가행사시 의전과 주권국가간 외교행사에 있어 행해지는 의전, 외교사절의 파견과 접수, 국가원수 및 고위급 인사의 방문과 영접에 따른 의전이 있다.

(2) 사교의례

외교행사 및 외교관간 행해지는 의전에서부터 일상생활에서의 예의까지 사회구성원으로서 개개인이 상호간 지켜야 할 예의범절과 건전한 상식에 기초한 사회구성원이 지켜야 할 최소한의 예의범절을 말한다.

3. 국제회의에 관련한 의전

국제회의에 참가하는 참가자들은 회의성격에 따라 국가원수부터 일반인까지 신분이 각양각색이나 대부분의 참가자들은 그 나라에서는 정부 또는 각 분야에 영향력이 있는 지도급 인사들이므로 참가자에 따라 의전방법 및 내용을 달리해야 한다. 국제회의를 준비하는 개최국은 회의 참가자가 공항에 도착할 때부터 회의를 끝내고 본국으로 돌아갈 때까지 참가자들에게 좋은 인상을 심어줌으로써 국가 이미지 제고는 물론 국제회의를 다시 유치할 수 있는 기반을 조성해야 한다.

(1) 공항 의전

국제회의 참가자를 위해서 조직위원회는 공항 내 환영 및 환송 데스크를 설치, 운영하며 참가자들의 통관절차 간소화 및 입·출국 편의를 제공하기 위한 전용심사대 등을 설치한다. 이를 위해서는 인천국제공항을 이용하는 경우는 인천국제공항공사 및 법무부출입국관리소, 인천세관 등의 인천국제공항 상주기관과 협의한다.

그 외에 부산국제공항 및 제주국제공항 등 타 국제공항을 이용할 경우는 한국공항공단과 각 공항내의 상주기관의 협조를 구한다. 그리고 국제회의 참가자 중 외교상 공항에 있는 귀빈 대상자 즉, 외교상 특히 귀빈실 사용이 필요하다고 인정하여 외교통상부장관이 추천하는 외국귀빈에 대해서는 귀빈실을 사용하게 하며 귀빈 예우를 한다.

(2) 회의장 의전

1) 국 기

개회식 및 폐회식에 태극기 또는 각 국의 국기를 게양하는 경우가 빈번하다. 하나의 태극기를 게양하는 경우는 건물의 옥상과 회의장 앞쪽의 왼편(문안에서 보아 오른편) 또는 중앙에 게양하며, 고정적인 게양대가 있을 경우는 그 고정된 위치에 게양한다. 그리고 태극기와 외국 기를 하나씩 같이 게양할 때에는 좌우에 따로 띄어서 병립시키거나 교차시킨다. 한편 국기의 수가 기수(홀수)일 경우에는 태극기를 중앙으로 하는 것이 보통이며 외국기는 단상을 향하여 국명의 알파벳순으로 하되 왼편에 둘째, 오른편에 셋째, 이하 왼편 및 오른편에 교호적으로 배열하여 게양한다. 그러나 외국기의 수가 많을 경우에는 개수일 경우에도 태극기를 포함한 모든 국기를 국명의 알파벳 순위에 따라 게양할 수 있다.

국기의 수가 우수(짝수)일 경우는 태극기를 단상을 향하여 왼편 첫째로 하고 외국 기는 국명의 알파벳순으로 둘째에서부터 배열한다. 그러나 경우에 따라서는 태극기를 포함한 모든 국기를 국명의 알파벳 순위로 배열하여도 무방하며, 국제연합기 등 국제기구의 기와 함께 게양할 때에는 같은 방법으로 게양하되 국제기구기를 최우선의 위치로 하고 태극기를 차우선의 위치에 게양한다.

2) 서 열

서열은 공식적인 서열과 관례상의 서열로 크게 나눌 수 있는데 의전에서 가장 중요한 원칙이다.

① 공식적인 서열

공식적인 서열은 귀족이나 공무원 등의 신분별 지위에 따라 공식적으로 인정되어 있는 서열이며 나라에 따라서 이를 성문으로 규정하고 있어 실제적인 적용이 있다. 단 우리나라에는 공직자에 대한 공식서열이 제정된 바 없으며 국가에 따라 각기 상이한 제도를 가지고 있다.

〈표 5-8〉 나라별 공식적인 서열

국명	서열 순
호주	총독–각주총독–수상–상원의장 및 하원의장(임명일순)–Chief Justice of High Court–연방야당지도자–전 총독 및 전 수상–전대법원장–시장
일본	황족–주일외국특명전권대사–내각총리대신–중의원의장–참의원의장-최고재판소 장관–외무대신
캐나다	총독–연방수상–대법원장–상원의장–하원의장–외교사절–연방정부각료–야당당수–각주정부총독–추밀원의원–추밀원의원–캐나다–앙그리칸교회(로마카톨릭교회, 캐나다신교연합교회, 캐나다감리교회, 캐나다침례교회, 캐나다유태교회 포함)의 각대표자–각주 수상–연방최고법원 판사–연방행정법원 원장–지방최고법원원장–연방행정법원 및 지방최고법원 판사–상원의원–하원의원
미국	대통령–부통령–하원의장–대법원장–전대통령–국무장관–유엔사무총장–외국대사–전대통령미망인–공사급외국공관장–대법관–각료 연방예산국장–주유엔미국대표 상원의원 주지사–전부통령–하원의원–외국대리대사–행정각부차관 및 차관보
프랑스	외교단장–대사–상원의장–하원의장–각료 순(수상이 Host하는 경우)–총리–상원의장–하원의장–외무장관–외교사절 순(외국대사가 Host하는 경우)
영국	여왕–Noble Famillies–Archbishop of Canterbury, Lord High Chancello–Archbishop of york–수상–하원의장–Lord Privy Seal–각국대사–Lord Great Chamberlain

② 관례상의 서열

관례상의 서열이라 함은 일반 사회생활에서 의례상으로 정해지는 서열을 말하며, 일정한 기준을 정하기가 힘들고 어떤 기준이 있다 하더라도 그 기준 상호간의 관계가 복잡하고 애매하여 구체적으로 이를 적용하는 데 있어서 여러 가지 어려운 점을 제기하는 경우가 많다. 더구나 공식적인 서열과 관례상의 서열이 복합되어 있을 때에는 실제적인 서열 결정에 다각적이고 세심한 주의를 기울여야 한다.

〈표 5-9〉 관례상 서열

경우	서열 순
지위	지위가 비슷한 경우에는 여자는 남자보다, 연장자는 연소자보다, 외국인은 내국인보다 상위에 세움
여성	기혼부인, 미망인, 이혼부인 및 미혼자 순의
남편의 자격	남편이 국가의 대표로서의 자격을 가지고 있는 경우에는 Lady First의 원칙은 적용 않음
유동성	원만하고 조화된 좌석배치를 위하여 서열 결정사의 원칙이 조정 가능

③ 우리나라의 서열관행

우리나라는 공식적인 서열은 없으나 외교통상부를 비롯한 기타 의전당국에서 실무처리상 일반적인 기준으로 삼고 있는 비공식 서열은 표와 같다.

〈표 5-10〉 우리나라의 관행적 서열

<table>
<tr><th>순위</th><th>직위</th><th>순위</th><th>직위</th></tr>
<tr><td>1</td><td>대통령</td><td>8</td><td>외교부장관</td></tr>
<tr><td>2</td><td>국회의장</td><td rowspan="2">9</td><td rowspan="2">외국특명전권대사, 국무위원, 국회상임위원장, 대법원판사</td></tr>
<tr><td>3</td><td>대법원장</td></tr>
<tr><td>4</td><td>국무총리</td><td rowspan="2">10</td><td rowspan="2">3부 장관급, 국회위원, 검찰총장, 합참의장, 3군 참모총장</td></tr>
<tr><td>5</td><td>국회부의장</td></tr>
<tr><td>6</td><td>감사원장</td><td rowspan="2">11</td><td rowspan="2">차관, 차관급</td></tr>
<tr><td>7</td><td>부총리</td></tr>
</table>

④ 좌석 서열

좌석은 회의에 참석하는 대표 간에 특별히 정한 바가 없는 한 회의에서 사용되는 주 공용어 또는 영어의 알파벳순에 의한 국명의 순서에 따라 결정된다. 따라서 회의장에서의 좌석배치에 있어서는 각 대표 개인의 계급은 문제가 되지 않으며 각 국의 대표는 동등한 지위를 가지게 된다.

4. 사교의례

(1) 기본예절

1) 안내예절

안내예절은 회의장간 이동 또는 회의장에서 연회장 등 이동시 필요한 예절로서 통로에서 귀빈을 안내할 때는 귀빈의 왼쪽(오른쪽) 앞을 두 걸음쯤 앞서 걸으며 안내한다. 이때 걸음 속도는 귀빈에 맞추어 걷도록 한다. 계단이나 에스컬레이터에서는 안내자가 먼저 오르고 내리며, 안내자가 여성일 경우에는 남자가 먼저 오르고 여성이 먼저 내려간다.

한편 문을 이용할 시에는 당겨서 여는 문은 참가자가 먼저 들어가고 밀어서 여는 문은 안내자가 먼저 들어간다. 회전문일 경우에는 귀빈이나 여성이 먼저 들어가게 한 후 문을 밀어준다.

2) 인사 및 소개

인사는 첫인상을 만드는 중요한 예절로 국가마다 그 방식이 달라 어려움이 많다. 그러므로 모든 국가의 모든 방식을 알 필요는 없으며 통상적으로 사용하는 바른 자세와 상대방의 눈을 보며 상냥하게 인사말을 건내는 것이 좋다. 또한 참가자를 다른 참가자과 소개할 때에는 하급자를 상급자에게, 연소자를 연장자에게, 남자를 여자에게 먼저 소개하는 것이 기본이다.

3) 명함교환

우리나라의 일반 명함사용법과 외국의 명함 사용, 즉 국제관행과는 다른 점이 많다. 예를 들어 타인을 직접 방문하였을 경우 우리나라처럼 상대방과 인사하면서 직접 명함을 내미는 관습은 서양에는 없으나 명함을 내밀 때는 같이 교환하는 것이 예의이다.

(2) 연회 예절

연회를 준비함에 있어 중요한 예절이 되는 것은 초청 문제와 식탁에서의 예절, 복장이 있으며, 연회의 종류는 연회의 목적, 주빈의 지위, 기호, 초청객의 범위, 예산사정, 장소 및 시간 등을 고려하여 결정된다.

1) 초청객

주빈(guest of honor)보다 직위가 높거나, 너무 낮은 인사는 피하되 좌석 배치의 편의상 상하계급을 적절히 배합할 수 있도록 초청객을 선정한다.

2) 초청장

요일, 일시, 장소, 복장 및 참석여부연락처 기입하여 대략 10~20일 전에 발송한다. 시일이 촉박한 경우에는 미리 초청 전화로 초청사실을 알리고 추후 초청장을 보내는 수도 있다. 이때에 발송하는 초청장에는 RSVP (Repondez, S'il Vous Plait) 대신 To reminder라고 쓰며 참석자의 정확한 인원 파악이 필요치 않은 연회 리셉션, 다과회 등의 경우에는 이 자리에 Regrets only(초청을 수락하지 못할 때에만 회답 바람)라고 쓰는 것이 관례이다.

3) 좌석 배치판

좌석배치를 하여야 할 연회의 경우에는 좌석순위에 따라 좌석배치판(seating chart)을 만들고 좌석명패(place card)를 각자의 식탁 위에 놓는다.

4) 초청객 도착

만찬이나 오찬에는 초청객이 다 올 때까지 기다리면서 그들을 주빈에게 소개하는 동안 약 20~30분간 일정 장소에서 알콜도수가 낮은 화이트와인이나 칵테일을 한 후 연회장으로 들어가며, 좌석배열을 조정할 필요가 있으면 음료를 하는 동안 신속히 이를 마쳐야 한다.

5) 테이블 매너

남성은 자기 좌석의 의자 뒤에 서 있다가 자리 오른쪽 좌석의 부인이 앉도록 의자를 뒤로 빼내어서 도와주고 모든 여성이 다 앉은 다음에 앉는다. 이야기는 자연스럽게 전개해야 하고 옆 사람 너머로 멀리 있는 사람과 큰 소리로 이야기하는 것은 금물이며 너무 혼자서만 대화를 독점하는 것도 안 좋지만 반대로 침묵만을 지키는 것도 실례이다. 식사시 포크와 나이프는 주 요리 접시를 중심으로 가장 바깥쪽부터 안쪽으로 하나씩 사용해 가는 것이 일반적이며, 가급적 포크는 언제나 왼손으로 잡는 것이 옳은 방법이나, 근래 미국에서처럼 음식을 자른 뒤 나이프는 접시 위에 놓고 왼손에 든 포크를 오른손으로 옮겨 잡고 음식을 먹을 수도 있다.

제6장

호텔컨벤션 운영실무

제1절 호텔컨벤션 등록부문

1. 등록관리의 의의

등록은 참가자들의 행사참가를 공식적으로 확인하는 절차로 컨벤션의 프런트 도어라고 할 수 있으나 컨벤션 등록은 객실등록과 전혀 무관하다.

대부분 컨벤션을 하는 장소는 객실 프론트 데스크와 멀리 떨어져 있으며, 주로 컨벤션센터 또는 본부 호텔에 설치한다. 사실 컨벤션센터 및 호텔의 컨벤션 운영 담당자는 컨벤션 등록에는 거의 관여하지 않는다. 그러나 컨벤션 행사 및 컨벤션 센터에 대한 첫인상이 컨벤션 등록 데스크에서 결정되기 때문에 등록업무를 순조롭게 진행시킬 책임을 가지고 있다. 따라서 참가자들이 가능하면 편하고 신속하게 등록할 수 있도록 참가자수를 파악하는 행정적 기능뿐 아니라, 참가자에 대한 서비스 기능을 동시에 수행해야 한다.

2. 등록비 관리

컨벤션 참가자들의 등록비는 선택사항에 대한 비용을 제외한 각종 회의 프로그램, 사교행사 등의 공식 프로그램에 대한 비용을 말하며, 컨벤션 행사에 많은 영향을 미치므로 전회대비 인상폭이나 자격별 차등에 대하여는 해당 국제기구의 관례에 따르는 것이 바람직하다.

등록비는 회원, 비회원, 동반자 등 참가자의 자격과 등록 시기에 따라 차등을 두는 것이 일반적이며, 할인은 참가자들에게 조기등록을 유도함으로써 주최 측이나 국제기구 또는 협회 등의 본부 측에서 행사규모 예측이나 예산편성 등을 용이하게 한다. 따라서 이에 대한 할인혜택은 조기등록자에 대해서는 등록비를 10~20% 정도 할인해주며, 동반자에게는 회원의 1/2~1/3 정도 받고, 비회원에게는 회원의 1.5~2배를 받는다. 그러나 초청 인사는 무료이다.

한편 등록비를 주최 측에서 징수하는 경우에는 참가자들의 편의를 위하여 전신환 이체, 송금수표, 신용카드 등 다양한 방법으로 납부토록 하기 위한 준비를 한다. 전신환 이체를 위해서는 외화예금 계좌를 개설하여 등록서에 명시하고, 신용카드 수납을 위한 가맹점 가입, 송금수표를 수령하기 위한 수취인 인적사항 등을 등록서에 명기하여야 한다.

등록비관리는 대부분 컨벤션 주최 측 본부에서 결정한다. 등록비의 산정 방식에는 여러 가지 방법이 있는데, 대표적인 것이 Bottom-up 방식, Broad-Band 방식, Sara Torrence 방식이 있다. 이러한 방식으로 산정이 된 등록비는 전회의 등록비를 기준으로 물가상승 등을 감안하고, 타 회의의 등록비 및 참가자의 직업에 따라 상한성을 책정하게 된다.

(1) Botton-up 방식

Botton-up 방식은 등록금 액수를 미리 정해서 이것을 기초로 산출하는 방식이다.

(2) Broad Band 방식

Broad Band 방식은 등록금의 상한선과 하한선을 정해서 이것을 기초로 한 수입금을 고려하여 작성하는 방법이다.

(3) Sara Torrence 방식

Sara Torrence 방식은 가장 일반적으로 쓰이는 방식으로, 고정비용과 가변비용을 합하여 예상참가자 수로 나누어 결정한다.

3. 등록신청서 관리

등록신청서는 일반적으로 회의참가자의 소속, 직위, 성명 등 인적사항과 연락처, 도착 및 출발일정, 참가희망 행사종류, 숙박정보, 등록비 납부방법 등의 정보를 기록하게 된다. 이렇게 기록된 등록신청서는 색상을 구분하여 3장으로 제작하여 주최측 본부 보관용, 조직위 사무국 참조용, 참가자의 등록할인용으로 사용할 수 있게 한다. 과거에는 등록신청서를 작성하여 우편이나 FAX로 발송하는 것이 일반적이었으나 최근에는 인터넷의 발달로 참가신청서를 E-Mail로 접수하고, 접수확인을 하는 방법이 보편화되고 있는 추세이다.

주최 측 조직위원회의 접수위원은 발송된 등록신청서 내용에 대한 오류 여부, 등록비 입금확인 등을 거쳐 사전에 결정된 업무분장에 따라 참가신청자에게 확인서신을 발송한다. 만약 등록신청서나 등록비 입금 등에 문제가 있을 경우에는 이를 즉시 통지하여 오류를 수정한다. 등록 확인서신은 일종의 영수증으로 현장등록시 지참토록 하는 경우에는 현장확인을 신속히 할 수 있는 이점이 있다.

한편 등록현황을 관리하기 위해서는 등록신청서에 기재된 등록자 명단, 참가자 숙박정보, 회의 프로그램 및 등록자 명단, 참가자 숙박정보, 사교행사 참가에 대한 정보를 데이터베이스로 구축한다. 그러므로 등록현황을 보다 효율적으로 관리할 수 있어 등록자의 관리나 업무편의를 도모할 수 있다.

4. 등록의 종류

등록은 회의 개시 전에 우편이나 E-mail을 통한 사전등록(pre-registration)과 회의장에 도착하여 이루어지는 현장등록(On-site registration)으로 구분할 수 있다.

(1) 사전등록

사전등록(pre-registration)은 효과적인 등록절차를 계획하는 첫 단계로서 주최 측은 행사 규모를 예측하기 쉽고, 사전등록을 통해 조기등록을 유도하면 행사에 필요한 자금을 미리 확보할 수 있기 때문에 예산을 편성하기가 훨씬 쉬워진다. 따라서 사전등록은 회의참석을 결정하는 핵심요소이며 마케팅의 강점과 약점을 나타내는 초기 징후이기도 하다.

이러한 사전등록은 컨벤션 행사개최 전에 먼저 등록신청서를 발송하여 FAX, 우편, 인터넷 등으로 접수한다. 일단 접수가 되면 등록신청 오류나 등록금 입금확인 등을 검토한 후에 등록확인서 및 영수증을 발송한다.

따라서 이러한 사전등록자를 위해서 컨벤션 주최 측은 컨벤션 행사 기간에 사전등록 데스크를 따로 설치해서 혼잡을 피하고 효율적인 업무처리가 진행될 수 있도록 해야 한다. 이때 사전등록 데스크에서는 사전등록자 리스트, 개인봉투, Congress kit, 문구류를 준비하여 사전등록자에게 확인서 소지 여부에 따라 사전등록 업무를 처리해야 한다.

(2) 현장등록

현장등록은 사전에 등록을 하지 못한 참가자들이 현장에 도착해서 등록하는 것을 말한다. 등록데스크는 컨벤션센터 또는 호텔의 컨벤션 행사 개최 전날 회의장 로비 등 회의참가자들의 왕래가 가장 많은 장소에 설치하며, 참가자들의 통행을 방해하지 않고 등록데스크 안쪽에는 배포물을 보관할 수 있을 정도로 충분한 공간을 확보한다. 등록데스크는 참가자들의 신속한 등록과 회의개최 당일의 혼잡을 피하기 위하여 공식회의기간 1~2일전에 오픈하여 등록을 할 수 있도록 할 수 있으며, 사전등록대, 현장등록대, 일일등록대, 멤버십(membership) 데스크, 인포메이션(information) 데스크 등과 참가자가 많은 회의는 참가국가나 참가자의 알파벳으로 구분하여 데스크를 분산하여 등록할 수 있도록 하는 방법 등을 활용한다. 이러한 방법을 활용할 경우에는 참가자들이 등록할 등록데스크를 쉽게 확인할 수 있도록 사인보드를 식별이 용이한 장소에 부착한다.

한편 현장에서 참가등록시 회의참가에 필요한 각종 자료나 환영서신, 초청장, 명찰, 필기도구, 참가 기념품 등을 패키지로 묶어 제공한다. 그리고 회의기간 중에 배포할 자료나 개인별 연락사항은 개인별 서류배포함(pigeon holes)을 비치하여 놓고 수시로 본인의 함을 확인토록 하면 자료배포의 효율성을 도모할 수 있다.

5. 등록 데스크 관리

(1) 등록 데스크 배치형태

1) 직선형

직선형은 일반적으로 규모가 작은 회의의 배치형태이며, 만약 큰 회의일 경우에는 각종 물품을 보관할 수 있는 공간을 확보하여 활용한다.

2) 사각형 형태

사각형 형태(ㅁ자)는 가운데 공간을 활용하여 각종 물품을 보관하고 특정 데스크에 인원이 집중될 경우에는 다른 데스크에서 인원지원을 원활히 할 수 있는 장점이 있는 배치형태다.

(2) 등록 데스크 설치

회의참가자는 사전에 배포된 프로그램에 의거하여 관심이 있는 주제나 특정회의에만 참석하기 위하여 불규칙하게 입국하는 사례가 있기 때문에 등록 데스크는 오픈부터 공식 회의기간 종료시까지 운영해야 한다.

등록 데스크 설치시에는 등록업무 이외의 업무처리를 위한 보조 카운터나 시설물들을 근처에 설치할 필요가 있다. 예를 들어 회의나 각종 행사에 대한 전반적인 정보를 제공하기 위한 안내 카운터, 동반자관광 및 옵션관광 신청접수를 위한 관광안내 카운터가 있다. 또한 항공권 예약확인업무 등을 위한 항공사나 여행사 데스크 및 차기 개최지 홍보 카운터, 전시회 안내 카운터 등과 더불어 참가자들에게 자료배포를 위한 서류배포함(pigeon holes)과 행사안내 및 참가자간의 메시지 교환을 위한 메시지 보드 등을 설치하여 업무의 효율성을 도모한다.

한편 현장등록 데스크는 사전에 등록한 사람과 현장에서 등록할 사람을 분리하여 설치하여 참가자들이 등록에 소요되는 시간을 절약할 수 있도록 한다.

1) 사전등록자 데스크

사전에 등록한 사람들을 위하여 설치한 데스크이다. 이 데스크에서는 사전에 등록한 자료에 의하여 등록업무 개시 전에 명찰 등을 제작해 준비해야 한다. 사전등록자가 등록확인서를 제시하면 사전에 등록한 내용의 변동여부를 확인한 후 바로 기 제작된 명찰, 등록물품 세트를 지급하면 등록이 완료된다.

2) 현장등록자 데스크

현장에 도착하여 등록을 하려는 사람에게는 참가자가 카운터에 도착하면 등록서 양식을 배부하여 작성도록 하여야 한다. 등록 데스크 운영자는 작성된 등록서를 받아 회원, 준비회원, 옵서버 등 참가자격을 확인한 후 등록비를 납부받고 명찰제작, 등록물품 세트를 지급하는 것으로 등록이 완료된다. 현장등록자의 등록사항은 즉시 회의참가자 데이터 베이스에 입력하여 각종 행사계획의 수정 등에 적용토록 하여야 한다.

(3) 등록 데스크 운영요원 선정 및 배치

등록 데스크에서는 회원, 비회원 등의 구분에 따른 회비수납의 차등적용과 각종 참가자의 문의사항에 답변 등이 필요하므로 가급적 국제기구 본부요원이나 주최 측 요원이 주요 업무를 담당토록 하는 것이 바람직하다. 만일 외부 인력을 고용할 경우에는 공식 언어를 능숙하게 구사할 수 있는 인원을 선발하여 충분히 교육을 실시한 후 배치한다.

또한 인력배치는 등록자가 몰리는 회의개최 직전이나 개최당일에는 많은 인원을 배치하고, 예상되는 등록인원수에 따라 탄력적으로 조정하여 배치하되 공식적으로 카운터 오픈기간에는 항시 인원이 대기한다.

제2절 호텔컨벤션 숙박부문

1. 숙박호텔 선정

숙박호텔의 결정은 주최 측 입장에서 볼 때 성공적인 회의개최의 가장 기본이 되는 사항이다. 이는 컨벤션 개최시 대표단이 수송수단을 이용하지 않고 도보로 회의장에 접근하는 것이 주최 측 입장에서는 인원의 수송이나 통제에 인력이나 추가적인 비용을 소요치 않으면서 효율성을 극대화할 수 있기 때문이다.

따라서 숙박호텔을 선정할 때에는 첫째, 거리의 근접성을 먼저 고려한다. 즉, 회의장과 동일하거나 또는 근접해서 도보로 접근할 수 있는 위치가 이상적이다. 일반적으로 1,000명 이내의 인원이 참가하는 컨벤션이 개최되는 장소는 대표단의 대부분이 숙박하는 호텔이 주 개최장소로 지정되며, 개최지 인근에 위치한 호텔을 추가적으로 선정하여 교통혼잡으로 인한 행사진행의 차질방지와 원거리 숙박지간의 셔틀버스 운행을 통한 행사운영경비를 절감한다.

둘째, 참가자들의 경제수준이다. 같은 부류의 참가자들이라도 국가별 경제수준이나 지위의 고하에 따라 요구하는 숙박시설의 수준의 차이가 있다. 따라서 숙박호텔 선정에 있어서는 우선적으로 해당 국제회의 참가자들의 평균적인 수준을 감안하여 숙박호텔을 선정하고, 같은 호텔이나 인근의 호텔 등에서 상위등급 및 하위등급 등 요금에 차등을 두어 여러 등급의 호텔 및 객실수준을 선정하여 참가자들의 선택의 폭을 넓혀 주어야 한다.

셋째, 숙박호텔의 부대시설 및 서비스이다. 참가자들이 행사를 마친 후 가장 많이 머무는 곳이 호텔이기 때문에 약간의 여가를 즐길 수 있는 호텔의 부대시설이 중요한 부분으로 작용될 수 있다. 또한 종사원의 언어의 구사 능력과 친절한 서비스도 숙박호텔의 선정시 고려사항으로 작용된다.

2. 숙박호텔 확보

숙박호텔을 확보할 때 가장 중요시 되는 부분은 첫째, 개최시기에 맞는 객실 블록이고, 둘째, 이에 따른 호텔과의 가격 및 서비스 협상이다. 먼저 여러 장소의 호텔이 선정되면 개별적으로 마땅한 호텔을 섭외하게 되는데, 컨벤션 행사가 호텔업계의 비수기에 개최되면 상대적으로 필요한 수량만큼의 객실블록이나 가격협상에서 주최 측이 유리한 입장에 서게 되지만, 호텔업계의 성수기에 회의가 개최되면 필요한 객실의 블록조차 할 수 없다. 또한 개최시기가 비수기여서 적당한 호텔이 섭외되었다 하더라도 호텔과의 협상이 중요하게 작용된다. 이는 참가자들 대부분이 이용하는 일반객실에 대한 블록수량과 요금인데 회의장과 인접하거나 동일 장소에 이 일반객실에 대한 수량과 요금을 어떻게 유리하게 계약을 하느냐에 따라 다수 참가자의 유도나 원활한 회의를 개최할 수 있기 때문이다.

한편 호텔이 지정되면 소규모회의를 제외하고는 여러 개의 호텔이 숙박호텔로 지정되는 것이 보통이다. 이는 한 호텔은 기본적으로 보유하고 있는 객실수가 회의 참가인원을 모두 수용하고 남아도 객실을 1주일이내의 짧은 기간에 대여하는 컨벤션 행사의 특성상 호텔의 장기투숙자나 단골투숙자 등 기존고객들에게 호텔 측으로서는 메리트가 떨어지는 것이 사실이다. 따라서 후보 호텔이 선정되면 호텔별로 필요한 참가자를 위한 객실의 블록, 객실료 협상, 무료제공 객실 및 참가자의 예약방법 및 객실료 지불방법, 블록된 객실 중 일정기간까지 예약이 되지 않는 객실에 대한 블록해제일자 등에 대한 협의가 이루어지며, 이러한 협의에는 국내 업계의 관행과 더불어 타국에서 개최된 동 컨벤션 행사시 조건 등을 참고하여 유사한 수준에서 결정한다. 또한 참가자의 객실이용료 할인기간은 회의개최 전후로 가급적 3~4일 이상으로 협의하여 장기간 체류하는 참가자의 편의를 도모하는 것이 좋다.

3. 숙박 등록절차

(1) 예 약

숙박호텔 예약은 두 가지 방법이 있다. 첫째, 예상되는 참가자가 개별적으로 예약하는 것으로, 주최 측은 충분한 기간을 두어 숙박신청서를 발송하여 개별적으로 해당 호텔에 예약을 하도록 하는 것이다. 이는 주최 측의 부담을 덜어주는 측면은 있으나 참가자별 숙박현황 파악이 어려운 단점이 있다. 둘째, 참가신청서 양식에 숙박호텔에 대한 정보를 포함하여 참가자가 기록한 숙박정보를 일괄적으로 주최 측에서 해당 호텔에 제공하는 방법이 있다. 이는 첫 번째 예약 방법의 단점을 보완해주므로, 참가자의 숙박현황 및 입출국 현황 등의 파악을 위하여 두 번째 예약 시스템을 구축하는 것이 바람직하다.

한편 호텔 객실블록은 되어 있지만 실질적으로 블록된 객실에 대한 예약이 차지 않는 경우도 발생할 수 있다. 이 경우에는 사전에 호텔과 약정된 일시에 블록을 해제하여야 한다. 만일 블록을 해제치 않으면 향후 호텔 측과 페널티 지급과 관련하여 분쟁이 발생할 수 있으므로 최초 협상시 이에 대한 사항을 명확히 한다.

(2) 숙박신청서 제작

숙박신청서(housing request form 또는 hotel reservation form)에는 참가자가 자신의 예산과 취향 등을 고려하여 적합한 장소를 선택을 할 수 있도록 회의장 및 타 숙박지와의 거리, 호텔등급, 객실등급별 요금 및 할인율, 예약 후 미투숙 참가자의 예약금(deposit) 환불거절 기준일자, 부대시설 현황, 주변지도 등과 함께 다음과 같은 사항들이 포함되어야 한다. 즉 희망숙박지(2차 선택장소포함), 투숙일자 및 체류기간, 숙박료 지급방법, 예약비(deposit) 지급 및 반환방법 등을 기재할 수 있도록 만든다.

(3) 객실 배정

숙박예약신청서가 접수되면 선착순으로 객실을 배정하고 각 호텔별로 참가자에게 예약확인서(preliminary confirmation)를 발송하여 예약이 확정되었음을 알린다. 주최 측에서도 예약내역을 즉시 통보받아 특정호텔의 블록된 객실이 소진되면 2차 선택장소로 예약신청서를 전달하고 예약이 된 호텔 측에서 참가자에게 예약확정내용을 통보토록 한다.

객실을 배정할 시에는 분쟁당사국이나 적대국가간의 객실 분리배정을 유의시키며, 주최 측은 객실의 배정에 많은 관여를 하기보다는 사전에 블록된 물량이 제대로 배정되는가의 여부나 예약현황을 호텔 측으로부터 통보받는다. 이는 가급적 예약이나 환불, 객실변경, 취소사항 등의 업무는 참가자와 호텔 간에 직접 해결할 수 있도록 하는 것이 주최 측의 부담을 경감하고, 업무처리도 원활히 할 수 있는 방법이다.

(4) 숙박비용

숙박비용은 대부분이 참가자가 부담하는 것이 원칙이며, 등록비에 포함시키거나 본인이 직접 지불하는 방법이 있다. 그러나 등록비에 포함시키는 방법은 편리하기는 하나 참가자에게 부담을 주기 때문에 바람직하지 않으므로 대부분의 국제회의는 참가자가 직접 지불하는 방법이 사용된다.

한편 소수의 VIP나 주최 측의 참가 인력을 위한 비용은 주최 측에서 부담한다. 참가자들을 위해서는 예약 시점을 정하여 시점별로 객실요금을 추가 할인해주도록 하고, 행사 2~3일전부터 행사 종료 2~3일까지 유효하도록 호텔 측과 협상한다. 또한 공식호텔에 직접 예약할 때는 호텔 측이 통상적으로 해당객실의 하루 객실료 정도의 예치금을 징수하게 하는 게 바람직하며, 지불수단은 신용카드나 송금수표, 전신송금 등이 있다. 하지만 최근에는 인터넷의 발달로 공식호텔이 아닌 근처호텔을 참가자가 직접 정하기도 한다.

4. 숙박 데스크 설치 · 운영

컨벤션 행사를 개최하기 직전에 조직위원회는 참가자들이 숙박하고 있는 숙박호텔 로비 등에 별도의 참가자 전용의 숙박 데스크를 운영한다. 숙박데스크는 조직위원회와 호텔 등 선정된 숙박업자와 계약시 명문화하여 조직위원회 인원이 아닌 숙박업자 측에서 준비하여 운영함으로써 참가자에게 편의를 제고하고 호감을 상승시키는 효과가 있다.

제3절 호텔컨벤션 식음료행사 부문

1. 식음료행사의 의의

식음료행사는 상호간의 정보교환 및 사교의 장을 넓히는 기회로 활용되어 컨벤션 프로그램에서 중요한 역할을 한다. 식음료행사의 종류는 무료로 제공되는 접대용 음료수와 땅콩과 비스킷을 곁들인 간단한 것부터 완벽하게 갖추어진 리셉션까지 아주 다양하다.

또한 각종 회의나 세미나는 필요한 장소와 기자재 등만을 준비해 놓고 참가자나 사회자가 진행토록 하고 주최 측에서는 진행에 필요한 보조인력 제공 등 최소한의 역할만 수행하여도 소기의 성과를 거둘 수 있으나, 식음료 행사는 주최 측의 철저한 기획과 준비 및 운영 등에 의하여 전체행사의 성패를 좌우한다. 따라서 컨벤션 행사에서 주최 측은 실질적인 회의나 세미나보다도 각종 식음료 행사에 비중을 두어 준비한다.

한편 식음료행사를 준비할 때 가장 중요한 것이 참석인원의 예측인데 이는 상당한 경험이 필요하다. 호텔이나 케이터링업체에서는 행사일시 일정기간 전에 확정인원의 통보시한을 요청하는데 주최 측으로서는 가능한 한 이 통보시한을 늦추려고 하고, 음식을 준비하는 업체 측에서는 가능한 통보시한을 당기려 한다. 이는 참석인원을 과소하게 예측하면 참가자의 음식과 좌석이 부족하게 되어 국제행사 개최에서 치명적인 결례를 범하게 되며, 과다하게 예측하면 이는 바로 과다한 경비의 지출로 연결되기 때문이다. 따라서 이러한 통보시한도 전반적인 행사의 개최 전에 합의하여 추후 행사 개최 시에는 상호간에 약속을 준수하는 것이 필요하다. 그러나 통상적으로 호텔이나 Catering업체에서는 통보된 인원보다 10%정도 늘어나는 것은 커버할 수 있을 정도의 음식은 준비하기 때문에 좌석은 예측인원만큼만 준비하기보다는 어느 정도 예측된 참석인원보다 더 배치하여 행사를 진행하면 비용손실을 최소화하고 좌석이·부족하여 저지르는 결례도 예방할 수 있다.

2. 식음료행사 참가자 확인

식음료행사 참가자 확인에서 가장 어려운 점이 국제행사에 초청된 국내인사의 참석 확인이다. 이는 국내인사의 대부분이 초청장을 사전에 발송하고 특정시점까지 참석여부의 통보를 요청하여도 참석여부를 자발적으로 통보하는 경우는 드물고, 주최 측에서 참석여부를 확인하여도 확답을 미루는 사례가 비일비재하다. 그리고 설사 참석을 통보받았더라도 행사당일에 참석을 취소하는 경우도 다반사여서 국내인사에 대한 참석률 예측을 어떻게 하는가가 행사인원 예측의 가장 어려운 점이며 인력소요도 많이 있는 부분이다.

3. 식음료행사의 종류

식음료행사의 종류에는 만찬(dinner)과 오찬(luncheon), 리셉션(reception), 조찬회(breakfast), 다과회(tea party), 원유회(garden party)부터 간단한 커피브레이크까지 여러 가지로 나눌 수 있다.

(1) 만찬행사

만찬(dinner)은 컨벤션 행사 기간 중 개회식과 더불어 전체 참가자들이 한자리에 모이는 식음료행사로, 가장 중요하고 엄격한 격식과 절차로 진행된다. 또한 만찬행사는 참가자에게 식사를 제공한다는 목적이외에 참가자간의 자연스러운 만남의 장을 제공하기 위한 목적이 있다.

따라서 주최 측에서는 최대한 격식을 갖추면서도 참가자간의 자연스러운 사교의 장이 펼쳐질 수 있도록 분위기의 조성에 신경을 쓴다. 만찬행사의 형식 여하에 따라 공식, 준공식 및 비공식으로 나누어지나 기준의 명확성은 없다.

1) 만찬행사 시간

만찬행사의 개최시간은 일반적으로 오후 6시에서 10시 사이에 개최하며, 시간결정은 동반자를 포함한 회의등록자 전원이 대상이 되므로 만찬 이전에 개최되는 회의나 동반자행사를 포함한 각종 행사의 종료시간을 사전에 감안하여 결정하여야 한다.

만찬행사의 진행시간은 인원수, 칵테일파티 병행여부, 음식제공형태 및 공연 등 부대행사 등에 따라 1시간에서 4시간 정도가 소요된다.

2) 만찬행사의 장소

주최 측이나 스폰서 측에서 제공하는 만찬행사는 대부분의 경우 회의장이 위치한 호텔의 연회장에서 개최되며, 장소적 제약에 따라 주간에 회의장으로 활용하던 공간을 만찬장으로 활용하는 경우가 대부분이다. 그리고 수일간 계속되는 컨벤션 행사의 만찬행사 등이 개최주체를 달리하여 개최되는 경우가 일반적이기 때문에 각 주최자별로 자체 행사의 특색을 부여하고, 참가자에게 다양한 기회를 부여하기 위하여 회의 개최 장소에 따른 관광지 등 도심이 아니고, 자연환경이 허락하는 계절이라면 야외에서 장소를 별도로 선정하여 행사를 개최할 수 있다.

단, 회의개최장소와 다소 멀어진 야외에서 만찬행사를 진행할 경우에는 참가자의 이동에 따른 안내 및 수송문제, 왕복에 소요되는 시간 등을 행사진행에 차질이 없도록 관련기관과 긴밀히 협조한다.

3) 만찬행사 프로그램

행사의 성격에 따라 별도의 칵테일파티 개최여부, 각종 프로모션 행사 등 공연병행여부, 공연형태 및 종류에 따라 진행방식이나 시간계획 등을 달리하게 되는데 일반적으로 공식적인 행사에서는 별도의 장소에서 칵테일파티를 개최하고, 별도의 장소에 마련된 만찬행사장에서 만찬사 등 세레모니 진행, 메인 음식 서브 및 공연행사를 관람하는 것이 일반적인 형태이다.

한편 우리나라에서 개최하는 국제 컨벤션 행사의 공연 프로그램으로는 일반적으로 사물놀이나 고전무용 등의 민속공연이나 전통의상쇼 등 우리 고유의 문화나 현대가요 공연 등을 진행한다. 이때 국제회의 참가자들은 해당 분야의 전문가들로 여러 방면에 식견이 넓기 때문에 공연의 수준을 이들의 눈높이에 맞춰서 행사 전체의 질을 향상시킬 수 있도록 한다.

4) 만찬행사 메뉴선정

메뉴는 만찬행사의 예산을 감안하여, 호텔 등의 식음료담당자와 협의하여 결정한다. 칵테일행사에는 쉐리와인, 포트와인, 칵테일용 주류 등 소프트드링크를 준비하며, 우리나라의 전통주류 몇 가지를 추가하여 제공한다.

메인 음식 선정은 참가자의 사회, 문화적 특성 및 기호를 고려하여 결하되, 참가자의 대부분이 양식문화권이라고 양식만을 제공하는 것은 지양한다. 왜냐하면 참가자들은 새로운 문화권을 방문하기 전에 그 곳의 문화를 익히려는 준비를 하고 왔기 때문에 특색 있는 우리 음식을 차린다면 오히려 우리 고유의 음식이 타문화권의 방문자에게 더 호평을 받을 수 있다. 최근에는 호텔이나 전문 케이터링업체에서 우리나라의 한식을 비롯한 각국의 음식을 양식의 정식 풀코스로 서브할 수 있는 메뉴를 많이 개발해 놓고 있다.

5) 만찬행사 서비스 방식

만찬행사의 메인 음식을 제공하는 방식은 크게 테이블 서비스와 뷔페로 구분한다. 테이블 서비스는 참가자들의 테이블로 웨이터나 웨이트리스가 개개인 몫의 음식을 제공하는 방식이며, 뷔페는 음식 테이블을 별도로 마련해 놓고 참가자 각자가 자기 몫의 음식을 가져다 먹는 형태이다. 일반적으로 격식을 갖춰야 하는 만찬행사에서는 테이블 서비스가 일반적이다.

(2) 오찬행사

오찬(luncheon)은 그 격식이나 절차가 만찬처럼 엄격하지는 않으나, 만찬과 같이 공식, 비공식으로 나누어진다.

오찬은 대부분 주최 측이나 스폰서 측에서 제공하는 것이 일반적이며, 이는 해당 회의의 관례에 따르는 것이 바람직하다. 또한 특정대상을 위한 행사를 제외하고는 전 회의참가자를 대상으로 하며, 회의참가자의 범위에는 동반자를 포함한다.

1) 오찬행사 준비

오찬은 시간상의 제약으로 회의가 개최되는 호텔의 연회장에서 개최되는 것이 일반적이다. 회의가 호텔이외의 장소에서 개최되어 자체에서 조리가 불가능할 경우에는 가까운 호텔을 이용하거나, 회의장에서 인접한 장소에 공간을 확보하고 호텔이나 전문업체의 Catering Service를 이용하여 오찬을 제공할 수 있다. 부득이 회의장과 떨어진 장소에서 오찬을 개최할 경우에는 교통편을 준비해야 하는데, 일시에 많은 인원을 이동시키는 데는 많은 어려움과 비용이 수반되므로 가능한 도보로 이동할 수 있는 장소에서 행사를 개최하는 것이 필요하다.

2) 오찬행사 메뉴 선정의 고려사항

메뉴의 선정은 예산 등을 고려하여 호텔이나 전문업체의 식음료담당자와 협의하여 기존의 메뉴를 활용하거나, 행사특성 등을 고려하여 새로운 메뉴를 개발할 수 있다. 또한 가능하다면 주 메뉴에 병행하여 특정종교국가나 채식주의자 등을 위한 메뉴도 병행하여 선택할 수 있는 선택사항을 제공하면 해당 참가자로부터 호평을 받을 수 있으며, 해당 행사의 참여자의 폭을 넓히는데 상당한 도움이 될 수 있다.

한편 오찬시에 제공하는 음료는 물, 커피, 홍차 등을 제공하게 되며 주류는 필요하다면 Toss를 위한 최소량만 준비하고 가급적 지양하는 것을 원칙으로 하는 것이 일반적이다.

3) 오찬행사 서비스 방식

오찬을 제공하는 서비스 방식은 뷔페식과 테이블 서비스 방식이 있다. 보편적으로 공식적인 자리에서는 테이블 서비스 방식을, 비공식적인 자리에서는 뷔페를 선택한다. 비용면에서 테이블 서비스 방식이 많이 소요된다.

4) 오찬행사 시간결정

오찬시간은 통상적으로 1~2시간정도가 적당한데, 행사에는 주최 측이나 스폰서 측에서 간단한 세레모니나 프로모션 행사를 할 수 있으나, 참가자에게 부담을 주지 않도록 한다. 주최 측에서는 행사내용과 유인물배포, 필요장비 등 필요한 사항에 대하여 스폰서, 호텔 측과 사전에 협의하여 조율하고, 진행순서를 명확히 하여 행사진행을 원활히 할 수 있도록 한다.

5) 오찬행사장의 좌석배치

오찬행사장의 좌석배치는 자유착석을 원칙으로 하며, 필요하다면 1~2개의 Head Table만 Sign을 비치하고 개별적으로 Main table 대상자를 자연스럽게 유도하여 타 참석자들이 위화감을 느끼지 않도록 배려하여야 한다. 테이블은 통상적으로 둥근형태를 사용하는데 테이블 크기에 따라 8~10명 정도가 착석토록 좌석을 배치하며, Main table은 착석인원수에 따라 사각형 테이블이나 통상적인 원형 테이블보다 큰 테이블을 활용한다.

(3) 리셉션

리셉션(reception)은 정부 고위관리나 외교관이 공식적으로 주최하는 경우를 말하나 칵테일파티와 비슷한 경향을 가진다. 그러나 최근에는 리셉션을 만찬의 개념으로 혼용되어 많이 사용한다.

(4) 커피브레이크

커피브레이크(coffee break)는 연속적으로 진행되는 회의참가자들의 지루함을 없애주고 기분전환을 위한 시간이다. 보통 회의중간에 휴식시간을 배정하여 별도의 장소에서 실시하거나, 회의장 한편에 음료와 간단한 스넥류 등을 비치하여 놓고 회의참가자들이 회의중 자유롭게 이용할 수 있도록 한다.

커피브레이크는 주최 측에서 회의의 일환으로 병행하여 제공하는 것이 일반적이나, 스폰서의 유치가 가능하다면 스폰서를 유치하고 행사유인물 등에 스폰서십을 명시한다.

1) 정해진 커피브레이크 준비

정해진 시간에 커피브레이크를 진행할 경우에는 보통 회의장 앞 로비나 인접한 룸에서 제공되며, 오전 및 오후에 30분 내외로 두 번 정도 실시한다. 제공되는 음식물은 커피와 차, 소프트드링크 등의 음료와 함께 비스킷, 롤빵 및 과일 등 오찬이나 만찬시 부담을 주지 않을 정도의 음식물을 제공하며 오전과 오후 등 시간대에 따라 구분하여 메뉴를 선정한다.

2) 자유로운 커피브레이크 준비

회의장내에 음료 테이블을 비치하거나, 별도로 장소를 마련하여 음료를 제공할 때는 음료나 간단한 스넥류가 부족하지 않도록 수시로 보충하도록 한다.

4. 식음료행사 준비

식음료행사를 준비하기 위해서는 종합적인 준비계획을 수립한다.

(1) 식음료행사의 종류 결정

연회의 목적이나 주빈의 지위, 기호, 피 초청자의 범위, 예산, 장소, 시간 등을 고려하여 Breakfast, Luncheon, Reception, Dinner 등의 종류를 정한다.

(2) 일시 및 장소 결정

연회의 경우는 주말이나 공휴일에는 연회를 개최하지 않는 것이 원칙이나 국제회의의 경우는 예외적으로 대부분 회의기간 중에 개최되므로 이를 무시해도 좋다. 개최장소는 연회장소의 위치나 수용능력, 분위기, 설비, 사용가능시간 등을 고려하여 결정해야 한다.

(3) 주최자 선정

주최자는 주빈이 있으면 그의 직위나 연회의 성격, 부부동반 여부 등을 고려하여 결정하고 주최자를 선정하면 국제기구 또는 협회 등의 본부와 상의하여 최종 결정을 해야 한다. 국제회의시 개최되는 주요연회는 개최국의 환영만찬, 국제기구나 협회 측의 만찬, 개최도시의 만찬, 차기 개최국의 만찬, 외국대사관 주최 오찬, 스폰서에 의한 오찬 등이다.

(4) 이벤트 행사 계획수립

만찬 경우는 대부분이 공연을 동반되며, 오찬의 경우는 저명인사의 강연이나 가벼운 이벤트가 열리므로 이에 대한 계획을 수립해야 한다.

(5) 영접 계획

식음료행사에 참석하는 참가자 특히 VIP에 대한 영접계획을 수립해야 한다.

(6) Head table 및 좌석배치 계획

식음료행사에 참석하는 VIP에 대한 Head Table을 배치해야 하며 그 대상자를 선정해야 하며 좌석배치도를 준비한다.

(7) 안내 데스크 운영계획

참가자에게 명찰, 기념품, 행사진행안내서 등을 제공하고 방명록을 관리할 수 있도록 안내 데스크를 운영한다.

(8) 기타 준비사항

메뉴 및 음료 선정, 시청각 장비 및 조명, 참가자 이동계획, 행사진행 시나리오 준비, 초청장 제작 및 발송 계획, 현수막 및 배너 등 인테리어 계획, 주차장 운영계획, 기념품 등이다.

제4절 호텔컨벤션 관광행사 부문

1. 관광행사의 의의

관광행사는 컨벤션 개최전후에 동반자를 포함한 전체 참가자를 대상으로 숙박 등을 포함하여 1일 이상으로 원거리 관광지나 산업현장을 방문하는 내용과 근거리에 위치한 관광지나 명소를 방문하는 당일행사로 기획하는 행사가 일반적이다.

관광행사는 가능하다면 참가자들의 선택의 폭을 넓혀 주기 위하여 한 가지 프로그램을 기획하는 것보다는 2개 이상을 동시에 운영토록 하는 것이 바람직하며, 특정 프로그램에 인원이 편중되는 것을 방지하기 위하여 프로그램별로 같은 방문 장소를 다른 날짜에 방문토록 하거나, 당일행사인 경우에는 프로그램별로 방문순서를 달리하는 등의 방법을 활용한다.

2. 관광행사 기획

(1) 관광 프로그램 기획

관광 프로그램의 기획에서 가장 중요한 것은 참가자들의 연령, 문화수준, 사회적 지위정도, 관심분야 등을 종합적으로 감안하여 그들에게 무엇을 보여줄 것인가를 결정하는 것이다. 즉 백화점식으로 여러 가지를 보여주는 것보다는 참가자들이 직접 참여할 수 있는 행사를 기획하는 것이 참가자들도 흥미를 느끼고 해당 행사에 대한 인상도 깊게 만들 수 있다.

한편 프로그램 기획시 추가적으로 감안할 사항은 당일행사의 경우 컨벤션 행사 개최기간 중 저녁시간에는 대부분 연회 등이 개최되므로 동반자가 행사에 늦지 않도록 교통체증 등을 예상하여 충분한 시간을 두어 출발지로 복귀하여야 하며, 여성들은 출발지 복귀이후에도 화장 등에 많은 시간을 할애하여야 하므로 이를 감안하여 프로그램을 기획하여야 한다.

(2) 대체 프로그램 기획

관광행사가 우천시로 진행될 수 없을 때를 대비하여 실내에서 이루어질 수 있는 레크리에이션 프로그램을 기획하여 시행하는 것이 바람직하다. 간단한 이벤트 행사를 준비하여 참가자들의 무료함을 달래주며, 사교의 장을 만들 수 있다. 또한 우천 시에도 무조건 행사를 취소하기보다는 일부 시행이 가능한 프로그램을 위하여 기념품을 우산으로 준비하고 일정을 조정하여 관광행사를 진행한다.

(3) 관광행사 차량준비

관광행사에 지원되는 차량은 냉난방시설이 완비된 신형차량을 배차하고 여행사와의 계약에서는 지원차량의 번호나 운전기사의 성명도 명기한다.

3. 관광행사의 절차

(1) 관광행사 참가신청

관광 프로그램이 확정되면 안내 브로슈어를 작성하여 예상참가대상자에게 송부한다. 안내 브로슈어에는 세부적인 시간계획은 명시하지 않고 각 방문지에 대한 사진을 포함하여 장소에 대한 소개와 설명, 대략의 출발시간과 도착시간을 명시한다. 또한 해당 행사가 참가자가 비용을 부담하는 옵션일 경우에는 행사별 요금을 명시한다.

참가신청은 참가등록서에 관련내용을 삽입하여 참가여부를 표기토록 한다. 비록 동반자를 대상으로 한 행사도 회의참가자도 참여할 수 있으므로 참가여부 표시란에는 동반자뿐 아니라 본인도 표기할 수 있도록 한다. 또한 현장등록자를 위한 참가신청은 유관기관과의 협조 등 관련일정을 감안하여 행사 2~3일 전에 마감하는 것이 바람직하며, 현장에 설치한 관광 데스크에서는 참가자들의 예약확인 등의 업무를 수행하여 행사에 참여하는 정확한 인원의 예측을 가능토록 한다. 정확한 인원산정을 위하여 사전에 참가신청을 한 인원을 포함하여 전 인원에게 쿠폰을 발행하여 행사당일 회수하는 것도 참가자수의 확인이나 사전에 예약된 참가자임을 확인하는 방법으로 활용할 수 있다. 만약 사전에 예약을 하고 요금을 지불한 참가대상자가 불가피한 사정으로 불참하는 것에 대비하기 위하여 해약가능시한은 설정하여 환불절차를 마련하고, 해약자로 인한 공백을 보충하기 위하여 참가희망자들을 대상으로 예비엔트리를 확보한다.

(2) 관광행사 준비

참가대상자가 확정되면 참가자명단을 작성하여 관련기관이나 방문지에 통보하고, 음식점 등에는 사전에 약정한대로 식음료 준비 확정수량을 통보한다. 이와 병행하여 사전에 계약된 보험사에 통보하여 여행보험에 가입하는 등 참가자의 안전을 위해 조치한다.

또한 통역이나 관광안내 가이드 등 지원인력은 사전에 여행사나 한국관광공사 등을 통하여 확보하고, 해당 관광 프로그램의 내용이나 방문지 등에 대한 정보나 관광행사 참가대상자의 수준이나 관심사항 등을 사전에 충분한 교육을 통하여 숙지시켜 행사의 원활한 진행을 도모한다. 관광행사 참가자들을 위해서는 행사별 상세한 시간계획과 방문지에 대한 안내를 공식 언어별로 작성하여 행사당일 참가자에게 배포토록 준비하여야 한다.

(3) 관광행사 진행

관광의 당일행사 진행을 위하여 최소한 2개조 이상의 인원을 편성한다. 편성한 조 중, 1개조는 본진으로 참가자들과 동행하면서 행사를 진행하고, 나머지 조는 선발대로 먼저 참가자가 방문할 방문지에 도착하여 입장권구입, 주차공간 확보 및 행사장의 준비 등 본진을 맞이할 준비를 한다. 후에 본진이 도착하면 다음 행선지로 출발하여 행사장 준비를 하는 형태로 운영한다. 행사는 최대한 예정된 스케줄대로 진행하여야 하며, 돌발적인 상황으로 인하여 예정된 행사의 개최가 어려울 경우를 대비하여 행사를 총괄하는 담당자와 긴밀히 협조하여 현장의 진행자들이 우왕좌왕하지 않고 일사불란하게 행동하여야 하며, 스케줄이 변경되면 준비사무국에도 즉시 통보하여 연계행사에 대비토록 조치하여야 한다. 또한 참가자들이 이동하는 차량 등 교통편 내에서는 다음 방문지에 대한 안내와 주의사항 및 주변의 경관에 대하여 안내를 하는 것이 필요하며, 간단한 레크리에이션 행사를 실시하는 것도 필요하다.

제5절 호텔컨벤션 수송부문

1. 항공수송

컨벤션의 참가자는 거의 대부분 항공교통을 이용하며, 주최 측에서는 참가예정자들에게 보다 유리한 요금이나 서비스를 제공하기 위하여 공식항공사를 지정하게 된다. 공식항공사는 대표단과 화물의 수송을 통한 항공운임 수입과 함께 컨벤션 행사 홍보물을 통한 프로모션을 할 수 있게 되는 이점을 얻을 수 있으며, 주최 측으로서는 이러한 이점을 바탕으로 공식항공사로부터 회의참가 VIP나 본부요원들에 대한 무료항공권 확보나 대폭적인 할인율의 적용 및 국제회의 참가자들에 대한 항공운임 할인, 회의자료 및 전시물에 대한 무료운송 또는 운임의 할인을 받을 수 있다.

한편 공식항공사가 선정되었다고 해도 1개의 항공사로는 항공노선이나 스케줄 등이 국제회의 참가자들이 요구를 전부 충족시킬 수는 불가능하기 때문에 규모가 큰 국제회의는 공식항공사를 복수로 선정한다. 이러한 경우에는 항공사별 지원내용에 따라 주최 측에서의 지원에도 차별을 둘 수 있으나, 기본적인 홍보 등에서는 차별을 두어서는 안 된다. 공식항공사가 선정되면 주최 측에서는 공식항공사의 예약시스템을 통해 입·출국자의 정보를 수시로 제공받을 수 있는데 이는 무엇보다도 국제회의 참가자 수나 일정 등을 예측하여 육상수송이나 각종 행사의 개최에 가장 중요한 기초자료로 활용할 수 있는 이점이 있다. 물론 공식항공사가 선정되었다고 해서 국제회의 참가자들 전부가 이용하는 것이 아니므로 이러한 참가자의 예측에는 공식항공사를 이용하지 않는 인원을 과거의 사례나 공식항공사의 노선이나 스케줄의 다양성을 감안하여야 한다.

2. 입·출국 수송

입·출국에 따른 수송수단은 사전에 참가예정자들에게 상세한 정보를 제공하여 참가자들이 자신의 일정 등을 감안하여 자유롭고 편리하게 이용할 수 있도록 한다. 또한 공식 숙박지로 지정된 호텔 등에 리무진서비스 등이 제공되지 않을 경우에는 공항버스 등을 이용할 수 있는데, 이 경우에도 리무진서비스가 해당 호텔을 경유치 않을 때에는 해당 운송사와 협의하여 회의기간 중 공식 호텔을 경유토록 할 수 있으며, 운임의 할인도 협의하여 결정한다.

3. 행사장 간의 수송

행사장 간 수송에서는 먼저 회의장 등 행사장과 참가자들의 숙박호텔을 연결하는 셔틀시스템을 설계하여야 한다. 행사장이 참가자들의 숙박호텔과 원격지에 위치할 경우에는 정기적인 셔틀서비스를 제공하여야 하는데, 우리나라와 같이 대도시의 교통혼잡이 심한 경우에는 운행간격이나 시간대에 대한 세심한 배려가 필요하다. 자칫 셔틀 스케줄만 믿고 수송수단을 이용한 회의참가자가 행사에 늦는다든지 하는 것은 철저히 예방하여야 한다. 한편 행사장간의 이동시에는 차량별로 안내요원이 탑승하여 차량 간 및 도착장소와의 연락체계를 구축하여 행사진행을 원활히 할 수 있도록 하며, 안내요원은 이동 중에 탑승자들에게 당일의 행사개요 등을 설명하고, 가능하다면 주변의 경관에 대한 안내를 하는 것이 바람직하다.

제6절 호텔컨벤션 전시부문

1. 전시회의 의의

전시회 기원은 유럽의 중세시대에 상인들이 통과하는 주요 지역이나 교회 등지에서 소규모 전시회가 개최되었던 것으로 시작된다.

초기 전시회는 자연 발생적으로 형성된 시장으로 물물교환 형태의 시장이었다. 12세기에 접어들면서 전시회는 유럽의 주요 도시를 거점으로 산업전시회로 점차 변모하기 시작하였다. 따라서 지금의 전시회란 특별히 정한 산업 또는 분야를 전시장이라고 불리어지는 일정한 장소에서 자신들의 제품이나 서비스를 불특정 다수(회의 참가자 및 일반 관람객 등)에게 보여주는 것이라고 정의할 수 있겠다.

전시회는 영리를 목적으로 하는 전시회와 비영리 전시회로 나눌 수 있으며 전시회는 대부분 컨벤션과 함께 개최되지만 간혹 독립적으로 개최되는 경우도 있다. 컨벤션의 일부로 개최되는 전시회는 종합전시회라고 부르며, 국제회의를 동반하지 않고 독립적으로 개최하는 경우는 전문전시회라고 부른다. 박람회는 이들 두 가지 모두에 사용된다.

2. 전시회의 종류

(1) 전문전시회

전문전시회(trade show)는 보통 1년 또는 2년에 한 번씩 주기적으로 동일 장소에서 개최되는 전시회로서, 산업견본시, 전문견본시라고도 불리어진다.

전문전시회는 시간적으로 제한된 행사로서 참가업체들이 단일 혹은 여러 산업분야의 제품을 전시하거나 판매 촉진을 목적으로 제품을 알리는 행사이다. 따라서 제품에 대한 정보전달이나 판매촉진을 효율적으로 하기 위해서 참가업체와 예상 전문 관람객과의 직접 상담을 유도한다.

일반적으로 전문전시회가 발달한 영국, 독일, 프랑스, 이탈리아 등 유럽에서는 첨단 산업을 중심으로 전문전시회가 성행되고 있다. 이와 같은 전문전시회는 서구 선진국에서는 오랜 역사를 지니고 있으며, 아직까지 각국의 수출 진흥책의 수단으로 활용되고 있다.

(2) 종합전시회

종합전시회(exhibition)는 다수의 전문전시회가 동시에 한 장소에서 개최되는 것으로 여러 명의 주최자가 한 장소에서 공동으로 개최한다. 이는 일명 산업견본시, 산업전람회라고도 불리어진다.

(3) 복합전시회

복합전시회(complex exhibition)는 컨벤션 기간 전·후 또는 기간 중에 개최되며 대부분 해당 국제회의의 성격이나 주제와 관련된 산업의 전시회이다. 복합전시회는 전시회뿐만 아니라 전시장소를 회의장소와 연결하여 공간을 효율적으로 사용하고 작은 행사에 유연성 있게 대처·운영할 수 있도록 해준다.

(4) 박람회

박람회(exposition)는 주로 상업적인 목적보다 그 개별기업이 속하는 국가별로 그 나라의 문화나 미래상을 전시하여 대중계몽을 목적으로 한다. 즉, 인류의 발달과 인류의 미래상을 시간적, 공간적으로 한 장소에 집약하여 전시함으로써 인류 상호간의 이해와 복지를 향상시킨다.

3. 전시회의 기획

전시회의 기획은 컨벤션 기획과 병행하여 이루어지는 것이 통상적이며 전시회를 개최하기 위해서는 전시회 전반에 대한 종합계획과 이에 따른 추진계획서를 작성한다.

따라서 추진기획에 대한 고려사항을 살펴보면 첫째, 주제 선정 및 전시기간을 결정하고 전시회를 개최하는 목적이 영리인지 비영지인지를 결정한다. 둘째, 전시회의 운영조직을 결성하여 직접 운영 및 전문전시용역업체의 일임 여부를 결정하고, 셋째, 전시규모를 파악하는 일이다. 이는 과거 전시회의 참가업체와 국내외 신규 참가예상업체를 파악하고 그 들의 부스 사용규모를 예상하여 전시규모를 결정한다. 넷째, 전시장소 선정인데, 예상한 전시규모를 수용할 수 있는 공간이 컨벤션을 개최하고 있는 건물 내에 있으면 가장 바람직하고 없을 경우는 국제회의장 근처의 장소로 선정한다. 전시장소를 선정할 때는 접근이 용이하고 전시물의 반·출입이 용이해야 하며 전시하는 데 필요한 전원, 냉난방시설, 조명설비, 엘리베이터 및 주차장 등이 잘 갖춰진 장소로 선정한다. 다섯 번째, 마케팅 계획과 예산편성, 행사계획수립, 이벤트 행사 등이 있다.

〈표 6-1〉 전시회 준비사항

단 계	준비사항
제 1단계 (전시회 1~2년전)	• 개최 기본계획 수립 • 예산편성 및 확보 • 운영조직 편성
제2단계(전시회 6개월~1년전)	• 참가 대상업체 파악 • 참가 안내서 제작 및 배포 • 전시업체 대상 설명회 개최 및 유치
제3단계(전시회 1~3개월전)	• 전시회 운영 매뉴얼 작성 • 보세구역 허가신청 및 세관 협조사항 요청 • 전시자용 안내서(Exhibitor's Kit) 제작 • 운영요원 확보 및 교육 • 부스 배치계획 수립
제4단계(전시회 직전)	• 부스 설치 • 부스 장치 및 통로 정비 • 전시물 반입 • 각종 안내표지판 및 표지물 설치 • 전시물 설치 후 정리·정돈
제5단계(전시회 개최)	• 전시회 운영
제6단계(전시 종료 후)	• 전시물 반송 • 전시자 및 관계자에게 감사서신 발송 • 평가결과보고서 작성 • 정산 등 사후관리

4. 전시회 준비

전시회의 개최하기 위해서는 처음 예산편성 및 확보하며, 컨벤션과 비슷한 유형의 홍보활동을 한다. 그 다음 개최를 준비하고 운영을 하면 된다.

〈표 6-2〉 전시회 예산편성

부문	주요 항목
수입부문	• 전시회 참가비(부스 판매대금 포함) • 전시회 디렉토리 및 안내책자 판매 수입 • 각종 인쇄물의 광고 수입 • 입장료 • 은행이자 등 잡수입
지출부문	• 전시장 건설 또는 확보 비용 또는 전시장 임차료 • 전시장 설치 및 장치비 • 인쇄비(디렉토리, 안내책자, 포스터, 입장권 등) • 인건비 • 일반관리비 • 경비 등

〈표 6-3〉 전시회 개최 준비 및 운영

전시회 개최 준비	전시회 운영
• 기본 부스 및 통로 배치 결정 • 기본 부스 및 공간의 규격과 자재 및 바닥 자재 결정 • 각종 현판 및 배너, 상징탑 및 애드벌룬 등 내·외부 장식 설치 • 전시물 반출입 방법 결정 및 장비 확보 • 전시물 보관창고 확보 • 시청각 장비 및 운영요원 확보 • 조명시설 및 음향시설 등 전시 보조시설 및 장치 확보 • 안내 데스크 설치 및 안내표지판 제작 • 비즈니스센터(우편, 탁송 포함) 운영 계획 수립 • 디렉토리, 운영 매뉴얼 및 전시안내책자 등 각종 인쇄물 제작	• 개·폐막식 준비 －개·폐막식 계획 수립 －초청인사 선정 및 초청장 발송 －행사운영요원 선발 및 교육 －진행 시나리오 작성 및 개·폐회사 준비 －행사용품(가위, 장갑, 오색 테이프 등) 및 마이크 등 각종 장치 준비 －귀빈대기실 확보 • 전시장 배치 및 설치 －전시품의 종류와 스토리 전개에 따라 전시품의 평면적 배치와 공간적 배치를 고려하여 구획을 정리함. －전시 주제에 맞도록 이미지를 통일하고 동선이나 구획별 특성을 살림

〈표 6-3〉 계속

전시회 개최 준비	전시회 운영
• 이벤트 행사 계획 수립 • 전시회 운영요원 확보 –전시회 진행요원 –통관보조요원 –안내요원 : 안내데 스크 운영요원, 외국어 안내요원, 도우미 등 –경비 : 전시물 보호 및 안전관리 등 • 세관의 협조 하에 보세구역 지정 • 공식 통관 및 운송업체, 경비업체 지정 등	–관람객의 동선을 단순화 –등록 및 안내 데스크를 설치하고 휴식 공간 확보 –이벤트 장소를 확보하고 필요한 시설 및 장치 설치 –조명시설, 통신시설 및 방송시설 점검 · 확인 –간이 의료시설 및 각종 편의시설 설치 • 전시품 진열 –전시업체에 일임하지 말고 전시회의 이미지와 조화를 이룰 수 있도록 유도 –단순한 순서적 배열을 탈피하고 의미나 스토리 전개 등을 고려 –전시품을 관람객이 편하게 볼 수 있도록 관람객의 시선을 고려 • 행사진행요원 등 배치 –행사진행요원 –안내원 및 도우미 –경비, 주차장 관리요원 등

5. 전시회 평가

전시회가 종료되면 전시회에 대한 총 관람객 수, 전시업체 수, 손익분석 및 각종 데이터를 이용한 자체분석과 외부 언론매체 등의 기사 등에 의한 분석 등 전체적인 평가를 실시하고 결과보고서를 작성한다.

제7장
호텔컨벤션 평가실무

제 1 절　호텔컨벤션의 평가부문

제 2 절　호텔컨벤션 산업의 제언

제1절 호텔컨벤션의 평가부문

1. 평가의 의의

평가란 진행된 기획과 운영, 실무부분을 재검토하여 행사의 장점과 단점, 넘치는 부분과 보충해야 할 부분을 지적하여 향후 행사에는 보완 검토하여 보다 나은 행사로 발돋음할 수 있는 기반을 마련하는 것이다. 따라서 컨벤션 행사 기간 동안의 성과를 평가하고, 앞으로 있을 다른 컨벤션을 예측하고 계획하여 관광차원으로 재방문할 수 있는 기회로 활용해야 한다. 이는 사후관리가 컨벤션 유치 및 기획 단계 못지않게 중요한 의미를 부여받게 되는 이유이기도 하다.

〈표 7-1〉 호텔컨벤션 행사 사후관리의 세부사항

사후관리	세부사항
결산	진행과정에 대한 수입 및 지출의 내역을 집계, 컨벤션센터의 임대료, 시청각장비 및 비품 대여료, 용역업체에 대한 비용 정산, 재무제표를 포함한 결산서를 작성, 조직위원회에 보고
결과보고서 작성	객관적이고 공정한 결과보고서 작성, 보고서의 용어는 이해하기 쉽도록 간단하고 명료하게 표현, 컨벤션을 개최하고 운영하는데 협력한 지방자치단체, 외부기업, 기부금 제공자 등에 대한 감사문 표기
최종평가실시	최종평가를 통해서 잘못된 점을 시정하고 개선, 최종평가의 방법(참석자를 대상으로 한 무기명 설문조사, 컨벤션센터 · 숙박장소 · 관련업체 등의 간담회)
조직위원회 및 사무국 해산	준비 및 운영활동을 추진하기 위해 구성되었던 조직위원회와 사무국은 컨벤션 종료일로부터 3개월 내지 6개월 후에 해산

2. 평가대상

두 가지 일반영역이 평가되어야 하는 데 하나는 컨벤션이 개최되었던 장소이고 다른 하나는 컨벤션의 프로그램이다. 각 영역별로 평가된 내역을 지난해에 개최되었던 회의내역과 비교한다.

(1) 개최장소 평가

개최장소는 컨벤션 기획자는 물론이고 회의참석자들로부터의 평가를 받기에 관심이 높은 것이 보통이다. 많은 사람들은 평가결과를 이용해 서비스와 시설을 개선하거나 변화시킨다. 따라서 평가대상과 내용을 설명하면 다음과 같다.

1) 숙 식

침실은 매력성, 청결성, 편안함, 설비 그리고 서비스 등을 고려해서 평가되어야 한다. 식사평가는 맛과 음악이 효율적으로 신속하게, 올바르게 서브되었는가, 식탁에 앉은 사람들의 수대로 편안하고 효과적인 서비스를 제공하게 했는가, 메뉴가 다양성이 있었고 참가자들의 기호에 맞았는가, 메뉴품목이 건강을 증진시키는 것이었나 등을 평가하여야 한다.

2) 내부시설

개최장소의 설비는 적절했는가를 평가해야 한다. 가령 계단이나 에스컬레이터, 승강기 등이 이동에 불편은 없었는가, 혹은 컨벤션 참가자들이 컨벤션 이외의 친구들을 만나려고 기다리는 로비에 좌석은 있었는가 등이다. 물론 휴게실의 적절성과 이용가능성은 고려되어야 한다. 또한 회의장을 안내하는 표지판이 있었는가, 그리고 호텔 안내표지판이 회의장을 찾는 데 얼마만큼 도움을 주었는가도 평가에 포함해야 한다.

3) 체크인 · 체크아웃 절차

체크인 · 체크아웃 절차는 참가자들에게 중요하며 세밀하게 평가되어야 한다. 절차의 효율성, 담당요원의 효율성, 담당요원의 예절, 등록의 청결성,

체크아웃 지침 등을 평가해야 한다.

4) 서비스 종사원

서비스 종사원은 회의장을 성공시킬 수도 있고 실패시킬 수도 있다. 그러므로 서비스 종사원의 서비스 스킬과 마인드는 정확히 평가되어야 한다. 평가대상으로는 벨맨, 룸클럭, 룸서비스, 하우스키핑서비스, 컨시어지서비스 등이 포함된다.

5) 시설 내 상점

시설 내에 있는 토산품점이나 드럭스토어는 회의참석자들에게는 중요한 것들이다. 이러한 시설 내 상점들이 숫자적으로나 종류 서비스면에서 적절했는가를 평가하도록 해야 한다. 가격을 평가하는 것은 시간낭비가 될 수 있는데, 회의참가자들은 시설 내 상점이 너무 비싼 것으로 평가하기 때문이다.

6) 회의장

컨벤션 참가자들에게 회의장의 동선, 장비, 편안함, 발표장으로서의 적절성, 조명, 음향, 의자, 소음 · 열 · 창문 · 거울 · 그림 등의 방해요인의 존재, 인원의 과다로 인한 불편함 또한 회의장까지 편리했던 이동수단을 물어보고, 주차의 편리성, 회의장 주변의 쾌적함과 편안함, 그리고 안정성에 대하여 물어보고 평가한다.

7) 레크리에이션 · 오락시설

레크리에이션과 오락시설의 적절성, 장소의 접근성, 레크리에이션 강사의 질적 수준, 여러 오락시설 종사원들의 친절성에 대하여 평가한다.

이와 같은 개최장소를 평가할 때에는 평가표를 만들어 체크하는 방법, 다섯 단계 평가방법, 그리고 추가의견을 기입하게 하는 방법 등을 이용해서 평가할 수 있으나, 어떻게 평가하느냐에 따라 평가표의 내용은 달라질 수 있다.

(2) 프로그램 평가

컨벤션기획자에게는 개최장소나 개최도시를 평가하는 것도 매우 중요하지만, 프로그램 평가는 이보다 더 중요하다.

프로그램 평가를 하기 위하여 첫 번째 단계는 평가해야 할 프로그램의 영역을 정하는 일이다. 이들 영역들이 평가방법의 형식을 결정하는 기본이 된다. 예를 들면 회의목표를 달성했는가의 여부를 알아보는 방법으로 평가, 개별 연사의 발표 평가, 개최회의에 대한 참가자들의 욕구충족 평가, 회의 의제나 전반적인 회의 패턴을 평가하는 것으로 영역을 정하거나 또는 네 가지 내용들을 비교평가, 아니면 금년의 회의를 전년의 회의와 비교하는 것이 더 가치가 있는가 등을 고려한 프로그램 평가 부분을 먼저 결정하는 것이다.

3. 평가시기

컨벤션을 평가하는 최적시간에 대해서는 의견의 차이가 크다.

- 각 분과회의의 종료시 평가한다.
- 각 회의의 종료시 평가한다.
- 참가자가 귀환한 직후 참가자의 사무실이나 집에 도착하도록 고안된 평가서 발송을 통해서 평가한다.
- 두 개 또는 이 이상의 방법을 복합해서 평가한다.

각 경우마다 장·단점이 있기 때문에 컨벤션기획자는 개별회의와 개인적인 선호라는 측면에서 결정해야 한다.

(1) 개별 분과회의 종료시

이 방법은 내용, 발표, 방법 등이 참가자의 마음속에 생생하게 기억된다는 장점이 있으나 아래와 같은 단점도 있기에 이 방법으로 평가시기를 정하였다면 단점 부분이 분명히 고려되어 있어야 할 것이다.

- 회의 중 감정문제가 발생했을 때 참가자는 객관적이기보다는 감정

적으로 대답하기 쉽다.

- 만약 최종회의에서 높은 동기화가 있었다면 감정이 우세해서 응답이 객관성을 저해시킨다.
- 평가를 위한 시간이 준비되어야 한다.

(2) 회의 종료시

이 방법은 참가자가 전체적인 관점에서 각 분과회의와 행사를 검토할 수 있다는 장점이 있으며, 한 분과회의가 다른 것과 어떤 관련이 있는지를 보다 공정하게 견해를 얻을 수 있다. 그러나 이 방법도 분과회의 종료시 평가에서의 단점과 유사한 부분이 있어, 평가시기 고려시 충분히 검토되어야 한다.

- 참가자들이 떠나기에 바빠서 설문서 내용부분을 무시하기 쉽다.
- 만약 마지막 분과회의에서 높은 동기화가 있었다면 감정이 앞서 응답의 객관성을 해친다.
- 평가를 위한 시간이 준비되어야 한다.

(3) 참가자의 사무실에 설문지 발송

이 방법의 가장 큰 이점은 참가자가 집으로 돌아오는 동안 전체회의를 되돌아볼 시간을 가진다는 점이다. 더욱이 참가자는 보다 여유롭게 각 항목마다 생각을 많이 하면서 평가서를 작성할 수 있다는 점이다.

그러나 이 방법이 가지는 최대의 단점은 설문지 평가작성은 강제성을 띠지 않기 때문에 평가를 아예 하지 않거나 평가반응이 너무 늦어져버린다는 것이다. 또한 대형 컨벤션인 경우 발송비가 대단히 높을 수 있다.

회의평가서를 참가자의 출발시간에 주고 반송하도록 할 수도 있다고 생각할 수도 있으나, 참가자들은 회의기간 중 많은 자료를 수집하므로 그들이 집에 돌아갈 때 참가자들은 '해야 할 일' 속에 회의평가서를 포함시켜 놓고는 대부분 무시해버릴 수도 있고 그 중요성을 잃어버릴 수도 있는 것이다.

따라서 앞서 세 가지 평가시기를 복합해서 사용할 수 있는데, 각 분과별 회의 종료시로 평가시기를 정하였다면 설문서를 돌리고 쓰도록 권장한 다음 평가서를 수집하는 방법이 있다. 또한 호텔회계출납자가 참가자들이 체크아웃할 때 수집하는 방법도 쓸 수 있다. 물론 이 경우 체크아웃시 평가서 작성의 필요성이 참가자들에게 충분히 설명이 되어야 한다.

전시회가 있었으면 현지 대학에서 면접요원을 선발·교육시켜서 전체전시회와 가장 잘 되었다고 생각하는 전시회를 평가하도록 무작위로 실시할 수 있다. 이때 용모가 단정한 면접요원들이 평가결과를 얻는 데 대단히 효과적인 경우가 많다. 그러나 면접수나 평가수를 달성하기 위하여 지나치게 공세적이 되지 않도록 사전에 주의를 시켜야 한다.

4. 평가방법

컨벤션 평가를 위해서 흔히 쓰이는 평가방법은 설문지법이 있다. 설문지법은 회의기간중이나 회의직후에 회의 참가자들에게 배포하여 폭넓은 평가자료를 얻을 수 있기 때문이다. 그러나 설문지법은 평가목적을 분명히 하는 설문이 아니면 잘못된 내용의 응답을 얻기가 쉽기 때문에 신뢰성과 타당성을 담보하기 위해서는 사전에 철저한 준비가 필요하다.

무엇보다도 용어의 선택과 배열, 즉 워딩(wording)이 중요하다. 질문의 내용이 분명하지 않고 원하는 바가 무엇인지도 모르면 시험을 제대로 치를 수 없듯이 설문의 내용이 명백하지 않은 것은 평가목적에 맞는 합당한 답을 얻을 수 없는 것이다. 또한 객관적인 질문을 사용해 체크방식으로 평가하여야 한다. 그렇지 않고 회의참가자들이 주관적인 답만 쓴다면 설문서 작성은 쉬워질지는 모르지만 객관적인 평가는 사실상 어려워진다.

컨벤션 평가를 위해서 참가자들에게 세 가지 보기와 네 가지 보기를 주어 선택형으로 평가하도록 요구한다. 각 질문의 끝에는 특별히 좋은 점과 나쁜 점을 열거하라는 말이 있는데, 이것은 객관적인 답들을 질화(質化)하는 주관적인 답을 쓰도록 하는 것이다. 객관적인 질문평가는 통계적 분석을 위해서 쓰이는 것이고 주관적인 답변은 컴퓨터에 저장해서 객관적인 평가를 질화하는 데 쓸 수 있다.

설문지의 레이아웃도 중요하다. 응답자에 성취감을 줄 필요가 있는데, 이것은 질문이 들어 있지 않은 지면 즉 백지여백을 이용해서 할 수 있다.

만일 질문들이 응답자가 질문을 답하다가 끝부분에 이르고 있다고 느끼도록 레이아웃이 되어 있다면 많은 질문을 사용할 수 있다.

예를 들어 여섯 개의 질문이 있는 10페이지짜리 질문서는 열 개의 질문이 있는 6페이지짜리 설문서보다 질문서 작성에 더 도움을 주는 것이다. 왜냐하면 여백이 더 많기 때문에 평가자의 지루함을 덜 수 있다는 것이다. 평가척도는 5단계, 10단계, 15단계 평가 등이 있으나, 5단계(5=대단히 훌륭함, 4=훌륭함, 3=평균, 2=평균 이하, 1=아주 나쁘다)가 지배적이다. 물론 평가의 척도를 넓은 범위로 하면 보다 정확할 수 있는 기회를 높여줄 수는 있겠지만, 설문지의 백지여분은 그만큼 줄어들게 되므로 컨벤션 기획자로서는 각 회의의 요구에 따라 레이아웃에서 창조적인 아이디어를 생각해야 할 것이다.

제2절 호텔컨벤션 산업의 제언

1. 컨벤션의 유치 및 개최 지원확대

현재 우리나라의 컨벤션 산업은 아시아국가 중 상위에 속해 있다고는 하지만 경쟁국가인 싱가포르, 일본 등과 비교하면 효과적인 유치활동과 지원이 이루어지지 않고 있음을 알 수 있다. 이는 관광 시장 선점을 위한 국가차원의 마케팅 경쟁이 아시아 국가에서도 매우 치열해지고 있음을 나타내고 있는 것과 같다.

따라서 컨벤션 산업의 활성화를 꾀할 수 있는, 무엇보다도 중요한 사항은 컨벤션 행사가 지속적으로 유치될 수 있는 체계적인 활동이 이루어져야 한다는 것이다. 이러한 활동을 구체적으로 살펴보면, 첫째, 국제회의기획업체와 지방자치단체, 컨벤션 뷰로 등이 국제회의 관련 국제기구에 가입하고 컨벤션 전문 국제기구와의 협력활동을 강화해야 할 것이다.

둘째, 컨벤션 산업시장 및 정보를 수집하고 중장기 국제회의 유치전략을 수립하는 한편 경쟁력 있는 국제회의 국내개최 상품을 개발하여 효율적인 캠페인 활동을 전개한다.

셋째, 컨벤션 전문시설을 갖춘 지방도시에서도 해당 도시가 컨벤션 개최지로 선호받을 수 있도록 회의참가자 편의제공, 환경개선, 차별적인 관광프로그램 개발 등과 함께 해당 지역을 해외에 적극적으로 알리는 홍보활동을 강화해나가야 한다.

넷째, 전략적인 유치를 위한 마케팅 지원에 있어 대규모 국제회의의 경우 유치를 위한 정부차원의 마케팅 지원이 절실하다. 예를 들면 Fam Tour 비용 지원과 컨벤션 박람회 참가기회 확대화 이를 위한 예산확충이 선행되어야 한다.

다섯째, 유치경쟁력 제고를 위한 국가적 캠페인 실시도 이뤄져야 한다. 경쟁국가에 비해 불리한 고물가의 경우 다양한 할인정책을 집중적으로 홍보하는 국가적 캠페인이 필요하다.

마지막으로, 컨벤션 개최를 안정적으로 확대하기 위해서는 위의 다섯가지 구체적 활동 외에도 국제기구·지역기구·학술단체의 본부사무국을 유치하는 방안도 모색해볼 수 있으며, 단기적으로는 해외 전문기관과의 공동교육 프로그램을 마련하여 컨벤션 기획 및 유치전문가를 양성하는 대안도 시도해볼 수 있다.

Convention News

세계의 꽃 '컨벤션 산업' '한국을 세계로' 국제교류 관광 허브

국내 컨벤션 산업이 세계적인 수준으로 발돋움하기 위한 행보를 본격화하고 있다.

국내 컨벤션 산업계는 일본, 중국, 싱가포르, 홍콩 등 아시아 각국과의 경쟁이 날로 치열해지는 상황에서 경쟁력을 강화하는 한편 이를 통해 국제적 위상을 강화하는 데 주력하고 있다.

컨벤션 산업이란 각국의 기관 또는 법인·단체의 사람들이 모인 가운데 일정기간 이상 진행하는 국제 세미나, 토론회, 학술대회, 심포지엄, 전시회, 박람회 등을 의미한다.

컨벤션 산업은 단순한 회의개최뿐만 아니라 전시회, 스포츠, 문화예술 등의 부대행사를 병행하는 경우가 많아 부가가치가 큰 미래 산업으로 주목받고 있다.

특히 참가자 대부분이 각국의 여론 선도층 인사로 개최국 도시의 국제적 위상 및 이미지 제고에 기여할 수 있다는 점에서 각국은 경쟁적으로 컨벤션 유치·개최를 지원하고 있다.

서울에서는 지난 2002년도에 81건의 국제회의가 개최돼 개최건수 기준 세계 15위를 기록했다. 아시아 지역 내에서는 싱가포르(137건, 아시아 내 점유율 18.6%)에 이어 2위(6.5%)를 차지했으며 방콕이 67건(5.4%)으로 뒤를 이었다.

그러나 아시아 지역 내 1위인 싱가포르가 137건의 국제회의를 유치한 것에 비해 서울은 81건으로 60%선에 그쳐 적극적인 유치전략이 필요하다.

서울을 컨벤션 전문도시로 육성

서울시는 컨벤션 산업을 애니메이션, 패션 산업과 더불어 신산업으로 육성하기 위해 인프라 구축에 나서고 있다. 컨벤션 산업이 서울의 관광 및 지역경제 발전은 물론 도시 이미지 마케팅 활동을 펼치고 국제 비즈니스의 흡인력을 확충할 수 있기 때문이다. 또 부산, 대구, 제주, 고양 등 지방도시도 컨벤션 시설을 설립하고 본격적인 컨벤션 유치에 나서고 있다.

서울시는 체계적인 컨벤션 산업을 육성하기 위해 '서울 컨벤션 뷰로'를 설립, 컨벤션 산업육성 지원계획을 수립해 추진하고 있다. '서울 컨벤션 뷰로'는 컨벤션을 특정 지역에 유치하고 행사개최시 각종 편의 및 서비스를 지원할 목적으로 설립·운영되는 비영리 기구로 선진국에서는 오래전부터 보편화되어 있는 기구이다.

미국은 400여 개의 지역 컨벤션 뷰로가 결성돼 있으며, 일본은 1994년 '컨벤션법'을 제정, 국제회의 관광도시를 지정하고 이 도시에 컨벤션 뷰로를 설립하기 시작해 현재 65개 도시에 컨벤션 뷰로가 결성됐다.

컨벤션 뷰로 준비단계로 컨벤션 관련업계, 기관의 대표들이 참여하는 '서울 컨벤션 협의회'를 지난 2월 출범했으며, 하반기에는 협의회를 기반으로 유관업계 전 회원이 참여하는 '서울 컨벤션 뷰로'로 정식 발족할 계획이다. 컨벤션 뷰로의 활성화 및 설립의 추진력을 위해 초기에는 서울시가 행정적 · 재정적으로 지원하되 점차 서울시의 지원을 최소화하고 각 회원사의 역할분담 등으로 자생력을 구축할 수 있도록 유도해나갈 계획이다.

또 서울로 유치하고자 하는 각종 컨벤션을 발굴해 초기단계부터 각 업계와 기관간의 협의를 통해 체계적인 컨벤션을 유치하고 성공적으로 개최할 수 있도록 지원할 예정이다.

컨벤션 산업의 국가 경쟁력 기여

국내 전시 컨벤션 시장규모는 약 2조 원으로 추산되고 있으며, 전시산업으로 파생되는 고용 유발효과는 4만 명 정도로 추정하고 있다. 앞으로도 전시관련 산업규모는 점차 확대될 것으로 예상하고 있다.

경제적 측면에서 전시 · 컨벤션 산업은 수출증대를 통한 외화 획득, 고용 증대, 재정수입 증대, 국제수지 개선 등의 효과가 있다. 또 국제회의 대행업, 호텔, 항공사, 여행사 등 회의 관련사업의 발달을 가져옴으로써 지역경제 활성화와 서비스 분야의 국제화를 앞당기는 효과가 있다.

사회 · 문화적 측면으로는 개최지를 중심으로 복합문화공간이 형성되며 회의장은 정보와 중심지가 되고 회의참가자와 지역주민이 함께 어울리는 국제친선, 국제교류의 장소가 돼 문화적으로도 한 단계 도약할 수 있다.

또 각국의 많은 사회 지도급 인사들의 참여로 국제적 지위향상, 문화교류, 민간외교 등의 국가홍보 효과와 함께 사회 기반 시설과 함께 제반 시설의 정비가 추진돼 지역 주민의 생활환경을 보다 윤택하게 할 수 있다.

정치적으로도 인적 교류 확대와 상호이해 증진, 국가적 · 정치적 협력증진에 효과가 있다.

우리나라의 만성적인 관광수지 적자를 만회하기 위해 전시 컨벤션 개최지의 관광산업을 활성화해 관광 비수기 타개책으로 활용될 수 있으며, 아시아 중심에서 다양한 국가로 관광 시장을 다변화하는 데 효과가 있는 것으로 업계는 전망하고 있다.

국내 전시 · 컨벤션 동향

국내 전시 · 컨벤션은 2003년 기준으로 서울에서 개최되는 비율이 73%로 지방의 개최 비율 28%에 비해 2.6배나 높다.

그러나 전시장 면적은 지방이 16만4105m으로 서울의 7만4578m을 훨씬 앞서고 있다. 넓은 지방 전시장의 활용 방안 도출이 향후 국내 컨벤션 산업발전의 과제가 될 전망이다.

특히 서울 삼성동 COEX와 부산전시컨벤션센터(BEXCO), 서울무역전시장(SETEC) 등 3대 전시장에서 전체 전시회의 74%가 개최돼 과반수이상을 차지하고 있다. 2004년에도 COEX는 123건의 전시회 및 국제회의가 예정돼 45%의 점유율로 1위를 차지할 전망이다.

BEXCO는 53건의 전시회로 20%의 점유율, SETEC은 47건, 17%d의 점유율로 각각 2, 3위를 유지할 것으로 보인다.

한편 대형 컨벤션 개최시 중저가 숙박시설의 부족과 경험이 풍부한 컨벤션 산업 전문인력, 교육기관의 부족 등이 문제로 지적되고 있다. 국제기구에 진출한 한국인이 매우 적어 컨벤션 유치 마케팅이 불리하다는 것도 아쉬운 점이다.

UN사무국 및 29개 산하기구에 진출한 한국인 정직원은 2002년 말 현재 157명으로 전체의 0.75%에 불과해 국제회의를 국내 유치하기에는 한계가 있다.

『파이넨셜뉴스』 2004. 4. 22.

2. 컨벤션 전담조직의 활성화

컨벤션 산업의 성공적인 유치를 위해서는 전담조직을 활성화하고 정부조직도 일원화해야 한다. 우리나라의 경우 컨벤션 산업 관련기구는 정부 차원에서 문화관광부와 산업자원부, 한국관광공사와 대한무역투자진흥공사 등으로 양분되어 있다. 또한 지방자치단체의 컨벤션 관련기구의 조직도 요구되고 있다.

컨벤션 산업은 그 성격상 민간주도의 산업이되 민·관 협력체계의 구축이 필수적이라는 점을 감안할 때, 정부와 민간의 가교 역할을 할 수 있는 컨벤션 전담기관의 기능강화가 필요하다. 컨벤션 전담기관은 유치·개최와 관련한 정부의 지원을 대행하고, 유치활동을 활발히 전개하는 한편, 전문인력 양성 및 종사자 교육훈련, 컨벤션 관련 다양한 연계상품개발 등의 역할과 기능을 수행하게 된다.

또한 컨벤션 전문시설이 건립되는 지방도시별로 컨벤션 유치증대와 수용태세 개선업무를 주도해나갈 전담조직으로 컨벤션 뷰로(convention bureau)의 체계적 활동이 요망된다. 지역단위 컨벤션 사무국은 지방자치단체의 국제회의업무 담당 부서와 지방상공회의소, 지역소재 국제회의기획업, 국제회의시설업체, 관광숙박업체, 여행사 등 컨벤션 관련 업계와 학계의 전문가들이 참여하여 컨벤션을 중심으로 지역경제의 활성화 전략이 추진되어야 할 것이다.

Convention News

전시컨벤션 산업 과열 조짐

전시컨벤션 산업이 황금알을 낳는 미래 산업으로 떠오르고 있다. 대구의 엑스코와 부산의 벡스코 등 지역의 전시컨벤션센터가 당초 우려와는 달리 높은 가동률을 보이면서 초기 적자에서 흑자로 전환하고 있다. 이에 따라 전국 지자체들이 너도나도 전시컨벤션센터 건립에 뛰어들면서 과열경쟁에 따른 제살깎기가 우려되고 있다.

높은 가동률을 4월 개관 3주년을 맞는 대구전시컨벤션센터(EXCO)는 지난해 69%의 높은 가동률을 보였다. 전시산업은 행사장 준비와 철거에 드는 시간을 감안할 때 가동률이 75% 정도면 포화상태.

엑스코는 올해도 대구국제소방안전엑스포와 대한민국 국제섬유기계전, 대한민국 국제모터사이클쇼 등 3대 빅 이벤트를 성공적으로 마치는 등 가동률 70%를 낙관하고 있다. 부산전시컨벤션센터(BEXCO)도 2001년 9월 첫 개장 때 전시장 가동률이 26%에 불과했으나 2002년 40%, 지난해 46%에 이어 올해는 51%에 이를 것으로 보고 있다. 벡스코는 국제 경쟁력을 갖추기 위해서는 2전시관 신축을 포함한 컨벤션센터 확장이 불가피한 것으로 보고 이달 중순께 용역을 주기로 했다. 제주국제컨벤션센터(ICC)도 국제회의 분야에 두각을 보이면서 전시컨벤션 산업이 제자리를 잡아가고 있다.

현재 전시컨벤션센터를 운영하고 있는지 자체는 서울(COEX)과 부산, 대구, 제주 등 4곳. 내년에는 경기 고양과 광주, 경남 창원 등 3곳이 문을 열 예정이고 울산과 대전이 2007년, 2009년 완공을 목표로 전시컨벤션센터를 추진하고 있다. 또 인천도 송도 신도시에 전시컨벤션센터건립을 추진중이다. 이에 따라 전시 컨벤션 산업이 조만간 '포화상태'에 이를 전망이다.

특히 전국 최고규모(전시장 1만 7,000평)로 건립될 고양전시컨벤션센터(KINTEX)는 대구서 최근 개최한 국제모터사이클쇼를 내년에 유치키 위해 활동을 벌이는 등 벌써부터 기존 전시컨벤션센터와 신경전을 벌이고 있다. 광주는 '호남권에서는 제대로 된 전시공간이 없다'는 이유로 국비지원을 받아냈으나 창원전시컨벤션센터는 부산의 벡스코와 근접한데다 차별성도 크지 않아 시장 나눠먹기가 불가피하다.

전시컨벤션 관계자는 '전시산업의 성장세가 두드러지지만 초기에는 적자를 면치 못하는 것도 사실'이라며 '지역마다 특화하지 못하면 전국 모든 전시컨벤션센터가 하향평준화할 것'이라고 우려했다. 대구전시컨벤션센터 백창곤(60) 사장은 '공해 없고 부가가치가 높은 미래산업이 전시컨벤션이다. 하지만 도시마다 지역 특화산업 위주의 행사를 유치하고 해외에서 새로운 프로젝트를 따오는 것만이 모두 사는 길'이라고 말했다.

『한국일보』 2004. 6. 6.

3. 컨벤션 전문인력 양성

컨벤션 산업의 육성은 컨벤션 시설의 건립만으로 되는 것은 결코 아니기 때문에, 전문인력 양성 및 지속적인 교육은 매우 중요한 부분을 차지한다. 컨벤션 산업은 전문인력으로 운영되며, 국제회의의 성공적인 개최여부도 전문인력의 자질에서 판가름 나게 된다. 따라서 컨벤션 산업에 있어서 가장 중요한 요소는 국제화의 전문인력의 확보라고 할 수 있다. 또한 국제회의 산업 종사자들의 국제회의 운영능력 제고를 위한 체계적인 교육훈련 프로그램이 마련되어야 하며, 민간 컨벤션 산업 관련기관의 종사자교육에 대한 지원제도도 도입되어야 한다. 해외 국제회의 전문기관과 공동교육 프로그램을 개발하는 방안도 검토해볼 필요가 있다.

정부는 2003년 '컨벤션기획사'를 국가기술고시 자격증 제도로 도입했다. 매년 120명 수준의 컨벤션기획사를 배출하고 있으나 컨벤션기획사에 대한 대우풍토가 조성되고 주체기관과 동등하게 활동하기 위해서는 커미션 부문 인정제 또는 연봉하한제 등이 대안으로 제시된다. 단기적으로 PCO업체의 컨벤션기획사 의무채용도 고려해볼만하다.

그러나 전문인력 양성의 최대 관건은 다양한 국제회의 분야에 맞는 전문인력의 양성이 선행되어야 하는 데 컨벤션기획사를 산업분야별로 차별화해 전문인력 수급계획을 세우고 양성하는 것이 바람직하다.

4. 컨벤션 시설의 차별화 · 전문화

컨벤션은 지역특성을 감안한 적정한 규모의 전문시설의 건립이 필요하다. 따라서 컨벤션 산업의 전략적 육성을 위해서는 경쟁력 있는 지역을 선별하여 컨벤션 전문시설을 건립하는 것이 필요하며, 이를 위해서는 무계획적인 시설건립에 대한 자제가 필요하다. 컨벤션 시설의 건립방식에서도 공공자본과 민간자본이 함께 참여하는 제3섹터(the third sector) 방식 등 다양한 형태의 재원조달방식이 모색되어야 한다.

5. 컨벤션 수용태세 개선

컨벤션 전문시설이 건립되는 도시의 전략적 개발과 수용태세를 체계적으로 개선해나가야 한다. 컨벤션 참가자들이 불편을 느끼지 않도록 안내체계, 교통 · 숙박시설 · 음식 · 쇼핑 · 관광 등의 국제화가 이루어져야 한다. 이를 위해서는 일정한 여건을 갖춘 지역을 '국제회의도시'로 지정하고 해당지역을 중점적으로 지원하는 방안이 강구되어야 한다.

또한 지역 주민의 외국인 관광객에 대한 수용태세 개선을 위해 정기적인 서비스 교육 프로그램 등도 도입해야 한다.

이외에도 투자재원 확보방안의 다각화, 회의유치 시기 배분의 적정화 및 신규상품개발, 문화관광 시설확충, 회의 유치를 위한 치밀한 기획력 구축, 컨벤션 도시로서의 세일즈 포인트 강화, 컨벤션투어 알선자에 대한 지원 및 특혜, 컨벤션 데이터베이스의 구축 그리고 국제회의전문업의 지원강화와 전문화도 시급히 개선되어야 할 과제이다.

Convention News

대전 · 충남지역 컨벤션 산업활성화 제언

세계관광기구(WTO)는 21세기 주목받는 관광시장으로 미팅 및 컨벤션 산업을 제시하고 있다.

이미 세계는 '컨벤션 산업전쟁에 들어섰다'고 해도 과언이 아닐 만큼 경쟁이 치열하게 전개되고 있으며, 그 전쟁의 형태도 그 동안의 전형적인 형태이던 국가간 전쟁에서 이제는 도시 간 전쟁으로 번지고 있는 양상을 보이고 있다.

우리나라도 이미 서울, 대구, 부산, 제주 등에 컨벤션센터가 들어서 이들 도시간의 경쟁이 치열하게 전개되고 있는 상황이며 후발 주자인 대전을 비롯한 몇몇 도시들도 앞 다투어 컨벤션 산업활성화에 박차를 가하고 있다. 대전 · 충남 지역은 다른 도시와 비교해 차별화된 경쟁력을 갖추고 있는 도시로 컨벤션 산업이 다른 도시에 비해 성장할 가능성이 많이 내재되어 있다. 대전은 첨단과학과 지식기반산업도시로, 충남지역은 미개발된 청정의 토지자원과 잠재력이 큰 해양자원을 가지고 있어 농어업의 고부가가치화를 통한 발전가능성이 높다. 게다가 대전은 정보화속도가 매우 빠르고 지식 관련산업과 회의 관련산업의 경쟁우위를 가지고 있어 컨벤션 산업의 인프라에 해당하는 지식기반 서비스업의 발달에 매우 유리한 입장이다.

이러한 입지에도 불구하고 후발주자인 대전 · 충남지역의 컨벤션 산업이 활성화되기 위해서는 선결되어야 할 관제들이 많다. 그 첫 번째가 제주 컨벤션센터와 같이 컨벤션센터인 '과학기술창조의 전당'을 대전시와 대전연구단지 관리본부 이외에 지역주민이 주주가 되는 3섹터 기어 형태로 개발되어야 한다. 지역주민이 주인이 되는 컨벤션센터는 장치산업의 특성상 그리고 지역산업의 파급효과 측면에서도 매우 긍정적인 결과를 가져올 수 있다. 둘째는 핵심역량의 확보이다. 컨벤션센터는 복합단지로 구성되어 해당지역 고유의 문화유산과 자연풍광과의 연계가 필요하며 차별화 전략이 성공여부를 판가름한다. 대전광역시는 이러한 측면에서 취약한 만큼 엑스포 단지를 국제적인 테마파크로 개발하는 방안을 검토해 볼 만하다. 또한 대전과 충남의 고유문화를 특화하고 지역의 민속 문화축제와의 연계방안도 컨벤션센터 개관에 맞춰 대안으로 제시되어야 한다. 셋째는 협력 네트워크의 구축이다. 지방정부는 물론 관계기관, 컨벤션 관련단체, 대학 그리고 대덕연구단지내의 연구원과 연결되는 네트워크를 구축해 상호 정보교환에서부터 컨벤션 유치와 사후 서비스에 이르기까지 체계적으로 해결해야 한다. 마지막으로 컨벤션 산업의 안정적인 운영을 위해 대전·충남 지역의 특화된 전략을 구사할 수 있는 전문인력의 확충이 매우 시급한 문제이다.

국가자격증인 컨벤션기획사 2급 시험이 올해로 2회를 맞이하지만 대전·충남지역은 관심도가 낮아 대전에 컨벤션센터가 건립될 경우 지역인력들의 설자리가 부족한 것은 불을 보듯 뻔하다. 전문인력은 하루아침에 만들어지는 것이 아닌 만큼 시당국의 관심이 절실하다. 인적자원에 대한 전문성과 컨벤션 산업에 대한 새로운 돌파구 모색 또한 미래 대전·충남 관광발전을 위한 대응방안으로 고려하여야 할 것이다.

『대전플러스』 2004년 1월 29일자

제Ⅲ부

호텔컨벤션 마케팅 실무

제8장

호텔컨벤션 마케팅 실무

제1절 호텔컨벤션 마케팅의 기본개요

1. 호텔컨벤션 마케팅의 개념

호텔컨벤션 마케팅은 호텔고객의 초과수요보다 시설의 초과공급일 경우 또는 호텔의 최대 이윤추구라는 차원에서 호텔상품의 부가가치를 높여 제한된 공급으로부터 최대의 수요를 창출시키고자 하는 기업경영 활동이다. 즉, 호텔컨벤션 마케팅 개념은 제한된 공급능력을 갖게 되며, 제한된 시기라는 제약을 갖는 특수성을 감안하여 출발하여야 한다.

따라서 호텔컨벤션 마케팅이란 먼저 고객의 수요를 찾아 이를 만족시켜줄 수 있는 상품을 개발하여 제공하는 것이고, 판매란 만들어진 상품과 서비스를 판매하기 위해 시장을 찾는 것이며, 이것이 호텔컨벤션 마케팅의 한 부분임을 강조하고 있다. 이와 같이 호텔컨벤션 마케팅은 정보의 혼합과 시장조사를 통하여 고객이 요구하는 상품과 서비스 상품을 개발하고, 목표시장에 호텔기업의 이익이 합치된 가격으로 고객수요를 만족시켜주는 총체적 기업활동이라 할 수 있다.

현대적인 마케팅의 개념은 고객을 이해함으로써 고객을 창조하고, 고객과 상호 소통하면서 고객에게 만족과 가치를 전달하는 일련의 사고이며, 행동들을 말한다. 따라서 이러한 모든 마케팅은 기업이 영리 · 비영리의 목적을 추구하거나 기업의 규모가 대형기업 또는 소규모 자영업이거나, 기업의 사업기반이 국내에 국한되거나 국제적 무대를 중심으로 하거나를 가리지 않고 모든 호텔컨벤션 기업의 성공을 위해 중요하다.

또한 호텔컨벤션 마케팅은 이익으로 고객에게 만족을 전달하는 것이며, 다른 하나는 개인이나 조직의 목표 또는 욕구를 만족시키는 것이다.

따라서 현대기업 경영의 출발점은 고객에 대한 이해로부터 시작되지 않으면 안 된다. 고객이 가지고 있는 욕구(needs)와 필요(wants)를 알아내어 이 욕구와 필요를 충족시킬 수 있는 노력을 기울여야 한다. 특히 호텔은 여행객들이 숙박을 해결해주고 그들의 관광활동을 만족시키는 데 결정적 역할을 하는 곳이므로, 그들의 욕구와 필요에 대한 철저한 조사와 이해가 필수적일 수밖에 없다.

그러므로 호텔컨벤션 마케팅을 간단히 정의하면 다음과 같다. “호텔컨벤션 마케팅은 고객이 바라고 필요로 하는 것을 찾아내어 그것을 고객에게 팔아 이익을 얻는 것이다.” 마케팅은 전통적으로 재화를 소비자에게로 이동시키는 것이었다. 소비자가 원하는 재화를 그가 원하는 시간에 제공하고 이 재화를 돈과 교환하는 기업 활동인 것이다. 호텔컨벤션 마케팅은 실제적으로 이런 재화의 이동이 불가능하므로 실제로는 고객이 호텔컨벤션(재화)으로 이동하지 않으면 안 된다.

그러므로 이것은 상품화 개념 이상인 것이다. 거리가 떨어져 있으니까 호텔컨벤션 상품과의 제2, 제3의 접촉이나 경험을 통해서 미리 판매되지 않으면 안 된다. 이것은 직접 검토 이상의 세일즈맨십(salesmanship)을 요구하고, 고객에게 여행경험을 파는 사람들에게 의해서 고객에 대한 보다 많은 지식을 요구하는 것이다. 그러므로 마케팅은 고객을 연구(people study)하는 것이며, 고객의 욕구가 가장 우선되는 것이다.

따라서 신속한 고객의 욕구 파악이 매출 신장과 일맥상통하는 호텔컨벤션 마케팅의 기본개념을 요약 정리하면 다음과 같다.

첫째, 호텔컨벤션 마케팅은 고객지향(customer-orientation)의 원리이다.

둘째, 호텔컨벤션 마케팅은 이윤지향(profit-orientation)의 원리이다.

셋째, 호텔컨벤션 마케팅은 통합과 조정(integration- coordination)의 원리이다.

호텔컨벤션 마케팅이 고객지향의 원리를 바탕으로 한다는 것은 고객의 필요와 욕구를 가장 우선적으로 생각하며, 그 욕구의 충족을 최대의 목표로 한다는 것이다. 그러한 고객의 욕구가 충족되면 결과적으로 고객은 소비자의 만족(consumer satisfaction)을 낳게 되고, 고객은 자기의 욕구를 충족시킨 상품을 반복해서 구매하게 된다. 따라서 그 상품에 대한 충성도(loyalty)가 생겨 애용하게 되면 결국은 컨벤션의 장기적인 이익을 확보하게 되는 것이다.

호텔컨벤션은 고객이 필요로 하는 것을 공급하여 이윤을 추구하는 기업이므로 이윤을 추구해야 한다는 것은 지극히 당연하다. 그러나 그러한 이윤의 추구는 고객의 욕구의 충족을 통해서 이루어져야 하며, 호텔컨벤션 상품의 판매는 호텔에 이익을 주는(profitable sales volume) 것이어야 한다. 말하자면 투입된 비용이 적고, 산출된 판매가 많아야 하는 생산성에 기초해야 한다.

기업이 장기적 이익을 확보하기 위해서 선택할 수 있는 수단은 판매량 증대와 생산성 향상이다. 판매량 증대를 위해서는 시장을 확대하거나 시장을 심층화하는 전략이 필요하지만 그 어느 것이든 고객의 욕구와 그 충족이 대전제가 되는 것이다. 생산성 향상을 위해서는 원가를 절감하는 방법, 가격을 인상하는 방법, 판매 믹스를 개선하는 방법 등을 생각해볼 수 있다.

통합과 조정의 원리는 호텔의 모든 기능들이 고객(시장)을 상대함에 있어 통합되고 조정되어야 함을 말한다. 호텔경영을 위해서는 많은 기능들이 참여하고 있다. 생산적 기능, 재무적 기능, 판매적 기능, 인사적 기능들이 그것이다. 이러한 나름대로의 역할은 호텔기업의 목표를 달성하기 위해서 하나로 통합되고 조정되어야 함을 말한다. 부분적 기능이 통합되어 전체가 하나로 될 때 훨씬 큰 효력의 발휘가 가능하기 때문이다.

따라서 호텔컨벤션 마케팅은 시장을 상대함에 있어 각 부서가 제 각각의 접근방법이 아니라 전사적으로 각 부서가 동참하는 기업활동의 원리여야 한다. 바로 이 점이 마케팅과 판매(selling)의 차이라고 할 수 있다. 호텔컨벤션 마케팅과 일반마케팅과의 차이점은 고객이 서비스를 이용한다는 특성이 있기 때문에 정보파악이나 상품화하는 과정이 유형물의 경우와 근본적으로 다르다.

따라서 호텔컨벤션 마케팅 활동은 실질적이어야 하고, 정확하고 적극적으로 임해야 할 것이다. 그리고 호텔컨벤션 마케팅의 역할은 호텔서비스의 특징으로 인하여 일반제조업에서 유형적인 상품 판매를 목적으로 하는 마케팅과는 상품·유통구조·판매촉진 방법에 있어서 다른 특수성을 갖고 있다.

2. 마케팅의 기본요소

호텔컨벤션 마케팅은 개인이나 집단이 제품과 다른 여러 요소들이 포함된 가치를 교환하고 창조함으로써 그들의 욕구와 그들이 필요로 하는 것을 얻어내는 사회적이고, 관리적인 과정이다(Kotler & Armstrong, 1999).

또한 호텔컨벤션 마케팅은 개인이나 조직의 목표를 만족시킬 수 있는 교환 창출을 통해 제품과 서비스, 아이디어의 분배, 촉진, 가격의 개념을 계획하고 실행하는 과정이다. 즉 개인 또는 조직의 장기적 이익을 보장하기 위하여 그들의 욕구를 만족시키는 제품을 제공하고, 고객의 욕구를 확인하는 기본적 사고가 호텔컨벤션 마케팅의 개념이라 할 수 있다.

(1) 욕 구

욕구(need)는 고객이 결핍을 느끼는 상태를 말하는데 어떤 이상적이거나 바람직한 상태와 실제상태 사이의 어떤 차이에서 나타난다. 인간은 자신이 느끼는 실제 상태와 기대상태의 차이가 충분히 클 때 욕구를 만족시키기 위하여 어떤 행위를 취하려는 동기가 유발된다.

인간은 매우 복잡하고 다양한 기본적인 욕구를 갖고 있는데 이에는 의·식·주·안전함·편안함 등과 같은 생리적 욕구, 소속감·애정과 같은 사회적 욕구, 자존과 자기표현 등과 같은 개인적 욕구가 있다. 이러한 인간의 기본적 욕구는 외부의 자극에 의해 창조되는 것이 아니라 인간 내부에서 자연히 발생하는 인간형성의 기본적 부분이다.

우리가 몹시 갈증이 나거나 배가 고플 때 갈증이나 고픈 배를 해결(만족)하기 위하여 물을 찾는 행동을 취하려 하거나 음식물을 구하려는 행위를 취한다. 또한 내 자신의 머리모양이 마음에 들지 않는다고 느낄 때 머리를 자르거나 다듬고 싶은 행동을 취하게 된다. 이렇게 욕구는 신체기능(어떤 먹는 행위와 관련)과 연결되기도 하고, 정신기능(좋게 보이고 싶어하는 행위)과 관련되기도 한다.

그리고 어떤 제품은 인간의 다양한 다른 욕구를 동시에 만족시키기도 한다. 예컨대 유명한 호텔에 출입하거나 명품 바바리 코트를 구입하였다면 유명호텔과 명품코트에서 얻는 따뜻함과 같은 육체적 욕구를 충족시키는 한편 자기표현을 위한 개인적 욕구충족과 동시에 그 명품이 주는 유명세에 의하여 다른 사람들로부터 주목받게 되는 사회적 욕구 등도 동시에 만족시킬 수 있다.

(2) 욕 망

필요(want)는 욕구를 실현시킬 수 있는 구체적 방법을 의미하는 것으로 문화적·사회적 영향을 의식하면서 특정한 방법으로 욕구를 만족시키려는 바람을 말한다. 욕망은 욕구를 충족시킬 수 있는 대상과 관련된 개념으로서 사회가 진보됨에 따라 그 구성원들의 욕망은 증가하게 된다. 사람들은 그들의 호기심과 욕망을 자극하는 수많은 대상들에 노출되므로 마케터는 이러한 인간의 욕망을 충족시킬 수 있는 제품과 서비스를 제공하여야 한다. 인간은 개개인마다 서로 다른 성장배경과 학습경험·생활환경 등에 의한 자신만의 독특한 행동양식에 따라 다른 어떤 방법으로 욕구를 만족시키려 한다.

예컨대, 같은 형제자매라도 배고픔을 느꼈을 때 그 배고픔을 해결하는 방법은 다르다. 형은 얼큰한 뚝배기로, 동생은 햄버거로, 언니는 냉면으로, 동생은 김밥으로 허기를 때우는 경우가 그 예이다. 이것은 나라, 민족, 종교, 교육수준, 직업, 빈부의 격차, 성별, 연령, 가치관, 문화 등에 따라 저마다 욕구를 만족시키고자 하는 구체적 해결수단이 다름을 의미하는 것이다.

(3) 효 익

효익(benefit)은 특정 제품이나 서비스가 욕구나 필요를 만족시켰을 때 그 제품이나 서비스를 통해서 얻게 되는 부분을 말한다. 효익은 고객이 특정 제품이나 서비스를 구매 또는 소비하기 위하여 투자하는 각종 노력과 그 제품이나 서비스의 구매와 소비를 통해서 얻어지는 보상에 따라 결정된다.

제품이나 서비스의 구매와 소비로부터 얻어지는 보상이, 자신이 제품이나 서비스의 구매와 소비에 투자한 노력보다 같거나 크면 효익이 있는 것이다. 그 반대의 경우는 효익이 없는 것으로 손해를 입었다고 느낀다. 고객은 제품이나 서비스를 구매하는 데 따른 소비시간과 도달거리, 정신적·육체적 고통, 그리고 제품이나 서비스의 실제 지불가격 등을 종합하여 그 제품이나 서비스가 주는 보상과 비교하여 효익을 판단한다. 때문에 기업은 자사의 제품이나 서비스가 고객에게 어떤 효익을 제공할 수 있는가를 부단히 연구하고 개발하려고 노력한다.

예컨대 자사의 제품이나 서비스가 기능적인 측면(호텔은 이용고객의 신변을 안전하게 보호해주고, 생활에 쾌적한 환경을 제공)과 경험적인 측면(호텔은 이용고객의 품격을 높여주고, 항상 따뜻한 서비스로 상품으로 세심한 배려)에서 경쟁사보다 우수하다고 고객이 느낄 수 있어야 한다.

(4) 효 용

효용(utility)은 사용자의 욕구와 필요에 부응하는 제품이나 서비스로부터 사용자가 받는 유용성에 대한 가치만족을 말한다. 효용은 형태 · 장소 · 시간, 그리고 소유 등 네 가지의 기본적 유형이 있는데 여기서 생산활동은 형태의 효용을 만들어내고, 마케팅 활동은 장소 · 시간 · 소유의 효용을 창출한다.

예컨대 형태의 효용은 고객의 욕구와 필요에 부응하는 제품이나 서비스를 구체적 형태로 만들어내는 것이고, 장소의 효용은 고객의 욕구와 필요에 부응하는 제품이나 서비스를 어디서 구매할 수 있는가와 관련되며, 시간의 효용은 고객의 욕구와 필요에 관련되는 제품이나 서비스를 필요한 시점에 적절하게 구매할 수 있는가와 연결되며, 소유의 효용은 고객의 욕구와 필요와 일치하는 제품이나 서비스를 거래를 통하여 합법적으로 구매하여 소유할 수 있는가와 관련된다.

(5) 수 요

수요(demand)는 고객이 얻고자 하는 자원과 일치하는 제품이나 서비스에 대한 고객의 바람으로 고객이 자신의 필요를 만족시키는 자원이나 자신이 원하는 것과 연결되는 구매력의 결과를 의미한다. 즉 구매력이 있는 고객이 자신이 원하는 제품이나 서비스에 대하여 구매를 희망하는 것을 말한다.

인간의 욕망은 끝이 없지만 그 욕망을 충족시키기 위해 소용되는 자원(소득 · 저축 · 시간 · 에너지 등)은 한계가 있으므로 인간은 그들이 지불할 수 있는 금액에 대해 가장 큰 만족을 주는 제품을 선택하게 된다. 이러한 욕망이 구매력을 수반할 때 '수요(demands)'가 된다.

연휴나 방학기간을 이용하여 외국여행을 가고 싶어하는 사람들, 봄과 가을에 신혼여행을 준비하는 사람들, 그리고 초·중·고등학교의 학기 중 수련회에 가고 싶어하는 학생들은 모두 특정기간·특정장소의 여행상품을 구매하기 원하는 사람들이다.

한편, 호텔의 경우 계절·요일·특별행사·국제회의 등에 따라 호텔상품을 구매하고자 하는 고객들이 있다. 이처럼 특정 제품이나 서비스에 대하여 구매하기를 원하는 고객을 '수요'라고 한다.

(6) 상 품

상품(product)은 고객의 욕구와 필요를 만족시킬 수 있는 소비·사용·획득·관심 등에 대하여 시장에 제공될 수 있는 어떤 것을 의미하는 것으로, 상품은 물질적 대상(physical objects), 경험(experience), 용역(service), 사람(people), 장소(place), 조직(organization), 정보(information), 아이디어(idea) 등을 포괄한다.

제품의 개념은 욕구를 만족시킬 수 있는 가능성을 가진 모든 것으로 그 물질적 대상의 범주가 무한하며, 또한 실체가 없는 무형의 상품(서비스)까지 포함한다. 이와 같이 제품은 고객의 욕구와 필요를 만족하는 교환과정에서 제공되는 사람·장소·생각·상품·서비스를 말한다. 따라서 상품(products)이란 인간의 욕구나 욕망을 충족시킬 수 있는 것으로서, 주의(注意)의 대상이 되거나 취득·사용 및 소비를 위해서 시장에서 제공되는 것을 말한다.

(7) 서비스

서비스(service)는 한 당사자가 다른 사람에게 제공할 수 있는 효익이나 어떤 행위로 본질적으로 무형이며, 어떤 것에 대한 소유의 결과가 되지 않는다. 서비스는 무형성·소멸성·동시성·변화성 등을 특성으로 하며, 제품처럼 판매되는 상품과 같다. 때문에 고객이 서비스를 구매하고 소비하기 위해서는 대가(화폐)를 지불해야 한다. 하지만 고객은 제품의 구매와 달리 서비스의 구매를 통해서 가질 수 있는 유일한 것은 경험뿐이다. 왜냐하면 서비스는 가질 수도, 만질 수도, 잡을 수도 없기 때문이다.

이렇게 서비스를 상품으로 판매하는 대표적 기업은 이동통신·방송·언론 · 호텔 · 리조트 · 여행사 · 은행 · 보험 · 증권 · 항공사 · 차량정비소 · 세무사 · 회계사 · 변호사 · 운송업 등이다. 예컨대, 고객이 여행사를 통해 여행을 하는 동안에 호텔에서 숙박을, 식당에서 식사를 제공받고, 교통수단을 이용한다. 여기서 여행사 · 호텔 · 식당 · 교통수단은 고객이 그 서비스를 이용하기 위하여 대가를 지불하는 곳이다.

(8) 가 치

가치(value)는 제품이나 서비스를 얻기 위해 투자한 비용과 제품이나 서비스의 사용과 소유로부터 얻어지는 가치의 차이에 의하여 결정된다. 예컨대, 호텔을 이용하는 고객은 다양한 효익을 얻게 되는데 호텔이 제공하는 정중하고 빠른 서비스와 서비스 이용과 관련된 신뢰성이 가장 큰 비중을 차지한다.

가치는 다양한 제품과 서비스가 제공하는 가치에 대한 자신의 지각을 기준으로 구매선택을 결정한다. 고객은 종종 제품의 가치와 비용을 정확하게 또는 객관적으로 판단하지 못한다.

(9) 소비자

소비자(consumer)는 제품이나 서비스를 구매하는 궁극적 사용자를 말한다. 따라서 소비자는 서로 매우 다른 욕구를 가진 개인이거나, 조직이거나, 기업이거나, 정부이거나, 종교단체이거나, 학교 등이 될 수 있다.

고객(customer)은 마케팅 교환 과정에서 가치 있는 제품이나 서비스를 제공받는 어떤 사람이나 조직을 말하며, 이들은 제품이나 서비스의 실제 사용자일 수도, 그렇지 않을 수도 있다.

(10) 고객만족

고객만족(customer satisfaction)은 구매자의 기대에 부응하는 제품이나 서비스의 지각된 성능을 말한다. 제품이나 서비스의 성능이 구매자의 기대에 미치지 못하면 불만족하게 되고, 제품이나 서비스의 성능이 구매자의 기대에 부응하거나 초과하게 되면 만족하거나 기뻐하게 된다.

여기서 고객기대는 과거의 서비스 이용 경험, 서비스 이용 경험에 대한 친지들의 의견, 서비스 기업이나 경쟁자가 제공하는 정보나 약속 등에 의하여 형성된다.

성공한 기업들의 경우 기업이 고객에게 제공하기로 약속한 것 이상을 고객에게 전달함으로써 고객을 기쁘게 한 결과이다. 고객지향 서비스 기업의 경우 고객만족을 최대화시키지 않으면서 경쟁자보다 상대적으로 높은 고객만족을 전달하는 방법을 찾고 있다.

(11) 품 질

품질(quality)은 제품이나 서비스의 성과에 직접적으로 영향을 미친다. 때문에 품질은 고객만족과 고객가치와 밀접하게 관련된다. 품질은 협의의 관점에서 제품이나 서비스가 원천적으로 하자(결점 또는 불량)가 없어야 함을 말하며, 품질관리 관점에서 고객의 욕구를 만족시키는 능력이 있는 그 제품이나 서비스가 가지고 있는 전반적 특성을 의미한다.

품질은 제품이나 서비스가 가지고 있는 본질적 성능이기 때문에 그 제품이나 서비스의 성능이 구매자의 기대에 미치지 못하면 품질이 열악한 경우에 해당하고, 제품이나 서비스의 성능이 구매자의 기대에 부응하거나 초과하게 되면 품질이 우수한 것이다.

(12) 교 환

교환(exchange)은 판매자와 구매자 사이에 발생하는 가치와 관련된 이전과정으로 자신이 줄 수 있는 어떤 것을 제공하고서 누군가로부터 자신에게 필요한 대상을 얻기 위한 행위를 의미한다. 교환은 사람이 자신에게 필요한 대상을 얻을 수 있는 많은 방법들 가운데 단지 하나만이 존재한다.

예컨대 배고픈 사람은 사냥·낚시·과일채집을 통해서 자신에게 필요한 음식을 직접 얻을 수 있고, 구걸행위를 통해서, 또는 다른 누군가로부터 음식을 얻을 수 있다. 또는 배고픈 사람은 음식을 얻기 위해 돈을 지불하기도 하고, 다른 상품을 대신 내놓기도 하고, 서비스를 대신 제공하기도 한다.

교환의 가정은 다음의 조건이 충족되어야 한다. 교환은 판매자와 구매자가 있어야 하고, 그 대상이 서로에게 필요한 가치있는 것이어야 하고, 상호간 제안과 수용에 제한이 없어야 한다.

예를 들어 자급자족은 배가 고픈 경우에 자신이 음식을 만들어 먹는 행위이고, 강요는 음식을 빼앗아 먹는 행위이며, 구걸은 음식이나 물건을 구걸하는 행위이고, 교환은 화폐나 다른 물건 또는 서비스를 제공하여 필요한 음식을 얻는 행위이다. 여기서 교환이 가장 합리적인 방법이다.

교환은 마케팅 개념의 핵심이다. 교환이 발생하기 위해서는 몇 가지 조건이 충족되어야 한다.

첫째, 최소한 두 명 이상의 당사자가 있어야 한다.
둘째, 각자는 상대방에게 가치가 있는 어떤 것을 가지고 있어야 한다.
셋째, 각자는 상대방과 연락 및 수송이 가능하여야 한다.
넷째, 각자는 상대방의 제의를 자유로이 거부, 또는 승낙할 수 있어야 한다.
다섯째, 각자는 상대방과의 거래에서 타당하고 바람직하다고 생각하고 있어야 한다.

이러한 의미에서 볼 때 생산이 가치를 창조하는 것과 같이 교환도 가치를 창조하므로 교환은 사람들에게 소비의 가능성을 확대시켜준다.

(13) 거 래

거래(transaction)는 두 당사자 사이의 가치의 매매 또는 거래로 구성되는데 한쪽이 다른 한쪽에 X를 주고 대신해 Y를 갖는 경우를 말한다. 거래는 장소의 일치, 시간의 일치 등 적어도 두 개 이상의 가치 있는 조건을 만족하는 두 당사자 사이의 교환을 의미한다.

예를 들면 어떤 사람이 백화점에서 30만 원을 주고 텔레비전을 구입하였을 때 이를 금전적 화폐거래라고 한다. 그렇지만 모든 거래가 화폐로 이루어지는 것은 아니다. 예컨대 물물교환 거래의 경우도 있는데 낡은 냉장고를 이웃의 중고 텔레비전과 맞바꾸는 경우가 이에 해당된다. 또는 변호사가 의사에게 유언장을 작성해주고 그 대가로 의료서비스를 받는 경우도 이에 해당된다.

거래가 성립되려면 적어도 두 가지의 가치 있는 제품이 있어야 하고, 교환조건 · 교환시기 및 교환장소에 대한 양자 간의 합의가 있어야 한다.

거래는 다음과 같이 측정 가능한 요소를 포함하고 있다.

첫째, 동의하는 조건
둘째, 계약시간
셋째, 계약장소

거래는 이전과는 구별되어야 한다. 이전(transfer)에는 교환 상대방 가운데 한쪽이 상대방에게 무엇인가를 제공했다고 해도 그 대가로 무엇을 받았는가를 확실하게 알 수 없다. 따라서 이전은 선물, 원조금, 이타적 행위들을 포함하고 있다.

(14) 관 계

관계(relationship)는 두 당사자 사이의 교환의 회수에 의해 형성되는 세기를 의미한다. 두 당사자 사이의 만남의 횟수가 작거나 그 교환의 세기가 작으면 관계의 끈이 짧거나 약한 경우에 해당하며, 그 반대의 경우라면 관계의 끈이 길고 관계의 강도가 큰 경우에 해당한다. 때문에 기업은 고객과의 관계를 돈독하고 끈끈하게 형성하여 자사가 생산한 제품이나 서비스에 대한 충성도를 높여 안정적인 판매기반을 구축하기 위하여 노력하는 것이다.

(15) 시 장

시장(market)은 제품이나 서비스에 대한 모든 실제적이고 잠재적인 구매자 집합으로서 특정 제품이나 서비스를 통해서 만족할 수 있는 공통의 욕구를 공유하는 모든 고객과 잠재적 고객들이 교환의 대상이 되는 자원을 가지고 있으며, 기꺼이 교환에 참여하고자 하며, 또한 교환을 위한 권한을 가지고 있는 것을 의미한다.

특정 욕구나 필요를 공유하는 구매자들은 교환과 관계를 통해서 만족을 추구한다. 때문에 시장의 크기는 표출된 욕구를 가진 사람들의 수가 얼마나 큰가에 달려 있다. 기업이 판매자들의 집합이라면 시장은 구매자들의 집합이라고 할 수 있는데 기업은 시장에 제품과 서비스를 공급하고 시장은 기업에, 예를 들면 노동시장에 노동력을 제공하고 그 대가로 임금 또는 제품을 받으려는 사람들로 구성된다. 그래서 노동시장이 그 기능을 원활히 할 수 있도록 도와주는 고용안내소나 직업상담소와 같은 기관들이 노동시장 주변에 생겨나 성장하고 있는 것이다.

컨벤션 마케팅 관리란 컨벤션 마케팅의 효율성을 제고하기 위해서 컨벤션 마케팅의 활동을 계획하고, 실행, 통제하는 일련의 관리활동을 말한다. 일반적으로 경영관리의 목표는 효율성을 제고하는 데 있다. 마케팅 관리를 제외한 경영관리는 이를 위해서 그 목적함수를 비용의 극소화에 두고 비용중심 관리를 한다.

그러나 마케팅 관리는 마케팅의 수익과 비용으로 계산되는 마케팅의 효율을 제고하기 위해 수익에 중점을 두고 이익중심 관리를 한다. 이 같은 일반적인 마케팅 관리와 마찬가지로 컨벤션 마케팅 관리는 컨벤션 마케팅의 효율성을 제고하기 위해 목적함수를 수익 극대화로 설정하고, 다소 비용이 소요되더라도 더 많은 수익을 내도록 하는 사회적 이익을 고려한 이익중심 관리를 해야 한다.

컨벤션 마케팅 계획은 컨벤션 마케팅의 효율성을 달성하기 위해 컨벤션 마케팅의 의사결정 방향을 설정하는 것이다. 이 계획은 먼저 컨벤션 시장 분석 및 시장의 세분화를 통해서 목표시장을 설정하고, 이를 달성하기 위해 예산을 편성하고 컨벤션 마케팅 전략을 선정하는 것으로 구성된다. 앞으로는 우리나라에서도 컨벤션센터는 격심한 경쟁환경에 놓이게 될 것이다. 이에 광고예산의 증액, 특별 가격의 적용 등 각 마케팅 활동수단에 소요될 여러 제반 마케팅 비용이 증가할 것이 자명하다. 따라서 컨벤션 마케팅 계획을 제대로 수립하는 일이 대단히 중요하다.

그러나 컨벤션은 유형 제품과 달리 동시성 · 소멸성 · 유형성 · 이질성 등의 특성을 지니고 있다. 이러한 이유 때문에 마케팅 믹스를 결정하는 문제도 쉽지 않다. 이에 컨벤션 마케팅 계획을 유형 제품의 마케팅에서 분리하여 서비스 산업의 영역에서 파악하고자 한다.

3. 마케팅의 중요성

호텔컨벤션은 현재 일고 있는 경제적 · 사회적 및 정치적인 영향으로 그 수요에 미치는 영향이 대단히 클 수 있기 때문에 정확한 추세의 변동을 파악해야 할 필요가 있다. 따라서 비단 호텔컨벤션 산업뿐만 아니라 사회전반에 걸쳐 마케팅의 중요성은 지대한 관심사로 떠올랐다. 전 세계적으로 매년 수십조 달러에 이르는 제품과 서비스가 생산 판매되는데 상당부분이 상품개발 · 포장 · 유통 · 광고 · 인적 판매 등의 마케팅 비용으로 쓰이고 있다.

호텔컨벤션도 마찬가지로 서비스 마케팅의 역할을 어떻게 효율적으로 수행해내느냐에 따라 시장의 성패가 좌우되고, 호텔컨벤션의 이익이 좌우된다.

호텔컨벤션 마케팅은 기본적으로 고객의 욕구를 반영하여 서비스 상품이나 질적 서비스를 만들고, 고객이 지불할 수 있는 가격에 최상의 서비스를 제공하려고 노력한다. 또한 대부분의 호텔은 관광시즌에 따라 성수기와 비수기가 존재하기 때문에, 호텔컨벤션 유치는 호텔의 비수기 타계책으로 각광을 받고 있다. 따라서 호텔컨벤션 마케팅 담당자들은 대형 컨벤션을 유치함으로써 호텔의 매출에 큰 변동을 가져올 수 있는 것은 말할 것도 없거니와 마케팅 전략으로 호텔컨벤션의 가치를 높이기도 하고, 호텔에 대한 고객의 인식 또한 바꿀 수 있다.

제2절 호텔컨벤션 마케팅의 환경 분석

1. 호텔컨벤션 마케팅의 경쟁환경

호텔컨벤션의 마케팅 환경이란 제품·서비스의 생산·홍보·판매 등 기업의 모든 마케팅 활동에 영향을 미치는 모든 요인들을 뜻한다. 이러한 마케팅 환경은 정지해 있는 것이 아니라 계속적으로 변화하므로, 기업활동은 환경변화에 끊임없이 적응하는 과정이라고 해도 과언이 아니다.

마케팅 환경을 구성하는 요인들을 내·외적 환경요인이라는 두 가지 큰 범주로 나누어보면, 우선 내적 환경요인은 호텔컨벤션과 마케팅 담당자들에 의해 주도되면서 기업에 의해 통제될 수 있는 요인을 말한다. 호텔의 최고경영층은 기업의 전반적인 정책을 제시하며, 마케팅 담당자들이 관련 의사결정을 내림에 있어 지침제시 역할을 한다.

이때 호텔컨벤션의 마케팅 환경은 마케팅과 관련된 의사결정이 이루어지고 실행에 옮겨지는 현장인 호텔컨벤션을 둘러싸고 마케터가 마케팅 계획을 수립하고 실행해나가는 데 매우 중요한 의미를 갖는다. 따라서 호텔컨벤션 마케팅 담당자들은 이 같은 지침에 따라 구체적인 마케팅 계획을 수립한다. 한편 외적 환경요인은 호텔컨벤션이 통제할 수 없는 환경요인들을 말하는데, 법률적·정치적·경제적·기술적 요인 등이 여기에 해당된다.

(1) 내부적 환경요인

호텔컨벤션과 마케팅 담당자들에 의해 주도되고, 기업이 통제할 수 있는 요인들을 호텔컨벤션의 내부적 환경요인이라고 말한다. 내부적 환경요인들의 일부는 최고경영층이 통제하며, 기업 전반을 지배하는 정책적 의사결정들에 의해 좌우된다. 따라서 마케팅 담당자들은 전반적인 호텔컨벤션의 목표를 달성하기 위하여 마케팅 계획을 수립하고, 이를 실행하는 책임을 진다.

1) 사업영역 요인

호텔컨벤션이 생산하는 제품이나 서비스의 종류, 지역적 범위, 소유구조형 구체적 사업분야 등을 포함하는 전반적 의사결정은 최고경영자의 의사결정의 범주에 해당한다.

2) 기업목표 요인

호텔 최고경영자에 의해 제시되는 기업목표는 측정 가능성을 전제로 결정된다. 기업성과는 제시된 목표와 실적을 비교함으로써 평가된다. 여기에는 매출액 · 시장점유율 · 이윤 등이 주로 이용되며, 최근에는 기업윤리와 사회적 마케팅을 통한 고객의 가치를 기업목표로 중시하는 경향이 나타나고 있다.

3) 기업문화 요인

최고경영자의 리더십과 의사결정은 기업문화 창출에 결정적인 역할을 한다. 기업문화는 조직구성원들이 공유하고 따르는 가치규범 · 관행들을 말한다. 우리나라의 기업문화는 가풍 중시주의, 집합주의, 명분주의, 인간 중시주의, 위계질서 중시주의 등이 복합적으로 작용하고 있다. 최고경영자의 의사결정에 의하여 형성된 기업문화는 마케팅 활동에 크게 영향을 미친다.

신제품 개발의 경우 기업문화는 결정적으로 작용하게 되는데 그 기업문화가 고객 중시와 효율성 중시 문화인가, 아니면 위계질서 중시와 전통 중시인가에 따라 신제품의 아이디어 창출과 설계 및 제품개발 과정에 영향을 미치게 된다.

4) 목표시장과 마케팅 목표 요인

목표시장은 기업이 마케팅 프로그램을 통하여 만족시키고자 하는 특정 고객집단을 말한다. 목표시장을 선택함에 있어 마케팅 책임자는 시장을 어떻게 세분시장으로 나누며, 그 세분시장들 중에서 어느 시장을 목표시장으로 할 것인가를 결정한다. 목표시장이 결정되면 마케팅 목표를 설정하게 된다. 마케팅 목표는 기업목표보다 구체적 단위로 실행 가능한 목표를 설정한다.

5) 마케팅 믹스 요인

목표시장과 관련된 마케팅 목표를 달성하기 위해 제품·서비스·촉진·유통·가격 등의 구성요소들을 적절하게 결합하는 과정을 말한다. 마케팅 믹스를 구성할 때는 반드시 목표시장의 욕구를 적절히 반영하고, 구성요소들 사이의 조화를 이룰 수 있어야 한다. 또한 기업의 자원한계를 고려하면서 차별적 우위를 가질 수 있도록 구성해야 한다.

마케팅 믹스는 목표시장에서 기업의 마케팅 목표를 달성하기 위하여 기업이 활용하는 마케팅 도구들의 집합을 말한다. 일반적으로 마케팅 믹스는 4P's를 일컫는데, 마케팅 믹스와 관련된 의사결정은 제품·서비스·가격·유통·촉진이 있다.

(2) 외부적 환경요인

호텔컨벤션이 임의로 변화·조정하거나 통제하기 어려운 거시적 환경을 호텔컨벤션의 외부적 환경요인이라고 한다. 이러한 외부적 환경요인은 다양한 기회요인과 위협요인을 제공하기도 한다.

1) 고객요인

고객은 제품이나 서비스의 고유 특성에 따라 다양한 구매유형을 나타낸다. 일상적 소모성 상품의 구매와 가구·자동차·주택 등의 내구재 구매의 경우 또는 저가상품이나 고가상품의 구매 경우 등 제품이나 서비스의 특성에 따라 구매 패턴이 다르게 나타난다.

일반적으로 고객들은 고가상품의 내구재 구매의 경우에는 비교적 신중하게 고려하여 구매를 결정하지만 저가상품의 일상용품인 경우에는 신속하며, 덜 신중한 구매 의사결정을 한다. 또한 최근에는 고객들의 권익보호 단체가 적극적으로 고객권리 주장활동을 전개함으로써 기업의 제품 및 서비스 생산과 마케팅 활동에 상당한 영향을 미치고 있다.

예컨대 계약조건 중 고객우선 및 의무조항 신설 약정위반에 따른 교환·환불 계약조건의 성실한 이행들이 그것이다. 때문에 호텔컨벤션은 제품 및 서비스의 특성에 대한 차별적인 마케팅 활동을 전개해나감과 동시에 고객간의 특성 차이에 대한 인식을 제고할 필요가 있다. 고객은 기업이 생산 판매하는 동일한 상품에 대해서도 자신의 특성 차이에 따라 차별적인 구매활동을 한다는 사실을 잊어서는 안된다.

호텔컨벤션은 자신의 주 표적시장을 자유롭게 선정할 수 있지만 선정된 목표고객들의 특성을 통제하기 어렵다. 또한 고객들의 나이·소득·직업·학력·주거지·국적·인종·언어 등의 고객특성에 대하여 적절히 대응하는 마케팅 전략을 수행할 수 있지만 그들의 특성 자체를 통제할 수 없다. 고객이 상품을 구매하기까지는 고객 자신이 속한 소속사회의 관습·문화·가치관·가족관계·친지·사회지위·종교 등을 고려하지 않을 수 없다.

〈표 8-1〉 경쟁환경의 요소

경쟁환경 요소	내 용
독점 (monopoly)	전체시장에서 한 기업만이 유일하게 특정 제품이나 서비스를 생산하고 판매하는 경우가 이에 당한다. 독점시장 형태는 지속적으로 유지될 수 없는데 일정기간 이후 곧 경쟁자가 시장에 출현하기 때문이다.
과점 (oligopoly)	특정 제품이나 서비스를 소수의 기업들만이 대부분의 시장을 점유하고 있는 경우가 여기에 해당한다. 과점하의 기업들은 규모가 상당히 크며, 비가격경쟁이 이루어지는 것이 일반적이다. 경우에 따라 기업간 담합이 이루어져 후발시장 진입업체를 견제 또는 억압한다. 때문에 후발시장 진입업체의 경우 성공을 위한 투자비용이 과다하게 지출되어 시장진출에 부담으로 작용할 수 있다.
독점적 경쟁	시장에서 특정 제품이나 서비스를 대상으로 많은 기업들이 차별적 마케팅 믹스를 가지고 경쟁하고 있는 상태를 말하며, 가장 일반적인 경쟁형태이다. 경쟁자의 수가 많고, 치열한 경쟁이 이루어지는 경우 경쟁우위를 선점하기 위해서는 고객들에게 자사의 제품을 구매할 이유를 제공해주어야 하기 때문에 차별적 마케팅 믹스 전략을 구사하여 고객에게 접근해야 한다.
순수경쟁	시장에서 특정 제품이나 서비스를 대상으로 무수히 많은 기업들이 자유롭게 경쟁하고 있는 상태를 말한다. 순수 경쟁 하에서 기업들은 어떠한 차별적 우위를 누리기 어렵다. 고객들은 기업이 생산하는 제품이나 서비스에 대한 차별성을 인식하기 어려우며, 이것을 인식하지 않고 구매를 하게 되는 경우가 많다. 때문에 기업은 차별적 마케팅 전략을 통한 경쟁우위가 거의 불가능하다.

그래서 호텔컨벤션은 고객의 마음에 드는 제품 및 서비스를 생산하고 판매하는 것을 목표로 해야 한다.

고객이 원하는 것이 무엇인지를 파악하고, 고객이 아직 인식하지 못하고 있는 욕구는 어떤 것이 있는가를 알아내고, 고객의 욕구에 부응하는 제품이나 서비스를 제공해야 한다. 기업이 효과적인 마케팅 전략을 수립하고 실행해나가기 위해서는 무엇보다 고객 및 고객이 속한 집단에 대한 충분한 이해가 선행되어야 한다.

2) 경쟁사 요인

호텔컨벤션의 경쟁환경은 마케팅 활동에 영향을 미치며, 경쟁환경의 분석은 목표시장에 성공적으로 접근하기 위한 필수적 요건의 하나이다. 기업은 전반적 시장구조에 대한 이해와 함께 마케팅 전략차원에서 국내외 경쟁자의 규모·유통 등 전반적인 분석을 통해 적극적으로 대응해야 한다.

3) 기술발전 요인

기술발전은 기업이 생산하는 제품과 서비스에 크게 두 가지 영향을 주게 된다.

- 기존제품이나 서비스보다 우수한 품질의 신제품이나 서비스를 생산
- 기존제품이나 서비스보다 가격이 저렴한 신제품이나 서비스를 생산

이러한 기술의 발전은 기업 및 사업단위 수준의 전략에 변화를 가져다 줄 수 있다. 기술환경의 급속한 변화에 대하여 기업이 보이는 가장 부정적 반응들 가운데 하나는 기존제품의 서비스를 그대로 유지하려고 하는 전략이다. 왜냐하면 기술의 개발은 상당히 많은 비용이 소요되고, 곧 진부화가 일어나며, 개발자는 독점력을 행사하려 하기 때문에 개발이 되면 신기술을 도입하기 위하여 막대한 대가를 지불해야 하기 때문이다.

그러나 신기술의 출현에도 불구하고 기존제품과 서비스만을 고수하면서 신기술이 반영된 신상품으로의 전환을 거부할 때 당장의 투자지출액을 절감하여 단기적 시장성과를 좋게 만들 수 있지만 장기적으로 기업생존 자체에 위협을 받을 수 있다.

4) 경제적 환경요인

경제적 환경은 호텔컨벤션 기업의 활동에 영향을 미치는 거시적 경제변수들에 의하여 창출된다. 국가 및 지역의 경제성장률은 기업의 마케팅 활동에 중요한 변수로 작용한다. 경제의 고성장은 시장의 잠재성이 매우 크다는 것을 나타내며, 저성장은 제품이나 서비스 판매율의 저하를 예측할 수 있다.

예컨대 경기가 호황국면에서는 고객들이 소비를 증가시키지만 경기가 침체국면에 들면 고객들은 자신의 소비를 전반적으로 감소시킨다. 경기의 침체 여부는 기업의 제품이나 서비스의 판촉활동에 영향을 주게 된다. 경기가 불황일 경우 기업은 자사의 제품이나 서비스를 대형 할인매장을 통해 유통시키는 정책을 펴기도 하고, 고가품에 대한 저가형 대체품 개발에 노력하기도 한다.

5) 사회문화 요인

호텔컨벤션의 마케팅 활동에 영향을 미치는 사회문화 요인으로는 연령·인종·성별·종교·관습·가치관·예술 등이 있다. 사회문화 요인은 고객의 구매 및 소비행위를 결정하는 데 많은 작용을 하게 된다. 이들 요인은 국가와 같은 큰 집단 사이에서 차이를 보이며, 국가도시 안에서도 이질적 집단 간에 큰 차이를 보이는 경우가 많다. 이들 환경은 다른 환경과 같이 지속적으로 변화하는 특성을 나타낸다.

인구증가율·성별구성비·결혼적령기·기혼자비율·학력수준·소득수준 등은 꾸준히 변화하고 있다. 이들 환경의 변화는 곧 소비형태의 변화로 이어지기 때문에 기업활동은 이들 환경변화에 능동적으로 대처할 수 있어야 한다.

6) 매체 요인

호텔컨벤션이 자사의 제품이나 서비스의 촉진수단으로 각종 매체를 이용하게 된다. 최근에는 기업들이 케이블 TV나 인터넷망을 이용함으로써 마케팅 활동의 범위를 확대해나가고 있다. 매체환경의 변화는 기업의 촉진활동이나 기업 이미지를 전달하는 방식에 변화를 가져오게 된다. 케이블 TV나 PC통신을 통하여 기업들이 적극적으로 고객들과 상호작용을 시도함으로써 기업 이미지 개선과 고개욕구의 파악 및 이를 제품 및 서비스에 반영함으로써 판매를 촉진시키고 있다.

고객들도 매체의 다양화와 매체환경 변화에 대한 태도의 변화를 가져옴으로써 기업의 마케팅 활동에 변화를 초래하고 있다. 앞으로 쌍방향 디지털 시대의 도래는 또 다른 마케팅 활동의 변화를 요구하고 있다.

2. 호텔컨벤션 SWOT 분석

호텔컨벤션 행사의 강점과 약점은 내부적인 환경요인으로서 통제가 가능하다. 이들 요인들은 이미 행사가 개최되기 이전부터 내재되어 있던 요인들로서 주최자 및 행사관계자들과 토의를 통해 도출할 수 있다.

또한 기회와 위협요인은 외부적인 환경요인으로서 일반적으로 행사기간 중 또는 행사 이후에 발생한다. 기회요인은 주최 측에서 의도하지 않았지만 행사운영에 도움을 주는 요인을 말한다.

예를 들어 미국 9·11 사태 직후 아랍 사회에 대한 관심이 고조되어가면서 아랍권과 관련된 학회 및 컨벤션 행사에 대한 관심 역시 매우 높아졌다. 반면, 위협요인은 행사의 성공에 장애가 되는 요인을 말한다. 악천후나 테러리즘, 전쟁, 불안한 국내정세 또는 경제상황, 질병의 발발 등은 모두 위협요인으로 작용할 수 있다. 이런 외부적인 환경요인들은 사실상 통제가 거의 불가능하다. 호텔컨벤션과 관련된 일반적인 강점과 약점, 기회 및 위협 요인을 정리하면 표와 같다.

〈표 8-2〉 컨벤션 행사의 기회와 위협요인

강점(strenght) (내부적)	약점(weakness)
• 높은 컨벤션 브랜드 인지도 • 안정적인 자금지원 • 과거 주최자의 행사경험 • 매력적인 개최장소 및 시설 • 우수한 인적 자원	• 낮은 컨벤션 브랜드 인지도 • 비안정적인 자금지원 • 열악한 개최장소 및 시설 • 전문인력의 부족 • 행사경험의 부족
기회(opportunity) (외부적)	**위협(threats)**
• 관련 분야에 대한 사회적 관심 고조 • 경제활성화 • 개최지 이미지 상승 • 정부의 적극적 정책지원	• 정치적 불안정 • 경제불황 • 테러로 인한 사회불안 • 다수의 경쟁행사 • 질병의 발발

제9장
호텔컨벤션 마케팅의 초기 분석

제 1 절 호텔컨벤션 마케팅의 세분화 분석
제 2 절 호텔컨벤션 마케팅 포지셔닝

제1절 호텔컨벤션 마케팅의 세분화 분석

1. 호텔컨벤션 시장세분화 의의

호텔컨벤션 시장의 세분화는 여러 가지 기준에 따라 세분된 시장을 통해 정확하게 파악된 욕구를 고객층에 부응할 수 있는 상품을 제공하게 되는 것을 의미한다.

다시 말해 호텔컨벤션 시장의 상품, 즉 회의장의 시설과 공간, 식음료, 다양한 서비스 등에 대한 욕구, 구매할 의사를 갖고 있는 사람이나 조직의 집단을 분류한 다음, 호텔컨벤션 상품을 고객의 수용에 충족시키기 위해 시장을 몇 개의 소시장으로 구분해서 그 구분된 시장에 적합한 호텔컨벤션 상품을 제공하는 것을 호텔컨벤션 시장의 세분화라고 한다.

호텔컨벤션은 고객을 만족시키며 환대하는 사업이며, 호텔컨벤션의 고객은 상품을 구입한다기보다 편익(benefits)을 구매한다. 각 개인은 그들의 개인적 혹은 직접적인 욕구(needs, wants) · 욕망(desires) · 희망(hopes) · 열망(aspirations) · 꿈(dream)을 만족시키는 효용들의 조합을 구매하는 것이다. 그러나 호텔컨벤션은 이 모든 고객에게 효용을 제공할 수는 없다. 경쟁적 상황을 고려하면 더욱 그러하다. 따라서 호텔컨벤션은 고객을 가장 만족시킬 수 있는 시장단위를 분리해내고 여기에 맞는 상품, 즉 효용을 제공해야 한다.

2. 호텔컨벤션 시장세분화 분류

호텔컨벤션 참가자의 시장은 기본적으로 지리학적 · 인구학적 · 사회경제학적 · 심리학적 특성에 따라 분류해 볼 수 있다.

(1) 지리적 세분화

지리적 세분화(geographic segmentation)란 지리적 위치에 있는 고객군을 나누는 것이다. 따라서 국가·주·지역·시골·도시 등과 같은 여러 가지 지리적 단위로 시장을 구분할 필요가 있다. 기업은 하나 또는 몇 개의 지리적 지역에서 영업활동을 하거나, 또는 모든 지역에서 영업활동을 하기로 결정할 수 있으나 지리에 따른 기본적인 욕구와 선호의 차이에 주의해야 한다.

(2) 인구통계학적 세분화

인구통계학적 세분화(demographic segmentation)는 연령·성별·가족수·라이프사이클·소득·직업·교육·종교·인종·국적 등의 인구통계학적 변수에 기초하여 시장을 몇 개의 집단으로 분할하는 것이다.

인구통계학적 변수는 소비자 집단을 구분하는 가장 널리 이용되는 기준이다. 그 이유로는 소비자의 욕구·선호·사용빈도 등이 인구통계학적 변수들과 높은 연관성을 갖기 때문이다. 또한 인구통계학적 변수들이 대부분의 다른 변수들보다 측정하기가 수월하기 때문이다.

시장세분화가 최초로 성격이나 행동 등의 다른 기준들을 사용하여 결정되었다 하더라도 표적시장의 규모를 측정하거나, 이에 효율적으로 도달하기 위해서는 인구통계학적 변수를 잘 이해해 둘 필요가 있다.

(3) 심리적 세분화

심리적 세분화(psychographics segmentation)는, 즉 고객들의 심리적 면모와 라이프스타일에 근거하여 시장을 세분화하는 것을 말한다. 이는 구매자들은 사회계급이나 라이프스타일, 개성의 특징에 기초하여 상이한 집단으로 구분되는데 동일한 인구통계학적 집단에 속하는 사람들이라도 매우 다른 심리적 특성을 나타낸다.

1) 사회계층에 따른 세분화

사회계층에 따른 세분화를 통해 각각의 계층에 속하는 고객들은 스스로의 욕구에 맞는 범위에 만족하지만, 반대계층을 표적으로 하고 있는 시설물의 이용은 꺼려한다.

2) 라이프스타일에 따른 세분화

마케터들은 점차 소비자의 라이프스타일을 기초로 컨벤션 참가자들의 시장을 세분화하려 하고 있다. 특히 국제회의의 경우 각 나라마다 라이프스타일의 차이가 클 수 있기 때문에 세심한 고려가 필요하다.

3) 개성에 따른 세분화

개성에 따른 세분화에 대하여 마케터는 시장세분화를 위하여 개성 변수를 채택하고 있으며, 구매자의 개성에 적합한 특성을 그 제품에 부여하고 있다.

4) 행태적 세분화

행태적 세분화란 이용률, 이용현황과 잠재성, 브랜드 충성도, 이용횟수 그리고 추구하는 편익에 따라 세분화하는 것이다. 말하자면 특정상품이나 서비스 또는 브랜드에 대해서 고객이 보여주는 과거 · 현재 · 미래의 행동차원을 이용하는 것이다.

(4) 구매계기에 따른 세분화

구매계기(occasions)에 의한 세분화는 컨벤션 이용의 계기를 확립하는데 기여를 하며, 그에 따른 구매자들은 아이디어를 갖거나 구매를 하거나 상품을 사용하는 경우에 따라 구분될 수 있다.

(5) 편익추구에 따른 세분화

구매자는 그들이 추구하는 제품에 대한 편익(benefits sought)에 따라 분류할 수 있다. 한 연구자가 세 가지 형태의 레스토랑, 즉 가족에게 인기있는 레스토랑, 분위기가 좋은 레스토랑, 미식가용 레스토랑의 단골 및 비단골 고객에 관한 연구를 한 결과 레스토랑 고객에게는 다섯 종류의 주요 어필 항목이 있다는 것을 발견하였다.

즉 요리의 질, 메뉴의 다양성, 가격, 분위기 및 편리성 등의 요소에 대하여 각 집단별로 분석하였다. 그 결과 가족 레스토랑의 여러 단골고객은 편리함과 메뉴의 질을 추구하는 것으로 밝혀졌으며, 분위기가 좋은 레스토랑을 찾는 다양한 단골고객들은 요리의 질과 분위기를 추구하는 것으로 밝혀졌다. 또한 미식가용 레스토랑의 단골고객은 특히 요리의 질에 가치를 두고 있었다.

따라서 이처럼 고객이 추구하는 특징과 편익을 파악한다는 것은 다음 두 가지 점에 있어서 유익하다.

첫째, 컨벤션 마케팅 담당자는 특정 세분화된 고객을 유치하기 위하여 무엇을 제공하고, 무엇을 판매 촉진할 것인가를 이해할 수 있게 된다는 점이다.

둘째, 고객유형을 구별하는 것이 가능해진다. 기존 컨벤션 시장으로부터 분리하여 잠재고객을 식별하는 데 있어 컨벤션의 현재시장에 대한 성격을 이해할 수 있다.

(6) 사용자의 지위에 따른 세분화

대부분의 시장은 비사용자, 과거의 사용자, 잠재사용자, 최초의 사용자 및 정기적 사용자로 세분화할 수 있다. 대형항공사와 같이 높은 점유율을 추구하는 기업은 정기적 사용자를 유지하면서 잠재적 사용자를 유치하는 데 특히 관심을 가지고 있다. 잠재적 사용자와 정기적 사용자는 때때로 각기 다른 마케팅 어필 방법이 필요하게 된다.

(7) 사용률에 따른 세분화

시장은 또한 제품의 소량 사용자, 보통 사용자 및 다량 사용자 집단으로 세분화할 수 있다. 다량 사용자는 시장의 작은 부분을 차지하지만 일반적으로 전체 소비량의 많은 부분을 차지한다. 예로 맥주를 보면 미국인 인구의 16%가 전체 맥주 소비량의 88%를 차지하고 있다. 맥주의 다량 사용자는 소량 사용자에 비하여 7배 이상을 소비하고 있다. 이것은 유명한 80대 20의 법칙을 증명하고 있는데 이는 대부분의 사업이나 산업에 있어 차지하는 커다란 비율은 낮은 비율의 단골고객에 의하여 높아진다는 것을 보여주고 있다.

(8) 충성도에 따른 세분화

충성도(loyalty status)에 의한 행태적 세분화는 소비자의 충성도 패턴에 따라 세분화하는 것이다. 컨벤션 참가자들은 특수한 호텔의 브랜드에 대해서, 예를 들면 하얏트나 쉐라톤 같은 호텔을 선호할 수도 있고, 또는 어떤 특수한 호텔만은 선호할 수도 있다.

(9) 구매자의 구매용의 단계에 따른 세분화

어떤 시점에서 한 제품에 대한 사람들의 구매용의 단계(buyer readiness stage)는 서로 다르다. 시장은 제품이 있다는 것도 모르는 사람, 알고 있는 사람, 정보를 가진 사람, 상품을 원하고 있는 사람, 구입의사를 가진 사람 등 여러 가지 사람들로 구성되어 있다. 이러한 사람들의 구성 비율은 마케팅 프로그램을 설계하는 데 커다란 차이를 가져온다.

〈표 9-1〉 유용한 시장 세분화의 특징

세분시장	특 징
측정가능성 (measurability)	• **세분시장의 규모와 구매력이 측정될 수 있는 정도** 어떤 세분화 변수는 측정하기가 어려운데, 예를 들면 부모에 반항하기 위해 주로 술을 마시는 10대 음주가들의 세분시장의 규모는 측정하기 힘든 것이다.
접근가능성 (accessibility)	• **세분시장에 효과적으로 도달하여 실행할 수 있는 정도** 저자 중 한 사람이 대학 레스토랑 고객의 20%는 빈번하게 이용하는 단골고객이라는 것을 발견하였다. 그러나 빈번하게 이용하는 단골고객은 일반적인 특징이 없었다. 그들은 대학의 교원 · 직원 및 학생들이었다. 상근 · 비상근 또는 학생들의 학년 차이에 따라 사용의 빈도 수에서는 별다른 차이를 보이지 않았다. 세분시장이 밝혀졌지만 대량 사용자의 세분화에 접근하는 방법은 존재하지 않았던 것이다.
실질성 (substantiality)	• **세분시장이 하나의 시장으로서 충분히 크거나 수익성이 있는 정도** 세분시장은 잘 마련된 마케팅 프로그램이 추구할 가치가 있을 만큼의 가능한 가장 큰 동질집단이어야 한다. 예를 들면 대도시 지역의 경우에는 여러 가지 민족 고유의 레스토랑을 유지할 수 있으나, 태국 요리, 베트남 요리, 모로코 요리를 제공하는 레스토랑들의 경우 작은 도시에서는 유지될 수 없을 것이다.
행동 가능성 (actionability)	• **세분시장을 유인하고 그 세분시장에서 실행할 수 있도록 하는 효과적인 마케팅 프로그램을 구성할 수 있는 정도** 예를 들어 한 작은 항공사가 7개의 세분시장을 발견하였더라도, 그 직원 수와 예산이 너무 작아서 세분시장을 위한 독립적인 마케팅 프로그램을 개발할 수 없는 경우이다.

3. 호텔컨벤션 시장세분화 마케팅 전략

호텔컨벤션 시장의 세분시장들에 대한 평가가 수행된 뒤 호텔은 어떤 시장을 공략해야 하고, 몇 개의 세분시장에 마케팅 활동을 집중할 것인가를 결정해야 한다. 여기서 호텔컨벤션이 선택할 수 있는 마케팅 전략은 무차별 마케팅, 차별 마케팅, 집중 마케팅 등 세 가지 전략이 있다.

(1) 무차별 마케팅 전략

무차별 마케팅(undifferentiated marketing) 전략은 세분시장 간의 차이를 무시하고 하나의 제품으로 전체 시장을 공략하는 전략이다. 이 전략의 특징은 고객들 간의 특성의 차이보다는 공통점에 관심을 두고, 단일상품과 마케팅 프로그램으로 다수의 고객을 대상으로 대량유통 · 대량광고 방식 등으로 기업의 마케팅 활동 노력을 집중시키는 전략이다.

대부분의 현대 마케터들은 오늘날의 경쟁환경에 있어서 이러한 전략에 강한 의구심을 가지고 있다. 모든 고객 내지 대다수의 고객을 만족시킬 제품 또는 브랜드를 개발한다는 것은 어렵기 때문이다. 몇 기업이 최대의 시장세분을 목표로 하게 되면 치열한 경쟁은 불보듯 뻔하다. 소규모의 기업은 일반적으로 거대기업과 직접 경쟁한다는 것이 곤란하다는 것을 알기 때문에 틈새시장 전략(market niche strategies)을 채택한다. 비교적 대규모의 시장세분은 가격인하를 비롯한 가격전쟁 가능성을 포함하고 있기 때문에 과중한 마케팅 비용으로 큰 이익을 낳지 않을지도 모른다. 이러한 문제를 인식하여 많은 기업에서는 제품차별화가 인정받는 가능한 한 작은 시장세분 또는 틈새를 표적으로 한다.

(2) 차별 마케팅 전략

차별 마케팅(differentiated marketing) 전략은 다수의 목표시장을 선정하여 각각의 목표시장에 적합한 마케팅 전략을 개발하고, 각 시장의 특성에 맞는 개별 마케팅 전략을 집중하는 경우이다.

프랑스 기업인 아코르(Accor) 호텔은 12개의 다른 상표명으로 영업을 하고 있으며, 여러 개의 브랜드로 여러 종류의 호텔들을 경영하고 있다. 브랜드에 포함되어 있는 것으로는 국제적 최고급 호텔(Sofitel), 스리-스타(three-star) 호텔(Novotel), 투-스타(two-star) 호텔(Ibis), 한정 서비스 제공 호텔(Formula One), 중년층 이상을 대상으로 한 장기체재 호텔(Hotelia) 등이 있다. 이런 세분시장으로 아코르(Accor)는 세계적 호텔그룹이 선두가 될 수 있었다.

차별 마케팅 전략은 일반적으로 무차별 마케팅보다는 총매출액을 더 올릴 수 있다. 아코르 호텔은 1개 도시에 1개의 브랜드를 운영하는 경우보다 3개의 서로 다른 브랜드를 가짐으로써 호텔객실에 대한 시장점유율을 높일 수가 있었다. 소피텔(Sofitel)은 상류 상용 여행자를 끌어들이고, 노보텔(Novotel)은 중류 여행자를 유인하고, 포뮬러 원(Formula One)은 가족이나 예산이 제한된 여행자에게 매력이 있다.

아코르는 각 표적시장에 대하여 각각 상이한 마케팅 믹스를 제공하고 있다. 동시에 그 비용은 상대적으로 높아진다. 그들은 각각 브랜드에 대해 적합한 마케팅 계획, 마케팅 조사, 판매예측 및 분석, 판매촉진 계획 및 광고를 실시해야 한다. 따라서 기업들이 차별 마케팅 전략을 고려할 때에는 비용증가에 대한 매출액의 증가를 고려해야 한다.

그러나 다수의 시장의 각각 마케팅 전략을 차별화시켜야 하기 때문에 기업의 마케팅 활동 노력이 분산될 수 있으며, 때문에 마케팅 비용이 증가하는 어려움이 따를 수 있다.

(3) 집중 마케팅 전략

집중 마케팅(concentrated marketing) 전략은 기업의 자원이 제한되어 있을 때 작은 시장에서 높은 시장점유율을 얻기 위한 전략이다. 집중 마케팅 전략은 자신의 고객관련 욕구를 잘 이해하고 있기 때문에 강력한 포지셔닝 효과를 얻을 수 있다. 집중 마케팅 전략의 구사는 기업이 많은 위험부담을 감수해야 한다. 경쟁자의 시장진입과 고객의 구매형태 변화는 시장성을 자칫 상실할 수 있는 위험이 따른다.

집중 마케팅 전략의 사례로는 여러 개가 있다. 포시즌(Four Season)과 로즈우드 호텔(Rosewood hotels)은 고가격의 호텔객실 시장에 중점을 두고 있다.

집중 마케팅 전략을 시행하는 기업은 영업활동을 하고 있는 세분시장에서 강한 시장 지위를 차지할 수 있는데 그 이유는 세분시장의 기본적인 욕구에 대해 잘 알 수 있으며, 그 세분시장에서 특별한 명성을 얻고 있기 때문이다. 기업은 또한 생산·유통·판매·촉진에 있어서의 전문화 때문에 영업의 경제성을 얻을 수 있다. 만약 시장세분이 잘 선택된다면 회사는 투자에 대해 높은 수익률을 올릴 수 있다.

동시에 집중 마케팅 전략은 보통 이상의 위험을 내포한다. 특정 세분시장의 사정이 악화될 수도 있다. 예를 들면 빅토리아 스테이션의 메뉴는 주로 붉은 고기(육류) 제품을 취급하고 있었는데 육류 섭취량이 떨어지면서 빅토리아 스테이션 내에 있는 레스토랑의 고객 수는 급속히 감소하였다. 게다가 육류의 가격은 상승하였다. 빅토리아 스테이션에서 가장 많은 수익을 올린 제품은 주류였는데 이 또한 음주운전 금지 캠페인과 동시에 매출액이 감소하기 시작하였다. 따라서 그들은 매출과 이익률의 감소를 경험하고 사업에서 빠져나오게 되었다. 이러한 이유 때문에 많은 기업들이 여러 시장세분으로 다각화하기를 원하는 것이다.

4. 호텔컨벤션 목표시장

목표시장(targe market)이라는 용어는 이제까지 장기간에 걸쳐서 여러 가지 의미로 사용되어왔다. 그 본래의 의미로서의 시장은 판매자와 구매자가 상품과 서비스를 교환하기 위하여 모이는 물리적 장소였다. 경제학자에게 있어서 시장이란 제품이나 서비스를 교환하는 모든 구매자와 판매자를 의미한다. 따라서 패스트푸드 시장은 버거킹(Burger King), 맥도날드(McDonald's), 켄터키 프라이드치킨(Kentucky Fried Chicken) 등 많은 판매자와 이 패스트푸드를 구입하는 모든 소비자로 구성되어 있다.

마케터에게 있어서 시장이란 어느 제품의 모든 현재적 구매자와 잠재적 구매자로 이루어진 집합이다. 소비자와 산업시장에 판매하는 조직은 자기들이 목표시장의 모든 구매자에게 소구할 수 없다는 것과 적어도 같은 방법으로 모든 구매자에게 빠짐없이 소구할 수 없다는 것을 인식하고 있다. 구매자는 그 수가 너무나 많고 광범위하게 분포되어 있으며, 이들의 욕구와 구매방법도 다르다. 판매자는 반드시 이에 대응하는 행동을 시도하고 있지는 않다.

(1) 대량 마케팅

대량 마케팅에 있어서 판매자는 모든 구매자에 대하여 하나의 제품을 대량생산하고 대량 유통시키고, 대량판매 촉진을 실시한다. 과거 맥도날드는 모든 사람들에게 소구할 수 있다고 기대하며 전체 시장에 대하여 단일 사이즈의 햄버거만을 생산하였다. 매스마케팅의 장점은 초저가의 비용과 가격으로 최대의 잠재시장을 창조하는 데 있다.

(2) 제품차별화 마케팅

여기에서는 판매자가 서로 다른 제품의 특성 · 스타일 · 품질 · 크기 등을 가진 두 개 이상의 제품을 생산한다. 현재 맥도날드는 레귤러 햄버거, 빅맥(Big Mac)과 쿼터 파운더를 제공하고 있다. 이 제품 라인은 상이한 세분시장에 소구하는 것보다는 구매자에게 다양성을 제공하려 하고 있는 것이다.

제품 차별화 마케팅은 소비자가 시간의 경과와 함께 변화하는 여러 가지 기호를 가지고 있다는 것을 주장하는 것이다. 소비자는 다양성과 변화를 추구하고 있다는 것이다.

(3) 표적 마케팅

여기에서는 판매자가 세분시장을 구분하여 이 중에서 하나 또는 몇 개의 세분시장을 선정하고, 각 세분시장의 욕구에 적합한 제품과 마케팅 믹스를 개발한다. 예를 들면 맥도날드는 다이어트를 의식하는 구매자의 식사욕구에 대응하여 샐러드를 제품 라인에 추가하였다.

오늘날의 호텔컨벤션 기업은 대량 마케팅 및 제품차별화 마케팅으로부터 표적 마케팅으로 이동하고 있다. 표적 마케팅은 판매자가 마케팅 기회를 발견하는 데 기여하며, 기업으로 하여금 각 표적시장에 대하여 적절한 상품을 개발할 수 있게 한다. 그들은 표적시장에 효율적으로 도달하기 위해 가격과 유통경로, 그리고 광고를 조정할 수 있다. 마케팅 노력을 분산시키는 것이 아니라 가장 큰 구매관심을 가진 구매자에게 이러한 노력을 집중시킬 수 있다.

미국의 거대시장은 여러 가지로 다양한 욕구와 생활양식을 수반한 수백 개의 마이크로 시장으로 점차 세분화되고 있어서 표적 마케팅은 마이크로 마케팅의 형태를 갖추기 시작하였다. 마이크로 마케팅을 채택하면 기업은 소규모로 세분화된 지리적 · 인구통계적 · 심리적, 또는 행태적 세분시장의 욕구와 잠재적 욕구에 자기들의 마케팅 프로그램을 적용시킬 수 있다. 표적 마케팅의 궁극적인 형태는 고객지향적 마케팅이 되는데, 여기에서 기업은 특정고객이나 구매조직의 욕구에 그들의 생산물을 적응시키고 있다.

제2절 호텔컨벤션 마케팅 포지셔닝

1. 호텔컨벤션 마케팅 포지셔닝의 이해

한 상품의 포지션이란 그 상품의 중요한 속성이 소비자에 의해 정의되는 방식을 말한다. 즉, 그 제품이 경쟁상품과 비교하여 상대적으로 차별화되고 독특화된 상품으로 소비자의 마음속에서 차지하고 있는 위치를 결정하는 것이다. 표적시장이 자사 호텔컨벤션을 인식해주는 것은 절대적으로 중요하다.

가령 고급시설과 서비스를 갖추고 상류시장을 표적으로 삼고 있는데 고객들이 그렇게 인식하지 않고 있다면 고객과 호텔컨벤션 경영자의 기대 사이에는 커다란 괴리가 생기게 된다. 또 합리적인 가격과 흥겨운 분위기를 원하는 젊은 층을 주요 대상으로 하여 바를 오픈하였는데 고객들이 사회 부유층 기성세대들이나 출입하는 고급주점으로 알고 방문할 생각도 하지 못하고 있다면 이것 또한 문제점으로 지적될 수 있다.

표적시장의 마음속에 자사의 존재를 정확히 자리매김하는 것을 컨벤션 마케팅에서 포지셔닝(positioning) 또는 위치정립이라 한다. 포지셔닝의 용어는 라이스(Ries)와 트나우트(Trout)가 처음 사용한 용어로서, 표적시장 내의 고객들의 마음에 전략적 위치를 계획·정립한다는 의미이다. 기업 또는 상품의 몇몇 특징적 요소나 이미지를 부각시켜 이것을 고객의 마음에 분명히 인식시킨다는 것이다.

2. 호텔 컨벤션 마케팅 포지셔닝 설정

호텔컨벤션 마케팅 포지셔닝 설정업무는 다음 세 가지 단계로 구성되어 있다.

첫째, 포지셔닝을 설정할 수 있는 경쟁적 우위성의 집합을 확인하는 작업

둘째, 적절한 경쟁적 우위성을 선정하는 작업

셋째, 신중히 선정된 표적시장에 대하여 선택한 포지셔닝을 효과적으로 전달하고 명백히 하는 작업

호텔컨벤션은 경쟁적 우위성을 확보함으로써 경쟁업체와 차별화할 수 있다. 이는 유사한 상품에 대하여 경쟁업체보다 값싼 가격을 고객에게 제시하거나, 보다 값비싼 가격을 정당화할 수 있는 많은 편익을 제공함으로써 경쟁적 우위를 확보할 수 있다.

따라서 호텔컨벤션은 자사의 가격과 상품을 경쟁업체의 그것과 비교하여 항상 개선해나갈 필요가 있다. 한 호텔컨벤션이 경쟁사보다 더 나은 실적을 올린다는 것은 그 호텔컨벤션이 경쟁적 우위를 이룩했다는 의미이다.

3. 호텔컨벤션 마케팅 포지셔닝 측정(인지도)

인지도(perceptual mapping)는 보통 브랜드의 포지셔닝을 측정하는 데 사용된다. 가격이 상승하면 서비스의 질도 올라가게 된다. 그러나 어떤 호텔은 다른 호텔보다 더 나은 가치를 제시하고 있는 것을 볼 수 있다.

예를 들면 이탈리아는 팰리스(Palace)보다 약간 높은 수준의 서비스를 제공하지만 가격은 상대적으로 낮다. 2 : 2의 인지도는 보기 쉬운 지각지도를 제공하지만 보통 여러 가지 다른 속성들을 인지도화하여 살펴보아야 시장의 전체적인 흐름을 알 수 있을 것이다. 또한 지각지도는 몇 가지 제품의 속성을 가지고 소비자의 지각을 이용하여 개발할 수 있다.

시장세분화
인구통계적 기준, 심리학적 기준, 구매행동 기준,
세분시장 니즈, 서비스 제공수준 등

↓

목표시장 선정
규모와 성장률, 경쟁우위, 자사와의 적합성 고려,
집중화 전략, 차별화전략, 비차별화 전략

↓

포지셔닝 전략수립

↓

마케팅 믹스의 결정
7P

↓

세부 프로그램 개발

[그림 9-1] 호텔컨벤션 마케팅 포지셔닝 흐름도

제10장 호텔컨벤션 마케팅의 계획과 조사

제 1 절　호텔컨벤션 마케팅의 계획

제 2 절　호텔컨벤션 마케팅 조사

제1절 호텔컨벤션 마케팅의 계획

1. 호텔컨벤션 마케팅 계획의 기본

호텔컨벤션 마케팅 계획이란 일정기간 동안의 기업의 마케팅 활동을 안내하는 데 쓰이기 위해 작성된 계획을 말하는 것이다. 따라서 마케팅 계획은 다음과 같은 효익을 주기 때문에 가장 유용한 수단이 된다.

- 목표에 상응하는 마케팅 계획을 집중시킬 수 있다.
- 기업의 목표와 목표시장의 우선순위를 일치시킬 수 있다.
- 모든 사람에 공통되며, 그들의 노력을 일치시킬 수 있다.
- 마케팅 성공을 측정하는 데 도움을 준다.
- 기업의 장기계획과 연결된다.

그렇지만 모든 건물에 튼튼한 기초가 필요하듯이 호텔컨벤션 마케팅 계획도 세심한 조사와 분석에 근거하여야 한다. 마케팅 계획은 상황분석이나 시장조사, 시장세분화, 목표시장 선정 및 포지셔닝 등에 기초해서 수립되며, 경영진에게는 행동계획이 되는 것이기 때문에 다음과 같은 기본에 맞아야 한다.

(1) 사실에 기초

사전에 실시한 조사와 분석에 근거해야 한다. 만약 한 개의 핵심적 가정이 잘못된 것으로 판명되면 전체 계획이 잘못되고 만다.

(2) 조직화되고 조정 필요

호텔컨벤션 마케팅 계획은 가능한 한 전문적이고 세부적이어야 한다. 그것은 특별업무를 책임지는 부서와 책임자를 명시해야 한다.

(3) 프로그램화

호텔컨벤션 마케팅 계획은 모든 활동이 세심하게 연결되도록 조율되어야 한다. 시기(timing)는 마케팅에 있어서 대단히 중요한 것이므로 서비스 마케팅 계획은 세부적인 단계적 시간표를 가지고 있어야 한다.

(4) 예산책정

모든 컨벤션 마케팅 계획은 면밀한 예산책정이 있어야 한다. 기업의 예산이 최종 확정되기 전이라도 실제로 여러 개의 잠정예산이 편성되어야 한다.

(5) 융통성

예견치 못한 사건은 언제나 일어나는 법이다. 그러므로 목표를 분명히 달성할 수 없거나 기대하지 못했던 경쟁 움직임이 있는 경우 컨벤션 마케팅 계획은 조정되어야 한다.

(6) 통제 가능

호텔컨벤션 마케팅 계획을 원래 계획대로 실행하는 것은 계획을 처음 작성할 때보다 더 어렵다. 그러므로 마케팅 계획은 계획기간 동안에 측정 가능한 목표나 측정방법을 포함하고 있어야 하고, 측정과정을 누가 책임지고 있는지를 결정해야 한다.

(7) 내부적으로 일치하는 상호 관련성

호텔컨벤션 마케팅 계획이 대부분이 서로 상관되어 있기 때문에 일치되어야 할 필요가 있다. 예를 들어 광고 캠페인과 판매촉진 방법은 최대효과를 얻기 위해서는 서로 관련되어 있어야 한다.

(8) 단순성

계획을 세운 사람만이 그 계획을 이해하면 안된다. 많은 사람들의 노력이 성공적인 마케팅 계획을 만들어낸다. 중복 · 혼란 · 오해의 소지는 제거해야 한다.

2. 마케팅 계획의 구성내용

호텔컨벤션 마케팅 계획에는 두 가지 부분이 있다. 하나는 마케팅 기본계획이고, 다른 하나는 실행계획이다.

마케팅 기본계획은 근거하고 있는 사실 · 분석, 그리고 가정들을 설명하는 것이다. 따라서 그것을 마케팅 기간 동안의 마케팅 전략과 목표시장, 포지셔닝 접근방법, 그리고 마케팅 목표를 기술하는 것이다.

실행계획은 마케팅 예산, 각 요원의 책임 · 활동 · 시간표, 그리고 마케팅 활동에 대한 통제 · 측정 및 평가의 방법 등을 정한 것이다.

컨벤션 마케팅 기본계획의 출발은 지금 우리가 어디에 있느냐에 대한 현황분석이다. 환경분석, 지역사회 및 위치분석, 경쟁자분석, 시장잠재성 분석, 서비스 분석, 마케팅 포지션 분석, 주요 장단점과 위기 · 기회 등을 분석한 내용으로 구성된다. 마케팅 기본계획을 구성하는 또 하나의 내용은 어디로 가고 싶은가에 대한 마케팅 전략을 내용으로 한다. 시장세분화와 목표시장, 마케팅 전략, 마케팅 믹스, 포지셔닝 접근방법, 마케팅 목표 등으로 구성된다.

한편 실행계획은 어떻게 그곳에 가는가 하는 행동계획과 마케팅 예산, 우리 기업이 어떻게 그곳에 간다는 것을 확신하는가에 대한 통제절차, 그리고 우리 기업이 그곳에 도착했는지를 어떻게 아는가 하는 평가절차 등으로 구성된다. 목표시장별 활동, 활동에 대한 책임, 시간표 및 활동 스케줄, 목표시장별 예산, 마케팅 믹스별 예산, 긴급자금, 각 활동별 기대성과 보고 및 측정절차, 측정결과, 실적평가 기준, 평가시간표 등이 실행계획의 주요 구성내용이다.

3. 마케팅 계획

호텔컨벤션 마케팅 계획은 목표달성을 위해서 미래를 조직하는 것이 그 본질이므로 모든 계획의 기준은 현재이다. 따라서 목적을 달성하기 위해서는 탄탄한 현황분석이 필요하며, 상품분석–시장분석–경쟁자분석–요원조직–판매 프로그램–정비계획–영업예측–영업부서별 예산–영업정책 결정(결론)–통제 및 평가 순으로 진행된다.

(1) 상품분석

호텔컨벤션 마케팅 계획도 현재 호텔컨벤션이 할 수 있는 총체적 역량에 기초하는 것이므로 훌륭한 마케팅 계획은 호텔컨벤션의 세세한 분석부터 시작된다.

(2) 시장분석

호텔컨벤션 마케팅 계획을 수립하기 위해서 호텔컨벤션 그 자체뿐만 아니라 호텔컨벤션이 위치하는 지역사회의 분석도 병행되어야 한다. 호텔컨벤션은 지역 사회의 경제·사회적 영향을 받지 않을 수 없고, 다른 컨벤션 서비스 업체와 연결되어 있는 경우가 많기 때문이다.

따라서 지역사회의 분석은 본질적으로 그 지역의 경제를 우선하며, 또 그와 관련된 사항들을 분석대상으로 한다.

(3) 경쟁분석

호텔컨벤션 기업은 이윤추구를 위하여 경쟁을 하는 조직이다. 따라서 기업경쟁은 여러 가지 환경요인에 의하여 영향을 받고 있는데, 특히 기업 전반에 영향을 미치게 되는 인구, 경제, 기술, 법률, 사회, 생태적 환경은 이른바 거시적 환경의 요체가 되지만 경쟁이란 환경도 무시할 수 없다. 따라서 호텔컨벤션도 이러한 경쟁을 전제로 하지 않을 수 없기 때문에 타 호텔컨벤션보다도 어떠한 경쟁상 우위를 점할 수 있느냐가 선결과제라 할 수 있다.

(4) 요원 조직

호텔컨벤션 마케팅 계획을 수립하는 필수과정으로 호텔조직에 대한 검토가 반드시 있어야 한다. 즉 호텔조직은 호텔컨벤션 업무를 수행하는 골격이라고 말할 수 있다.

물론 한 조직을 새롭게 구성한다는 것은 쉬운 일이 아니며, 더구나 아무렇게나 해서 될 일은 더욱 아니다. 그러나 호텔컨벤션 마케팅 조직은 마케팅 활동의 네 가지 재원, 즉 기능 · 제품 · 지역 · 고객이라는 요소들을 내포하고 있어야 한다.

또한 호텔컨벤션 마케팅 조직의 효율화를 위해서는 올바른 사람에게 올바른 임무를 맡겨야 하고, 계획 · 집행 · 통제가 지속적으로 가능해야 하고, 또한 실시되어야 한다. 또한 종사원을 규칙적으로 연수 교육시키고 종사원들의 동기화를 위해 현대적인 경영방식과 경영기법을 도입해야 하며, 종사원들을 기업과 상품의 중요한 부분으로 인식하고 활용하도록 해야 한다.

1) 기능별 마케팅 조직

가장 흔한 형태의 마케팅 조직형태로 마케팅 팀장을 헤드로 정하여 기능적 마케팅 전문가들로 구성된 조직이다. 즉 마케팅 관리자, 광고 및 판매촉진 관리자, 판매관리자, 마케팅 조사 담당자, 신제품 관리자 등이다. 물론 고객서비스 관리자, 마케팅 기획관리자, 유통담당자 등이 추가될 수 있다. 이러한 기능적 조직이 갖는 이점은 관리가 단순하다는 점이지만, 호텔 기업의 제품이나 시장이 늘어남에 따라 이 조직은 효율성이 떨어진다.

2) 지역별 조직

지역별 조직이란 지리적 라인에 따라 조직화하는 것이다. 대량매출 시장에 대해서는 판매노력을 지원하기 위해 마케팅 전문가를 추가할 수도 있다.

3) 상품관리 조직

상품관리 조직은 다양한 제품을 생산하는 기업에서 가지고 있는 제품이나 브랜드 관리조직을 말하는 것인데, 이 조직은 각 제품이 너무 상이하거나 아니면 제품의 수가 기능별 조직으로는 감당할 수 없을 때 쓰이는 것이다. 제품관리자(product manager)가 여러 제품관리자들을 감독하게 된다.

이러한 부분화와 더불어 또 한 가지 중요한 조직의 과제는 조직구성원들이 업무를 수행해나가는 데 있어 그 추진력으로 필요한 권한을 조직 전체의 입장에서 어떻게 배분하느냐는 것이다. 여기서 생각해야 할 것이 라인과 스태프(staff) 그리고 집권화(centralization)와 분권화(decentralization)이다.

라인 기능은 호텔 기업의 목표를 달성하는 데 직접적인 책임을 지는 것이며, 스태프는 라인이 기업의 주된 목표를 달성함에 있어서 가장 효율적으로 일할 수 있도록 도와주는 조직의 요소들을 말한다.

따라서 생산 · 마케팅 또는 재무의 기능을 가진 사람이나 부서를 라인이라 보고 구매 · 인사 · 품질관리 등의 기능이다. 그 부서를 스태프로 보는 것이 관행이었다. 집권화는 조직의 중요한 의사결정권이 조직의 상층부에서 이루어지는 것을 말하며, 이와 대조적으로 분권화는 조직 전반에 걸쳐 의사결정권이 대폭 완화되어 있는 상태를 가리킨다.

(5) 판매계획

시장분석과 상품분석을 통해서 호텔의 강점과 약점을 알고 경쟁사에 대한 지식을 갖추었으면 어떻게 호텔을 판매할 것인가에 대한 호텔 판매계획을 수립한다. 이와 관련하여 호텔이 이용할 수 있는 판매수단들을 열거해보면 광고, 판매촉진, 인적판매, 홍보, PR 등이 있다.

(6) 정비계획

정비계획은 되도록이면 호텔을 잘 알지 못하는 사람일수록 정직하고도 객관적인 관점을 가지고 작성하도록 할 필요가 있다. 과거 호텔과 신규 호텔을 영선유지 측면에서 예산비율을 비교해야 한다. 리조트 지역은 해변 · 풀 · 정원, 그리고 모래와 습기 때문에 진공청소를 자주 해야 하기 때문에 특별히 정비해야 할 요인을 지적해야 한다. 각 호텔의 영선유지에 관해 특별한 곳을 명시해야 한다. 상업지역과 리조트 지역을 검사하여 수선이 필요한 것을 분명히 지적해야 한다.

(7) 영업 예측

영업 예측을 할 때에는 표준양식을 써야 한다. 영업중인 호텔로는 향후 2년간 수치를 저장 · 보관하고 있어야 하고, 신규호텔로는 향후 3년간으로 연장해야 한다. 이러한 예측은 받아들여져 인정됐을 때 호텔의 영업예산이 된다. 왜냐하면 수치가 너무 낙관적이거나 지나치게 보수적이면 문제가 되기 때문이다. 따라서 이 수치는 가능한 한 실행할 수 있는 치밀한 수치여야 한다.

(8) 부서별 예산

부서별 예산(departmental budget)은 원래 영업계산에 기초하지만 부서별 내용을 명시해야 한다. 예를 들어 관리부서(임원 · 감사), 객실(프론트오피스, 하우스키핑, 벨 요원), 식사(주방 · 레스토랑 · 룸서비스 · 연회부), 음료, 전화, 광과 및 촉진, 기술(광열비), 영선, 레크리에이션(제반 스포트 시설), 교통, 경비 등을 명시하여야 한다.

(9) 마케팅 정책

호텔이 갖추어야 할 시설 · 이미지 · 요원, 앞으로의 계획들을 종합적으로 결론짓고 영업 각 분야의 목표를 가능한 수치로 표시함을 말한다. 즉 호텔 마케팅 정책(statement of policy)은 호텔 상품분석, 시장분석, 경쟁분석을 통해서 얻어진 결론 부분이다.

예를 들어 품위의 수준(이미지), 고정부담금 변제를 위한 요금, 갖추어야 할 서비스 시설, 요원, 지역사회의 관계, 호텔의 미래, 지점망에 관한 건의 등을 말한다.

(10) 통제 및 평가

호텔서비스 마케팅 노력이 세밀하게 측정되면 될수록 비즈니스나 수익성을 확보하기 위한 미래 활동과 프로그램을 계획하기가 더욱 용이해질 것이다. PR이나 판매촉진의 비용효과를 측정하는 일은 장기간의 효과일 수 있기 때문에 측정하기 어려운 한편 행동계획과 특별 촉진계획을 세우는 같은 시기에 통제시스템을 구축하는 것이 중요하다.

제2절 호텔컨벤션 마케팅 조사

1. 호텔컨벤션 마케팅 조사의 정의

호텔컨벤션 마케팅 조사는 마케팅 정보시스템의 하위시스템으로서 흔히 마케팅 의사결정에 도움이 되는 마케팅 활동에 과한 제 사실을 수집·분석·평가하는 경영기능이라고 할 수 있다. 단적으로 마케팅 조사는 마케팅 전략과 관련된 의사결정을 수행하는 데 유용한 정보를 제공하는 경영기능 활동이라 할 수 있다.

이에 대한 개념 정의는 학자 간 에 다소 이견이 있지만, 미국 마케팅협회(AMA)의 정의에 의하면 "마케팅 조사(marketing research)란 상품 및 서비스의 마케팅에 관한 제 문제의 자료를 체계적으로 수집하고, 기록하고, 분석하는 것"이다. 이는 마케팅 문제의 해결을 위해 외부기관, 기업 또는 기업의 대리점에 의해 행해진다. 또는 행동과학적 접근에서는 〈표 10-1〉과 같이 정의하고 있다.

〈표 10-1〉 호텔서비스 마케팅 조사에 대한 연구자 정리

연구자명	개념정리
쉐레이어 (F.T. Schreier)	마케팅 조사란 사람들이 재화를 획득하거나 재화를 배급할 때 또는 이러한 활동을 준비하고 실시할 때에 사람들이 무엇을 하는가, 즉 무엇을 생각하고, 무엇을 느끼고, 무엇을 바라는가를 파악하여 설명하고, 평가하고, 예측하는 것이다.
그린과 툴 (P.E. Green & D.S. Tull)	마케팅 조사란 마케팅 분야에서 문제의 발견과 해결에 관련된 어떤 정보를 체계적이고 객관적으로 탐색하여 분석하는 것이다.
코틀러 (P. Kotler)	마케팅 조사란 재화 및 서비스의 마케팅에 있어서 의사결정과 관리를 개선하기 위해 체계적으로 문제를 분석하고, 모델을 구성하고, 사실을 찾아내는 것이다.

호텔컨벤션 마케팅 조사는 첫째, 제품과 용역이 마케팅과 관련되어 있고, 둘째, 마케팅 의사결정에 필요한 제 정보를 제공해주는 역할을 하는데, 여

기서 정보는 정확성 · 객관성 · 관련성 및 이용 가능성의 의미를 내포하며, 셋째, 정보 및 자료가 체계적이고 과학적인 분석방법을 통해 수집 · 기록 · 분석되어 경영전략 수립이나 의사결정에 유용하게 활용될 수 있다는 점에 그 의의가 있다.

이와 같은 정의에 비추어볼 때 마케팅 조사의 기본적인 목적은 마케팅 활동의 기반이 되는 마케팅 의사결정이 합리적으로 이루어지도록 그 판단의 기초를 제공하려는 데 있다고 요약할 수 있다. 환언하면 호텔컨벤션 마케팅 조사의 목적은 시장변화에 대응하는 마케팅 의사결정을 구체적으로 수립하기 위한 유용한 정보의 제공에 있다고 할 수 있다.

2. 호텔컨벤션 마케팅 조사의 역할

호텔컨벤션 마케팅 활동을 전개함에 있어 시장정보의 역할은 절대적이다. 마케팅 조사의 역할은 시장상황, 경쟁환경, 고객취향 변화를 추적하고 자회사와 타 회사의 마케팅 믹스 변수를 평가하여 최적의 마케팅 전략이 수립될 수 있도록 객관적 자료를 제공하는 것이다.

이러한 마케팅 정보는 시시각각으로 변화하는 환경 속에서 마케팅 활동과 관련된 의사결정에 따르는 불확실성과 위험성을 감소시켜준다. 마케팅 의사결정과 관련된 객관적이고 적절한 정보가 수집 · 분석되기 위해서는 잘 짜인 조사계획이 필요하다. 또한 마케팅 정보를 체계적으로 관리하고 필요한 자료를 선택적으로 불러와 이용할 수 있는 마케팅 정보시스템이 요구된다.

호텔컨벤션 마케팅 조사(marketing research)는 호텔기업이 직면하고 있는 마케팅 문제와 관련된 정보를 체계적이고 객관적으로 수집 · 분석 · 보고하는 일련의 활동이다. 편향되지 않고 신뢰성과 타당성이 있는 자료가 수집되어 체계적 · 과학적으로 분석 · 해석될 때 이는 마케팅 관리자에게 의미있는 정보로 전환되어 전략수립에 활용될 수 있다.

마케팅 관리자는 마케팅 조사를 통해 시장 및 고객행동에 대한 정보를 얻을 수 있으며, 마케팅 믹스와 마케팅 활동의 평가 및 통제를 할 수 있게 된다. 마케팅 조사의 분야 및 세부기능은 〈표 10-2〉에 제시된 바와 같다.

호텔기업에는 상황에 따라, 그리고 기업철학에 따라 마케팅 조사의 주요 목표가 달라질 수 있다. 가령 서울 M호텔은 마케팅 조사의 최우선 목표를 시장세분화 및 규모조사, 상품·서비스의 개념 개발 및 테스트, 가격민감성 측정, 광고홍보 평가, 고객만족도 등에 호텔컨벤션 마케팅 조사를 하고 있다.

〈표 10-2〉 ◘ 호텔컨벤션 마케팅 조사의 분야 및 세부기능

시장상황	시장의 매력도 조사, 시장성장률 분석, 시장잠재력 측정, 고객의 특성 및 행동조사, 경쟁사에 대한 분석, 자사의 강점과 약점에 대한 조사, 마케팅 활동과 관여된 법률 조사
마케팅 믹스	신상품·서비스의 수용과 잠재력 조사, 기존상품·서비스의 테스트, 브랜드 인지도 및 애호도 조사, 종업원(태도·행동)에 대한 조사, 광고문안에 대한 조사, 광고매체에 관한 조사, 각종 판촉수단의 효과에 대한 조사
평가와 통제	과옥효과에 대한 조사, 고객만족 수준에 대한 조사, 판매분석조사, 수익성 조사, 마케팅 믹스의 민감도 조사

3. 호텔컨벤션 마케팅 조사의 효용성

호텔컨벤션 마케팅 조사는 호텔기업 경영자로 하여금 주요 당면과제에 관해 효율적 의사결정을 가능하게 할 수 있도록 의미 있는 정보를 제공해 준다는 효용적 가치를 지니고 있다.

(1) 통합적 경영관리면의 효용적 가치

기업경영자가 의사결정 대안들 중에서 최적대안을 선택할 경우 오류의 폭을 좁혀주는 의사결정의 한 보완수단으로서 효용가치를 지닌다.

(2) 마케팅 계획의 합리적 수립을 뒷받침해주는 마케팅 믹스의 효용가치

소비자 수요에 부응하는 가격책정과 판매가능 시장의 설정이 용이하다. 또한 제품과 서비스의 최적 판매 소구점과 잠재구매자에의 최적 도달방법 및 판매촉진의 최적 시기 결정이 가능하며, 판매 증대와 판매비 절감이 가능하다는 점 등이다.

(3) 광의적 측면에서의 효용가치

생산자와 소비자 간의 의사전달 방식을 생산능률과 소비자 생활수준이 향상되는 방향, 즉 시장참여자에게 경제적인 절약을 가져다주는 방향으로 제시되는 유통경제상의 효용가치를 가지고 있다.

호텔컨벤션 마케팅이 이러한 효용가치를 지니기 위해서는 다음 부분을 유념해야 한다.

- 유의정보를 예상함으로써 전략적 · 전술적인 향후의 의사결정에 관한 계획활동을 지원할 수 있도록 관련성을 가져야 한다.
- 최소의 시간과 비용으로 최대의 양적 · 질적인 유의정보를 찾아내어 적시에 조사활동이 진행되어야 한다.
- 조사 설계가 아무리 완벽하다 할지라도 표본계획과 같은 기타 요인 등으로 편향성이나 왜곡성이 개재할 가능성이 높으므로 이를 감소시킬 수 있도록 정밀조사가 이루어져야 한다.

4. 효과적인 마케팅 조사의 조건

효과적인 호텔컨벤션 마케팅 조사의 조건으로는 첫째, 문제의 규정 및 조사목적의 확정이며, 둘째, 정보출처의 개발, 셋째, 정보수집, 넷째, 정보 분석, 다섯째, 조사결과 보고 등의 과정을 통해서 이루어져야 한다.

제11장
호텔컨벤션 마케팅의 전략적 측면

제 1 절 호텔컨벤션 마케팅 믹스

제 2 절 호텔컨벤션 마케팅 믹스 전략

제1절 호텔컨벤션 마케팅 믹스

1. 호텔컨벤션 마케팅 믹스의 의의 및 종류

호텔컨벤션 마케팅 믹스는 호텔이 고객의 욕구와 필요를 충족시키기 위하여 사용할 수 있는 모든 수단의 총합이라고 정의할 수 있으며, 고객에게 직접 영향을 미치는 다분히 전술적 실천방법이라고 말할 수 있다. 말하자면 마케팅 관리의 단계이다.

마케팅 믹스란 말은 원래 하버드 대학의 보든(Neil Borden) 교수에 의하여 개발되어 오늘날에는 마케팅 믹스의 기본이 되는 4P's는 알려지게 되었다. 하지만 서비스 산업에서는 전통적인 마케팅 믹스만으로는 설명할 수 없는 특수성으로 인하여 그 내용을 조절할 필요가 생겼다.

이런 점을 감안하여 붐스(Booms)와 비트너(Bitner)는 기존의 4P's에 참여자(participants), 물적 증거(physical), 과정(process)을 추가해서 7P's를 제시하였다. 또한, 코프만은 상품기획(product planning), 가격(pricing), 상표(brand), 분배경로(channels distribution), 인적구성(personnel setting), 광고(advertising), 패키지(packaging), 전시(display), 서비스(service), 취급절차(handling), 시장조사(marketing research)의 12개 요소로 구분하였으며, 모

〈표 11-1〉 확장된 서비스 마케팅 믹스(7P)

상품 (product)	가격 (price)	촉진 (promotio)	유통 (place)	과정 (process)	물적 증거 (physical evidence)	종사원 (people)
• 물리적 특징 • 품질 • 보조서비스 • 상품계열 • 브랜드	• 유연성 • 가격수준 • 거래조건 • 할인	• 인적판매 • 광고 • 판촉 • 홍보 • PR	• 경로 유형 • 중개상 • 매장위치 • 경로관리	• 서비스 활동이 흐름 • 서비스 제공단계 • 고객의 참여수준	• 시설 • 장비·설비 • 건물 • 종사원 복장 • 명함 • 팜플렛 • 계산서 등	• 종사원이 선발, 교육, 동기부여 • 고객 믹스 • 고객 관계 관리

리슨(A.M. Morrison) 교수는 기존의 4P's에 종사원, 패키징, 프로그램 및 제휴(partnership)가 추가된 8P's를 제시하였다. 물론 이러한 요소들을 호텔컨벤션에 알맞게 그 용어를 고쳐 부를 수도 있겠지만, 무엇보다 그 개념을 이해하는 것이 중요하다.

부엘(Buell)의 개념정의에 따르면 마케팅 믹스의 개념은 제품 · 가격 · 유통 · 촉진 등에 투입된 회사자원이 기업의 산업분류, 시장에서의 위치, 경쟁적 상황 등에 따라 여러 가지 비율로 혼합되어야 함을 제시한다는 것이다. 이것은 마케팅 믹스의 구성요소들이 제품을 만들고, 가격을 결정하며, 그것을 고객에게 도달하게 하는 그 제품에 대해 고객들에게 알려주는 데 있어서 기업의 자원의 정교한 균형을 나타내고 있다. 실제로 마케팅 믹스는 모든 마케팅 의사결정의 산물이며, 마케팅 믹스의 목표는 고객이다.

정상적으로 마케팅 믹스의 종합적 균형이라는 것은 어떤 두 기업이 같을 수는 없는 것이다. 각 기업의 임무와 목표시장과, 그리고 포지셔닝이 약간씩 다르듯이 마케팅 믹스의 각 요소의 비중 역시 다르기 마련이다.

호텔컨벤션 마케팅에서 이 4P's가 가지는 문제점은 그 개념의 문제가 아니라 상품 마케팅에 따른 믹스의 구성요소의 문제이다. 호텔서비스의 마케팅은 제조품의 마케팅과 다르기 때문에 마케팅 믹스에 대한 접근방법도 달라야 한다고 요구하고 있다. 이러한 목적으로 마케팅 믹스의 개념을 호텔마케팅 결정을 위해서 좀 더 유용하게 하고, 응용 가능하게 하고자 하는 것이다.

2. 마케팅 믹스의 변화

현재의 우리 시장상황은 급속히 변화를 보이는 과정에서 복잡하고 다양한 양상을 형성하고 있다. 이러한 변화는 마케팅 4P's에서 정확히 나타나고 있는데 현제의 마케팅 믹스의 상품은 새로운 상품과 서비스, 기르고 복합적인 시스템이 매우 다양하게 생산도고 있으며, 상품의 차별화가 어렵고 상품수명수기도 짧아서 새로운 상품의 부각이 어렵기 때문이다. 시장(place)의 범위도 세계화 추세 속에 유통시장의 단일화와 자체 유통시장의 개발로 인하여 소비자는 어디에서나 상품을 구입하기가 용이해졌다.

현 시대의 유통시장의 경우는 통신기술의 발달에 따라 여행사 및 항공사와 연계된 컴퓨터 통신망 이용과 인터넷 등으로 예약 및 호텔서비스 상품에 대한 정보를 고객이 직접 활용하고 있다. 가격(price)의 경우도 차별화가 어려워 효과적인 마케팅 기법이 되지 못한다.

그러나 마케팅 4P's 중에서 판매촉진(promotion)은 호텔컨벤션 관계 마케팅을 하는데 주요 요소로 꼽을 수 있다. 그 이유로, 판매촉진은 고객을 유인하는 방법으로서 인적판매, 광고 및 홍보를 이용하며, 고객과의 직 · 간접 커뮤니케이션 활동을 포함하기 때문이다. 판매촉진을 통해 상품과 서비스에 대한 인식고양은 물론 상품, 서비스를 실제로 구입하도록 하는 것, 즉 고객구매 태동의 변화에 초점을 맞출 수 있는 고객관계 지향적인 관계마케팅을 통하여 예상고객을 끌어들이고, 기존고객과의 장기적인 유대관계를 통하여 구매결정 단계로 인도하는 것이다.

이러한 호텔컨벤션 마케팅의 촉진은 서비스 상품을 제공하는 기업의 시각을 공급자 중심에서 사용자 중심으로 변화하는 계기를 형성하였다. 즉 고객이 마케팅 활동의 중요한 핵심으로 인지된다는 것이다. 따라서 이러한 마케팅 변화는 1980년대의 거래 마케팅이 개별판매에 중점을 두었는데 비해서 1990년대에 마케팅은 개별고객에 중점을 두고, 고객과 기업 간의 장기간에 걸친 교감으로 상호관계 형성을 추진함에 있어 고객가치평가와 고객가치 만족에 역점을 두어 변화하고 있다.

제2절 호텔컨벤션 마케팅 믹스 전략

1. 호텔컨벤션 상품 믹스 전략

컨벤션을 성공적으로 마케팅하려면 먼저 컨벤션이라는 상품(product)을 완벽하게 이해하고 있어야 한다. 그 상품은 국제회의 또는, 협회의 연례 총회가 될 수도 있고 기업의 사원연수 프로그램이 될 수도 있다. 어떠한 행사이건 컨벤션을 마케팅하려면 우선 다음 사항에 대해 생각해보아야 한다.

(1) 컨벤션의 연혁

오랜 컨벤션의 역사는 훌륭한 마케팅 소재가 된다. 에를 들어 '제50차 연례총회'와 같은 행사명은 주최조직의 성공적인 역사를 말해줄 뿐만 아니라 향후에도 조직이 지속적으로 성장해나갈 것임을 내포하고 있다. 이는 참가자들에게 주최조직에 대한 신뢰감과 장기적인 충성심을 유발시킴으로써 참가율을 높이는 계기가 된다.

(2) 상품의 가치

컨벤션을 마케팅하려면 컨벤션에 참가함으로써 얻게 되는 혜택을 강조해야 한다. 생산성의 증대, 이익의 극대화, 즐거운 시간 등과 같은 혜택을 참가자에게 전달함으로써 행사참가로 이어질 수 있다.

(3) 상품의 차별화

기획하고 있는 컨벤션은 분명 다른 행사와는 남달라야 한다. 그것이 이 행사에 시간과 비용을 투자해야 하는 이유가 될 것이다. 마케팅에서는 참가자들이 행사에 참가함으로써 기대하고 있는 투자이익(ROI)이 어느 정도인지를 이해하고 있어야 한다. 그러기 위해서는 참가자와 주최자 모두의 목표에 대한 시장조사가 필요하다.

2. 호텔컨벤션 가격 믹스 전략

마케팅 업무에서 중요한 책무 중 하나는 주최조직의 재정적 목표를 이해하는 일이다. 어떤 행사는 이윤 획득을 목적으로 하지만 어떤 경우에는 이익과 지출이 일치하기만 하면 된다. 또, 다른 더 큰 목적을 달성하기 위해 지출만 하는 행사도 있다.

대표적인 예로서 기업회의는 직원들의 사기 진작, 애사심 고취, 영업 능력 배양 등과 같은 목적을 달성하기 위해 이윤을 목적으로 하지 않고 행사를 기획한다. 컨벤션 마케팅의 가격적 측면에서도 다음 두 가지 사항에 대한 고려가 필요하다.

(1) 행사 총 비용

마케팅 가격에서는 마케팅 자체 비용과 더불어 전체 행사비용도 반영해야 한다. 마케팅은 가끔 컨벤션 행사에서 핵심기능이기보다는 보조기능으로서 이해되기도 한다. 왜냐하면 행사에 따라서는 마케팅 활동, 인쇄, 우편요금·광고·홍보요금 및 기타 활동을 이벤트 예산에 포함시키지 않고 주최조직의 운영비에 포함시키기 때문이다.

(2) 참가자들의 재정상태

참가자들의 지불능력을 조사해보아야 한다. 이는 간단하면서 기본적인 내용 같지만 마케팅에서는 매우 중요한 이야기다. 만약 참가비용을 개인이 부담하지 않고 소속 기업이나 조직에서 부담하는 경우라면 개인이 부담하는 경우와 비교해 등록비가 더 높게 책정될 수도 있기 때문이다.

따라서 시장조사를 통해 등록비 지불방법과 참가자들의 지불능력을 조사해볼 필요가 있으며, 이 결과는 행사기획 영향을 미치게 될 수 있다.

3. 호텔컨벤션 장소·유통 믹스 전략

컨벤션 행사장소는 참가율뿐만 아니라 행사 자체의 성격에도 중요한 영향을 미친다. 예를 들어 행사장소가 멋진 리조트라고 한다면 이 장소를 중점적으로 마케팅할 수 있다. 브로슈어나 광고에 이곳의 사진을 올리고 참가자들의 관심을 유도할 수 있을 것이다.

반면, 도심 호텔에서 교육 세미나를 개최한다면 장소의 매력성을 전달하기보다는 편리한 교통이나 접근성을 강조하는 것이 효과적일 것이다.

장소와 관련하여 마케팅을 할 경우 고려해야 할 사항은 〈표 11-5〉와 같다.

〈표 11-5〉 장소 관련 마케팅 항목

- 장소의 접근성 및 교통편의
- 주차시설
- 장소의 독특성
- 물류 차원에서 실용성
- 주변 관광지
- 관련 참가자 및 조직
- 행사 성격과 장소와의 적합도
- 참가자의 안전
- 공공 교통시설 이용 가능 여부
- (객실 및 회의실) 여유시설

4. 호텔컨벤션 홍보전략

홍보(public relation)활동은 마케팅 믹스에서 주요한 활동이다. 광고를 통해서는 하고 싶은 말은 무엇이든 광고할 수 있지만 홍보를 통해서는 다른 사람, 즉 기자의 시각을 빌려서 이야기해야 하는 차이가 있다.

홍보활동은 신문사에 보도자료를 배포하는 것에서부터 기자회견을 열거나 조직위원장의 인터뷰 기사를 업계 잡지에 게재하는 등 다양한 활동이 포함된다. 때로 행사내용을 기사화시키기 위해 언론기관에 접촉을 하였을 경우 기사를 내주는 대신 광고를 하도록 요청을 받을 수도 있다.

그러나 행사내용이 기사화시키기에 충분한 가치가 있다면, 사회적으로 큰 관심을 끌고 있는 문제와 밀접한 연관이 있다면 도리어 기자가 직접 행사현장에 취재를 나오거나 자세한 기사 자료를 제공해달라는 요청을 받을 수도 있다.

홍보활동에서 궁극적으로 지향하는 것은 목표시장에서 컨벤션에 대한 신뢰감을 구축하여 긍정적인 반응을 유도하고자 하는 것이다. 긍정적인 반응은 마케팅 차원에서 매우 값진 것이다. 따라서 컨벤션은 그 자체가 주최조직에 대한 신뢰감과 인지도를 넓힐 수 있는 교두보 역할을 해야 한다. 또한 컨벤션 마케팅 홍보전략의 특성을 살펴보면 침투성(penetrating), 적시성(timing), 판매성(selling)으로 나눌 수 있다.

(1) 침투성

홍보물을 읽을 적절한 대상을 찾고, 이들이 회의참가를 통해 얻을 수 있는 가치를 판매한다.

(2) 적시성

목표시장이 필요성 내지 문제를 인식하고 흥미와 시간을 갖고 있을 때가 적기이다. 이러한 적기를 예측하는 것이 쉬운 일은 아니지만, 프로그램의 호기(好機)를 예상하도록 노력해야 한다. 예를 들어 투자 프로그램은 경제상황이 좋을 경우 좀 더 성공할 수 있을 것이다. 세금에 관한 주제는 12월에서 4~5월까지 가장 인기가 있고, 각 사회문제들에 대한 프로그램은 입법이 이루어지는 시기가 가장 좋다.

회의 주제에 따른 적기가 그리 분명히 나타나지는 않지만, 이에 대한 면밀한 조사를 할 만한 가치가 있다.

(3) 판매성

회의참가 결정에 영향을 미치는 사람들은 참가자 본인 이외에도 참가자의 상사나 이사회 임원에서부터 배우자에 이르기까지 다양하다. 따라서 영향력을 가지고 있는 사람들을 염두에 두어야 한다. 특히 회의참가를 통한 이익이 이들에게까지 미친다면 더욱 그러하다. 여기에 자녀의 영향력을 간과해서는 안 된다. 만약 디즈니랜드에서 열리는 회의라면 부모들의 회의참가를 촉진하는 데 자녀의 영향력이 가장 크게 행사될 것이다.

5. 호텔컨벤션 회의 성격의 마케팅 전략

마케팅 수단과 진행방향을 결정하는 데 있어 가장 우선적으로 고려되어야 할 것은 회의 성격이다. 회의 성격은 주최자에 따라 비영리 조직의 협회 회의와 영리 조직의 기업회의로 대별된다. 물론, 컨벤션 마케팅 원칙은 모든 회의에서 유사하게 적용되지만 회의 성격의 차이점은 컨벤션 마케팅의 방향을 결정하는 데 중요한 영향을 미친다.

(1) 기업회의

대부분의 기업회의는 경영진의 결정에 따라 진행된다. 즉, 회의개최 또는 취소 · 연기 등 회의일정은 경영진의 판단에 따라 이루어지는 것이 일반적이다.

1) 경제요인

기업회의는 경제 요인과 밀접한 관련이 있는 것으로 나타난다. 경제가 불황인 시기에 기업 회의는 급감소 추세를 보이는데, 특히 미국이 9 · 11과 같은 테러로 인해 경제가 불안한 상황에서 회의산업은 크게 타격을 받은 바 있다

2) 조직구조

기업에서 회의개최와 관련된 경정은 경영진 또는 부서장의 권한이다.

3) 예 산

기업회의는 컨벤션에 소요되는 비용을 미리 예산으로 책정해 놓는 것이 보통이다. 따라서 등록비 수입원을 통해 예산을 충당할 필요가 없이 회사 운영비용에서 충당된다.

4) 참가유형

기업회의는 대부분 강제적인 참가유형을 나타낸다.

5) 참가목적

기업회의의 경우 회사의 목적에 따라 참가목적은 단일하게 결정된다. 예를 들어, 기업이 새로 개발된 신상품을 직원들에게 교육시킬 목적으로 세미나를 개최한다면 참가자들의 참가목적은 신상품에 대한 지식습득이 될 것이다.

6) 행사준비

기업회의는 다른 행사와 비교해 준비기간이 상대적으로 짧다. 따라서 기업회의의 마케팅 전략을 개발, 실행하는 기간도 협회회의와 비교해 매우 짧다는 점을 유념해야 할 것이다.

7) 마케팅

기업회의 행사의 경우 마케팅 대상은 기업직원이다. 이들은 동일한 기업문화와 이상, 경영 철학을 갖고 있다. 따라서 마케팅 전략을 수립하기 이전에 기업의 특성에 대한 이해가 요구된다.

(2) 협회회의

협회회의는 정기적으로 진행되는데 대부분 1년 중 비슷한 시기에 개최되며, 일정이 연기되거나 취소되는 경우는 매우 드물다.

1) 경제요인

협회회의는 경제가 어려운 상황에도 꾸준한 상승세를 지속하고 있다. 그 이유는 기업은 영리추구가 최우선 목적이므로 경제적 이익이 되지 않은 상황에서 회의를 강행할 이유가 없는 것이다. 그러나 협회는 비영리 조직으로 회원들의 문제를 해결해 주는 것이 최상의 과제이다. 따라서 어려운 시기일수록 회원들간의 단합을 꾀하고 함께 돌파구를 찾을 수 있는 기회로서 회의를 개최하기 때문인 것으로 여겨진다.

2) 조직구조

협회회의는 위원회의 의견수렴을 거쳐 이루어진다.

3) 예 산

협회회의의 예산은 등록비와 밀접한 연관 관계가 있다. 특히 협회회의 참가율은 정확한 예측이 어려우므로 등록상황을 신중하게 분석하여 여기에 따라 지출규모가 변경되기도 한다. 또한 등록비로 예산충당이 어려울 경우 등록비 이외의 수입원을 개발해야 한다. 등록비 이외의 수입원으로는 후원금이나 전시장 임대, 광고수입 및 서비스 수수료 등이 포함된다.

4) 참가유형

협회회의 참가자들의 참가목적은 매우 다양하다.

5) 참가목적

협회회의는 자율적 의지에 따라 참가가 결정되므로 참가율을 높이기 위해서는 마케팅 노력이 요구되는 회의이다. 참가유형과 더불어 참가목적도 회의에 따라 다양하다.

6) 행사준비

협회회의는 참가율을 높이기 위한 홍보기간 등으로 인해 준비기간이 길어지게 된다. 따라서 준비일정이 긴만큼 홍보, 프로모션, 커뮤니케이션 전략 수립 일정을 세심하게 고려하여 계획하는 것이 필요하다.

7) 마케팅

협회회의 참가자는 다양한 문화와 동기를 갖고 있다. 비록 협회는 비영리조직으로서 이윤추구를 하지 않지만 참가자들은 개별적으로 이윤추구, 교육, 경쟁력 강화 등의 목적을 가지고 있다. 이렇게 이질적인 구성원들에게 행사를 마케팅하기 위해서는 회의가 제공할 수 있는 이익과 혜택을 먼저 분석하여 참가자에게 전달해야 한다.

부록 : 호텔컨벤션 관련용어

컨벤션 등록 관련용어

accompanying person　동반자
affiliation　가입
applicant　등록자
bank draft　수표입금
bank service charge　송금수수료
bank transfer　송금
conference bag　컨그레스 백
conference materials　회의 자료
confirmed registration　확인 등록
inquiry　문의
member/non-member　정규회원/ 비정규회원
name badge　명찰
on-site registration　현장등록
on-site registration fee　현장 등록비
participant list(동반자 포함) / list of delegates　참가자 리스트
pre-registration/Advance registration　사전등록
receipt of payment　등록금 영수증
registration & information　등록 안내실
registration confirmation sheet　등록확인증
registration desk　등록 데스크
registration form　등록 신청 용지
registration of speakers　강연자 등록
registration secretary　등록 담당
secretariat　사무국
the remittance statement　송금영수증

발표자와 논문 관련용어

a booklet　소책자
a circular　회람
a document　문서
a notice　통지
a questionnaire　설문지

a statement　진술내용
abstract　초록
acceptance of paper　논문 채택
acknowledgement of receipt　수취 통지서
agenda　의제
an agenda　의제
an application form　신청서
an extract　발췌록
analysis　분석
announcement　아나운스먼트
assessment　평가
author index　저자 색인
authors instruction/instructions for the preparation text　저자 집필 인스트럭션
book of abstracts/ abstracts　초록집
call for papers　논문 모집
circular(preliminary/first/second)　회의/행사 진행 상황에 따라 발송되는 안내 책자
consecutive interpretation　순차 통역
Coordinating on simultaneous interpretation　발표자와 통역사는 사전 미팅을 통해 원활한 통역을 진행하기 위해 상호 협의 필요
daily bulletin　회의 속보
description　기술, 설명
interpretation　통역
interpretation in relay　릴레이 통역
lecture/talk　강의, 대화
message　전달내용, 서신
minutes　의사록
official language　공용어
oral text　원고 script(발표용)/ publication text(출판용)
overview　일견, 전반전 고찰
poster　포스터
Poster Session Desk　연구 발표 형식의 하나로 정해진 게시판 공간에 논문 등의 자료를 게시하고 발표 내용의 질의 응답에 대해 발표자와 참가자들의 교류장으로 활용
pre-print　사전 인쇄물
presentation　발표
proceedings　논문집
question and answers(Q&A)　질의 응답
questionnaire　질문서(앙케이트)
rejection of paper　논문 채택 부결
review　검토, 고찰
screening of paper　논문 사독
simultaneous interpretation　동시 통역

Slide Reception Desk　기자재 사용법에 대해 설명해주고, 발표 내용의 슬라이드 시트를 접수한다.
Speaker's Desk　발표자들에게 발표 시간, 당일 회의 진행 방법, 사용 언어 및 기자재, 사무국과의 연락 사항을 전달.
speakers instruction/instructions for speakers　발표자 인스트럭션
speaking time allocation　발표 할당 시간
speech/address/remarks　연설
submission of paper　논문 제출
summary　요약
survey　조사
view　관점
working language　사용 언어
(scientific) paper　논문

회의(장) 및 회의시설 관련용어

aisle carpet　회의장 통로에 설치되는 카펫
aisle signs　통로 번호나 글자를 표시하는 팻말
amplifier　앰프, 음량 증폭기
audio-visual aid　시청각 기자재
audio-visual equipment　시청각 기기
auditorium style/theater style　극장식
back drop　사진이나 TV 촬영을 위한 뒷 배경
back light　출연자나 대상물 뒤에서 비추는 조명
banner　로고나 주제를 넣은 현수막이나 기
barrier free　장애인의 자유로운 이동을 방해하는 설치물이 없는 건물
breakdown　해체 분리
carousel projector　35mm 슬라이드 투사 장치
cloakroom　휴대품 보관실
contractor　통역 치 물품조달 계약자.
dais　헤드 테이블이 위치를 높여주는 단.
direction sign　방향 사인
dismantling　철거
dressing room　탈의실
emergency exit/fire exit　비상구
first-aid room　양호실
fixed seating/fixed theater　공정석
floor diagram/setup plan　회의장 도면
floor or standing lectern　바닥에 놓는 full-size 독서대. 가끔 floor podium과 혼동하는데 그것은 잘못된 것이다.
function board　행사 안내판

function space 행사장
headset 마이크가 장착된 헤드폰
hollow oval 타원형 배치
hollow setup circular 고리형 배치
hollow square setup 정방형 배치
I & D(install and dismantle) 설치 및 철거
lost and found office 분실물 취급소
meeting room/function room 회의장
message board 메시지 안내판
partition 파티션
permanent system 상설 시스템
place card 좌석 표시 카드
podium 연사가 서는 무대나 연단
property 회의/행사 시설 일체
rheostats/dimmer 조광기(제광기)
schoolroom perpendicular setup 수직 교실형 배치
schoolroom setup/classroom setup 교실형 배치
schoolroom V setup V자형 교실형 배치
seating arrangement 좌석 배치
secretariat(office) 회의장
set up/installation 설치
setup and teardown time 행사 전후에 시설을 설치 또는 재배열하는 데 필요한 시간
table lectern 책상 위에 설치하여 연사가 원고를 놓을 수 있는 독서대
U-shape setup U자형 배치
ventilation 통풍장치
waiting room 대기실

회의 구성요원 및 호칭 관련용어

a delegate 대표자
a guest member 객원 임시회원
a list of delegates
a panelist 지명 토론자 /연사
a speaker 연사 ⇒ principal, plenary, invited speaker (초청연사)
absentee 불참자
accompanying person 동반자
acting chairman 의장대행
acting co-chairman 공동의장대행
agent 대리인
alternate 대리
alternate delegate 교체대표

an observer 방청인, 옵서버(정식 대표의 자격이 없어 표결에 참여하지 않는)
attendees/participant 참가자
chairman pro tempore 의장임시대행
Chairman(**의장/위원장**) 단체의 규정에 따라서 president라고 부르는 경우도 있다. 종교단체의 모임에 서는 의장을 moderator라고 부른다. 남성은 Mr. Chairman, 여성은 기혼, 미혼에 관계없이 Madam Chairman
co-chairman 공동의(원)장
conference staff 회의장 운영 요원
contributor 기고자
convener 컨베너
deputy 대리
guests 초대손님(내빈)
head of the delegation
honorary chairman 명예의장
honored guests 귀빈
interim chairman 의장서리
lighting technician 조명 기사
MC (master of ceremonies)/ toastmaster 사회자
minimum number of participants 최소 참가인원
newly elected president 신임회장
non-members 비회원
Officers/board membeer(**임원**) 임원을 포괄적으로 말하며 의장, 부의장 등이 이에 해당하며 residing officers는 회의 주재까지 맡는다.
past president 전임회장
privileges of membership 회원의 특전
projectionist 영사 기사
qualifications for membership 회원의 자격
receptionist 접수원
retiring chairman 은퇴의장
Secretariat(**사무국**) 회의가 유치되는 날부터 종료 후까지 임시조직체로서 혹은 국제기구의 영구조직체로서 모든 조직, 운영을 총괄한다.
Secretary General(**사무총장**) Executive Director라고도 한다.
Secretary/rapporteur(**서기**) 기구의 모든 일상적인 업무 및 서신왕래를 책임지며, 의장과 함께 모든 회의안건, minutes, 연간보고서 등을 작성한다.
stenographer 속기사
teller 투표개표원
the guest of honor 만찬회 등의 주빈
the number of the delegation
Treasurer(**회계**) 그 기구의 재정적인 현황을 요약하여 연례보고서를 제출해야 한다.
vice chairperson, vice chairwoman, vice chairman 부의원장

전시 관련용어

booth　전시자가 상품 등의 전시를 목적으로 계약한 특정 공간
booth area　전시자가 점유하고 있는 총전시면적
consumer show　대중을 대상으로 하거나 대중에게 공개되는 전시회
contractor　서비스나 관련 물품을 공급하는 회사나 단체
corner booth　양측에 복도가 있는 전시 공간
drayage　도착 뒤부터 전시장까지 전시물을 수송
exhibit booth　상품이나 서비스를 보여주기 위한 독립된 전시 영역
exhibit manager　전시 부스나 쇼를 담당하는 사람. 이벤트를 관리하는 사람으로서 전체적인 전시 영역을 담당한다.
exhibition　전시회. 상품이나 서비스를 보여주는 이벤트
exhibitor　전시자. 전시부스를 후원하는 회사나 단체
floor load　적정 하중. 안전상 전시실 바닥에 허용되는 한 평당 최대 무게
gross square feet　전시실의 총전시공간
island booth　4면에 통로가 있는 4개 또는 그 이상의 전시공간

여행 및 교통 관련용어

accommodation(s)　숙박
admission fee　입장료
airport bus　공항 버스
boarding ticket　승차권
bus shuttle　일시적인 버스 교통편, 탑승 시간과 위치를 정확하게 명시
cancellation charge　해약 요금
group booking　단체 예약
guest room　객실
hotel confirmation sheet　숙박 예약 확인표
itinerary　여정
mode of transportation　교통 수단
over-booking　오버 예약
personal expenses/incidental charges　개인 잡비
plant visit　공장 견학
pre/post conference tour　사전/사후 컨퍼런스 투어
rack rate　표준 요금
reconfirmation　재확인
room rate　객실 요금
room reservation　객실 예약
rooming(list)　객실 배치 리스트
shuttle bus　상시적인 버스 교통편, 정규 운행 시간과 탑승 장소를 명시
technical visit　견학(사찰)

transportation　운송

국제회의 진행 관련용어(Ⅰ)

A

absentee　불참자
absentee voting　부재자 표결
ad hoc committee　특별 전문 위원회
agenda　의안 (의제)
amendment　수정안
annual report　연차보고
approved agenda　확정의제

B

ballot vote　투표표결 (무기명 투표)

C

call to order　개회선언
chairman　의장
chairman pro temper　의장 임시 대행
closed meeting　비공개 회의
convention bureau　국제회의국

D

draft resolution　결의안 초안

E

eligibility to attend a meeting　회의 참가 자격

F

filibuster　회의진행 방해
final draft　최종 보고서

G

gavel　의사봉
general consent　전원 동의
general order　일반 심의사항
guest speaker　초청 연사

H

honorary president　명예 의장

host committee 회의 주최측

I____

inaugural address 취임사
incidental motions 부수동의
item on the agenda 의제조항

K____

keynote speech 주제발표

L____

lectern 발표자 연대, 낭독대
legal votes cast 유효 투표

M____

main motion 주동의
majority requirement 의사결정 정족수
majority vote 다수결
maker of a motion 동의 제출자
mandatory documents 필수 조항
meeting bell 회의용 벨
meeting in camera 비공개 회의
motion of privilege 특권동의
multilateral agreement 다자협약

N____

ne bis in idem 일사부재리
negative vote 반대 투표
new business 신규 심의사항
news bulletin 회보

O____

objection to consideration 심의 반대
observer 옵서버(일반적으로 비회원국 대표, 여타 국제기구 대표, 기타 민간단체 대표 또는 개인의 자격으로 참관)
off-site event 회의장 밖의 행사
operative part 본문
oral vote 구두 표결
order of precedence 우선순위
order of the day 회의일정

P____

panel presentation　토론 주제 발표
parliamentarian　회의법 학자(회의사)
preamble　서문
postal ballot　우편 투표
proceedings　회의록
professional convention organizer　국제회의 전문 용역업체
proposal　제안서
proposed resolution　결의안
proposition　제의
protocol　의전
provisional agenda　임시의제
proxy second　회의참가 대리인의 재청

Q____

question card　회의 중 질문 사항을 적는 카드
quorum requirements　의사진행 정족수

R____

recognition　발언허가
reconsider and enter　재심의 회의록 등재
records of the meeting　의사록
red carpet　VIP용 안내 카펫
registration desk　등록대
request for permission to ask a question　발언 허가 요청
requisite majority　필요 과반수
resolution　결의안
rider　추가조항
roll-call vote　호명 투표(의장이 각 대표를 호명하고 찬성, 반대, 기권 등의 대답을 요구하는 투표방법)

S____

separate vote　분리 투표(결의안에 paragraph별로 투표)
show of hands　거수
simple majority　단순 과반수(출석하여 투표한 대표의 과반수 찬성으로 의사결정)
simultaneous interpretation　동시 통역
standing orders　규칙
status report　진척 보고서
steering committee　운영 위원회
straw vote　가표결

T____

term of office　임기
terms of reference　위임사항
the floor　발언권

U____

unanimous consent　만장일치, 전원 동의
unfinished business　미완료심의사항
unofficial social functions　비공식행사
unparliamentary　회의법 위반

V____

venue　회의장소(회의시기)
veto power　거부권
votes casts　투표수
voting slip　투표용지

W____

working languages　회의 공용어

국제회의 관련진행 용어(Ⅱ)

A____

ACCOMMODATION RESERVATION FORM　숙박신청서
ADVANCED REGISTRATION　사전등록
AISLE CARPET　회의장 통로에 설치되는 카펫
AISLE SIGNS　통로번호나 글자를 표시하는 팻말
AMPLIFIER　앰프, 음량증폭기
ANN. or ANNCR(Announcer)　아나운서
ASSOCIATION PLANNER　협회 측 회의 기획가
ATTENDANCE　참가자 수

B____

B/G(background music)　배경음악
BACK DROP　사진이나 TV 촬영을 위한 배경
BACK LIGHT　출연자나 대상물 뒤에서 비추는 조명
BACKWALL BOOTH(Perimeter booth)　외벽 면에 설치하는 부스
BADGE(Identifying tag, name tag)　명찰
BAFFLE　조명, 공기, 음향 또는 교통 흐름을 통제하는 칸막이
BANJO(FABRIC)　backdrops에 쓰이는 가벼운 천

BANNER 로고나 주제를 넣은 현수막이나 기
BARRIER-FREE 장애인의 자유로운 이동을 방해하는 설치물이 없는 건
BASE 세워놓은 기둥을 지지하는 강철 바닥
BID DOCUMENT 인준서류
BONE YARD 전시장내 장비 보관지역
BOOTH AREA 전시자가 차지하는 부스 영역
BOOTH NUMBER 전시자가 찾기 쉽도록 한 부스 번호
BOOTH PERSONNEL 부스 담당자
BRAINSTORMING 모든 참가자의 아이디어를 내놓는 회의
BREAK OUT SESSIONS 소규모 분임 회의
BUFFET SERVICE 각자가 음식이 마련된 곳에서 직접 음식을 가져와 즐김
BUNTING 벽이나 탁자에 거는 축제용 장식기

C

CALL FOR PAPERS 연제신청서
CANCELLATION CLAUSE 취소조항
CANVAS 외부 현수막용 천
CAPACITY 수용능력
CAROUSEL PROJECTOR 35mm 슬라이드 투사장치
CARTAGE 전시물의 단거리 이동
CATWALK 조명이나 음향 장치를 매달기 위한 설치물
CEILING DECOR 전시장이나 컨벤션 홀의 천장장식
CLC(Convention Liaison Council) 국제회의 연락 협의체
CLEARANCE 전시 공간 정리
CAP(Certified Meeting Professional)
COLLOQUIUM 공동 선정 주제에 대한 비공식 참가회의
COMP 'complimentary (무료의)'의 약어
COMPLKMENTRAY REGISTRATION 등록비의 면제
COMPLIMENTRARY ROOM 무료객실
COMPLIMENTARY(COMP)SERVICE 전시 부스나 일부 항목에 대한 무료 서비스
COMPUTERIZED REGISTRATION 전산등록 기록
CONFIRMATION 확인서
CONGRESS BAG, DELEGATE BAG, CONFERENCE BAG 회의참가자에게 주는 가방으로 가방 안에 회의 자료 및 안내 책자가 들어 있다
CONSIGNEE 전시물 수취인
CONSUMER SHOW 일반에게 공개되는 전시
CONTRACT 계약서
CONTRACTOR 통역 및 물품조달 계약자
CONVENTION&VISITORS BUREAU 국제회의 전담 지원부서
CORNER BOOTH 모퉁이의 전시공간
CORPORATIVE PLANNER 기업의 회의 기획가

COUNT (1) 일정기간의 전체 참가자 수 (2) 일정기간의 전체 전시자 수
CUSTOMS BROKER 세관 절차 처리 전문가
CUT&LAY 규격 부스나 통로 치수 이외의 카펫 설치
CUT-OFF DATE 참가자의 숙박을 위해 상용되지 않을 호텔의 객실확보(BLOCK) 상태를 해제하는 날로서 참가자 도착일 2~6주 전에 실행한다.

D___

DEAD AREAS 음향이 잘 들리지 않는 곳
DETAIL DRAWING 시공방법을 알리는 세부 도안
DIAGRAM 회의실내 구조를 나타내는 도형
DIALOGUE 아이디어나 견해를 조절하는 장치
DIMMER 조명의 세기를 조절하는 장치
DISCUSSION LEADER 토론의 안건 소개 및 회의를 진행하는 자
DISMANTLE 전시물 철거
DISPATCHER 수화물 및 노동력 조달 계획 담당
DISPLAY BUILDER 전시 상품 진열 담당 회사
DISPLAY CASE(Showcase) 진열대
DOCENT 박물관이나 전시장 안내 요원
DRAYAGE 전시물을 도착지에서 전시장으로 이동
DRESS CODE 행사 참가자 복장 안내
DRY DUN 프로그램의 리허설
DUPLEX OUTLET 두 개 자리 전기 콘센트
DUVETYNE 테이블보용 천

E___

ELEVATED TABLE 높이 조절 테이블
ERECTION 전시 및 진열장 설치
ESTIMATE 견적서
EVALUATION 회의 평가서
EVENT ORDER FUNCTION SHEET 행사 진행 내역서
EXHIBIT HALL 전시장
EXHIBIT MANAGER (1) 각 전시 부스 담당자 (2) 전체 전시 공간 담당자
EXHIBIT PROSPECTUS 전시자 참여 독려를 위한 선전물
EXHIBITION CONTRACTOR FEE 전시 계약 비용
EXHIBITOR SERVICE KIT 전시자 서비스 자료
EXHIBITOR'S KIT 전시업체에게 주는 전시회의 규정 및 각종 정보 안내서
EXPOSITION 상품 및 용역의 전시

F___

FACILITATOR　소규모 회의에서의 의사 결정 진행자
FACT SHEET　회의와 관련된 특정 시설에 대한 설명을 담은 자료
FAM TRIP(FAMILIARIZATION TRIP) FASCIA　회사명이 쓰인 정면 간판
FIRST-TIER CITY　국제회의 일급도시(METROPOLIS 이상 규모의 대도시)
FISHPOLE　질의 응답에 사용되는 마이크가 달린 홀더
FIXED COST　고정비용(회의 참가자 수와 관계없이 지출되어야 하는 비용)
FLIPCHART　도해 설명이 담긴 설명용 차트로 한 장씩 뒤로 넘기며 설명을 보완하는 교보재
FLOATER　단기간 고용 근로자
FLOOR LOAD　일 평방 피트당 최대 설치 무게
FLOOR PLAN　도면
FOAM CORE　간판, 장식, 전시장 공사 등에 쓰이는 스티로폼 같은 경량 자재
FOLLOW SPOTLIGHT　수동으로 조명 대상을 따라 이동시키는 조명장치
FORKLIFT　지게차
FOUR HOUR CALL　노동자에게 임금을 제공하는 최소 근로시간
FREIGHT FORWARDER　화물 선박
FRONT SCREEN PROJECTION　전방 화면 투사 관중 속이나 뒤에서 전방을 향해 장면을 투사
FULL BOOTH COVERAGE　부스 전체에 설치하는 카펫
FULL COURSE MEALS　정찬
FUNCTION BOARD　행사 안내판
FUNCTION SPACE　행사장

G___

GAIN　음량의 크기 값
GENERAL CONTRACTOR　전시 매니저나 전시자에게 용역을 제공하는 회사
GIVEAWAY　무료책자, 견본, 경품
GRATUITY　봉사료, 팁

H___

HAND TRUCK　소형 화물 운반용 손수레
HARDWALL BOOTH　합판이나 석고 보드 등으로 시공된 부스
HEADQUARTERS HOTEL　등록, 총회 회의 운영 사무실 중앙본부
HEADSET　마이크가 장착된 헤드폰
HERTZ(Hz)　일초에 한 사이클 값의 주파수 단위
HIDDEN CHARGE　예비비
HIGH JACKER　사람을 들어올리는 장비
HOLD HARMLESS　계약서의 책임 면책 조항
HONORARIUM　사례비
HOUSEKEEPING ANNOUNCEMENTS　행사관련 안내

HOUSING BUREAU 컨벤션 뷰로 내의 예약 사무실
HOUSING REQUEST FORM 숙박신청서
HVAC Heating, Ventilating, Air-Conditioning I&D(install and dismantle) 설치 및 철거

I___
I.D. SIGN 부스 간판
IHO(In Honor Of ILLUMINATIONS) 대여용 또는 장착된 조명
INCENTIVE MEETING 장려금제회의
INCENTIVE 장려금
INHERENT FLAME PROOF 방재용 자재
INQUIRY CARDS 전시자를 위한 정보를 요구하는 카드
INSIDE BOOTH 벽면과 뒷면의 전시부스를 포함한 전시공간
INSTALLATION 설치
INVENTORY 전시행사준비를 위한 가구 및 집기류 재고
ISLAND BOOTH 전시장 중앙의 독립된 형태의 연결된 부스

K___
KEYNOTE SPEAKER 기조 연설자
KNOCK DOWN 전시현장에서 조립 설치하는 전시물

L___
LETTER OF ACKNOWLEDGEMENT/CONFIRMATION 등록 접수 확인서
LETTER OF AGREEMENT 상호 협약서
LIABILITY 법적 책임
LIFT TRUCK(Forklift) 지게차
LIGHTING 추가 조명 서비스
LOCK-UP 보관 구역

M___
M.C.(EMCEE), MASTER OF CEREMONIES 회의/행사 진행자
MANUAL SERVICE KIT 회의/행사 운영 안내
MASKING DRAPES 차폐용 커튼
MODERATOR 회의 사회자
MODULAR EXHIBIT 일부 부품의 교환이 가능한 전시물
MOVE-IN 설치를 위한 반입일
MOVE-OUT 철거 반출일

N___
NO-SHOW 참가 예약을 해놓고 불참하는 자

O

OFF-SITE EVENT 회의/행사 장소 외부의 행사
OFFICIAL CONTRATOR(General contractor) 주계약자
ON-SITE REGISTRATION 현장 등록
ONE SHOT 일회용 전시물
ORDER FORM 주문서
OT(overtime)LABOR 초과 근로
OUTSIDE EXHIBIT 외부 전시 부스
OUTSIDE LINE 외부 인출 전화선
OVERFLOW 잉여 참가자
OVERHEAD PROJECTOR
O.H.P. 투명 필름을 투사하는 장치

P

P.A. SYSTEM 한 개 이상의 여러 공간에 동시에 음성을 전달하는 장치
PACKAGE PLAN 당일 참가비로 모든 서비스를 제공
PALLET 상품운반을 위한 나무로 된 단
PBX OPERTOR 전화 교환원
PCMA(Professional Convention Management Association)
PCO(Professional Convention (Conference) Organizer)
PENINSULA BOOTH 두 개 이상의 부스를 연결해 3면을 활용하도록 한 것
PERIMETER BOOTH 외벽에 붙여 설치한 부스
PERK PERQUISITE 정규 수입외 수당
PERMANENT EXHIBIT SPACE 영구 전신 공간
PERT Program Evaluation Review Techniques
PIPE AND DRAPE 독립된 전시 부스의 상·하수 배관
PLANTING 꽃 장식
POCKET PLANNER 주머니 크기의 안내 책자
PODIUM 연단
POINT-OF-PURCHASE 구매를 위한 상품 전시
PORTRAIT(VERTICAL) 세로 길이가 월등히 긴 팻말
POST CONFERENCE REGISTRATION 회의/행사 후 등록
POST CONFERENCE RESERBATION 회의/행사 후 예약
POSTER BOARD 그래픽 등을 보여주기 위한 연질 판
PRE-ASSIGNED SEATING 사전 예약 좌석 배치
PRE-REGISTRATION 사전등록
PRESENTER 발표자
PRESS(Media) KIT 보도자료
PRESS ROOM(Media Center) 보도실
PRIORITY RATING SYSTEM 부스 공간 배정 우선 등급
PROGRAM BOOK 프로그램 안내 책자

PROGRAM DESIGN 회의/행사 프로그램 구성
PROMOTION 회의/행사 홍보
PROPERTY 회의/행사 시설 일체
PUBLIC SHOW 입장료를 받는 전시

Q___

Q&A(Question and answer period) 질의응답 시간
QUAD BOX 플러그 꽂이가 4개짜리 콘센트

R___

RACK RATE 객실별 공식가격
RAP SESSIONS 특별 안건이 없는 비공식 회의
RAPPORTEUR 회의/행사 평가자
RCMA(Religious Conference Management Association)
RECEIVING LINE 접객을 위한 열
REG AREA Registration area 회의/행사 등록 장소
REG DESK Registration desk 회의/행사 등록 데스크
REGISTRANT 등록자
REGISTRAR 등록 접수 담당
REGISTRATION FORM 등록신청서
REGISTRATION KIT 등록 시 배부하는 회의/행사 안내 자료
REHEARSAL 리허설
RELEASE FORMS 전시물 철거 허가서
RESUME SHEET=FUNCTION SHEET RETURN 90도 각도로 뒷벽에 붙인 판
RIGGER 무거운 자재 조립 전문가
ROOM SETUP 회의/행사장 장비 준비
ROVING MIKE 손에 들고 다니도록 된 이동식 유·무선 마이크

S___

SALES BLITZ 판촉
SALES MEETING 신상품소개 및 판촉 회의
SCMP Society of Company Meeting Planners
SCOOTER 전기화물 운반 차
SCRIPT 프로그램 필사본
SEATED SERVICE 봉사자가 테이블로 음식을 직접제공
SEATING BUFFET 좌석에 앉아서 음식을 즐기는 방식
SECOND-TIERCITY 국제회의/행사 개최를 위한 위성도시 또는 지방 행정도시
SECURITY CAGES 전시자재 보호를 위한 보호망
SECURITY 보안, 보안요원, 폐쇄회로 일체
SECURITY, FACILITY 시설 보안 요원
SECURITY, PRIVATE 사설 보안 요원

SELF-CONTAINED EXHIBIT　포장이나 보호 장비와 함께 전시되는 물품
SERVICE CONTRACTOR(General contractor)　주계약자
SET-UP DRAWINGS　설치도안
SET-UP PERSONNEL　전시물 설치자
SETUP　회의/행사장 준비
SGMP Society of Goverment Meeting Planners.
SHELL SCHEME　유럽식 기준 부스
SHOW BREAKING　철거 시간을 위한 전시 파장 시간
SIGN CLOTH　현수막, 팻말에 쓰이는 경량 자재
SIGN SERVICE　전시물 팻말 제작공급 서비스
SIGNAGE　회의/행사장 안내 표지
SITE INSPECTION　회의장 시설 답사, 현장 조사
SKIRTING(Linen)　입간판이나 탁자 장식용 보
SOUND SYSTEM　음량 증폭을 위한 음향 장치
SPACE RATE　전시공간 사용료
SPEAKERS' LOUNGE(Room)　연설자 전용 휴게실
SPECIAL EVENT　특별행사
SPECIFICATIONS　회의 물품 내역서
SPEED BALL　팻말 작성에 쓰이는 펜
SPOUSE PROGRAMS　배우자 프로그램
STAGING GUIDE　회의/행사 장비 설치 안내
STAND　전시 부스의 유럽식 표기
STADING BUFFET　좌석이 없이 서서 음식을 즐기는 방식
STANDING CONNITTEE　상임 위원회
STANDING MICROPHONE　무대 위에 고정된 마이크
STRIKE　전시물 철거
SUBCONTRACTOR　하청 계약자
SUPPLIER　회의/행사 비품 조달자
SURCHARGE　예상 지출비를 상회하는 비용

T

TABLE MICROPHONE　착석한 연사를 위해 고정시킨 마이크
TABLE TOP DISPLAY　탁자에 세울 수 있는 소형 이동 전시물
TAFFETA　탁자보 또는 칸막이용 자재의 일종
TEARDOWN　철거
TELECONFERENCE　원격 통신회의
TIME&MATERIALS　용역비 부과 방식
TOW MOTOR FORKLIFT　지게차
TRANSCRIPTION　연설문 필사본
TRANSFER　장비이동, 공항과 호텔간 교통 이동
TRANSIENT SPACE　단기 임대 부스

V

VAPOR LIGHTS　특수 효과를 위한 조명
VARIABLE COST　변동비용(회의참가자 수에 따라 변동되는 비용)
VENDOR　용역 제공자
VENUE　회의/행사 장소

W

WALK-IN/OUT MUSIC　내 · 외빈 입장 · 퇴장 음악
WALK-THROUGH　회의/행사 사항 검토, 회의/행사장 사전 점검, 현장점검
WASTE REMOVAL　쓰레기 청소
WORK LIGHTS　무대 위에서의 리허설이나 작업을 위한 조명
WRAP-UP　회의 정리, 최종회의 보고서 작성

참고문헌

〈국내문헌 및 연구논문〉

문상희, 컨벤션 산업론, 한올출판사, 2003.
박기홍, 컨벤션전담기구설립 · 운영방안, 한국관공연구원
송래헌 · 김흥환, 컨벤션경영과 기획, 대왕사, 2003.
송대현, 관광관련용어집, 백산출판사, 1999.
서승진 · 윤은주, 컨벤션 산업론 그 학문적 접근과 실무 이해, 영진닷컴, 2002.
손정미 · 석재민, 컨벤션전략기획실무, 한올출판사, 2004.
신재기, 전시산업론, 한올출판사, 2004.
신형섭, 호텔서비스세일즈마케팅, 갈채, 2006.
안종윤, 관광용어사전, 법문사, 1985.
안경모 · 손정미 역, "페스티발과 스페셜 이벤트 경영", 백산출판사, 2005.
이화인, 호텔 · 컨벤션 마케팅, 비앤엠북스, 2005.
이화인, 컨벤션 산업의 국가경쟁력 평가를 위한 개념적 모델, 서비스경영학회지, 2002.
장영렬, 세일즈이벤트전략실무, 월간이벤트, 2003.

〈국내기관 발표자료〉

고양국제전시장건립단, 아시아 주요전시장 비교 연수단 출장결과 보고서, 2003.
문화관광부, 관광동향에 관한 연차보고서, 한국관광연구원, 2001.
산자부, 무역전시산업육성방안, 2003.
여행신문, 한국관광50년비사, 1999.
한국관광공사, 국제회의 개최현황, 2005.
한국소비자보호원, 온라인 광고 실태조사, 1999.
한국정보통신정책연구원, 우리나라 인터넷 광고 시장 개요, 2000.
한국관광공사, 국제회의 운영편람, 1994.
한국관광공사, 국제회의 개최 현황, 2001.

〈인터넷 자료〉

한국관광공사 코리아컨벤션
서울켄벤션뷰로
부산켄벤션뷰로
대구켄벤션뷰로
제주켄벤션뷰로
대전켄벤션뷰로

〈외국문헌〉

Astroff, Milton, T&James R. Abbey, "Convention Sales and Services", Cranbury, N.J.Waterbury Press, 1995.
A Guide for Meeting Planning, Boston Mass:ITT Sheraton Corporation, 1990.

Auger, B. Y., How to Run Better Business Meeting, St. Paul, Minn.: 3M business Press, Visual Products Division, 3M Company, 1968.

Baud-Bovy, M. and LaWson. F.R "Tourism and Recreation Handbook of Planning and design", Architectural Press. Oxford. 1998.

British Tourist Authority/English Tourist Board, "International Passenger Surveys", London, 1996.

BIFM "Best practice Guide:Business Continuity Planning", British Institution of Facility Management", Saffron Walden", UK, 1999.

Bradley M. Braun, "The Economic Contribution of Conventon : The Case of Orlando, Florida", Jowrnal of Travel Research, 1992.

CIBSE, Guide D "Fire Engineering and Guide F, 1998 Energy efficiency in buildings. Institution of Building Services Engineers", London, 1997.

CIE Publications, "Guide to Interior Lighting", "Commission International de I'Eclairage", paris. "Conference & Exhibiton Fact Finder"2000.

Clark, D. & K. W. McCleary, Influencing Association's Site-Site-selection Process, Cornell Hotel and Restaurant Administration Quarterly, 36(2), 1995.

David Seekings, How to organize effective conferences and meetings, Kogan.

Exposition service Contractors Association-National Association of Exposition Managers, 1991.

Fred Lawson, Congress, Convention and Exhibition Facilities: Planning, Design and Management, Architectural Press, 2000.

Gartrell Richard Bo, "Destnaticom Marketing for Convention & Visitions Bureaus", Kendall/Hurt Publicatcom, 1992.

Ham, R. "Theatres: Planning Guidance for Design and Adaptation", "Architectural Press", Oxford, 1998.

Kurtz. David L. and Kenneth E, Clow Service Marketing , New York: John Wiley&Sons, 1998.

Kotler, P., Bowen, J. & Nakens J. Marketing for Hospitality and Tourism, 2nd ed., Prentice Hall, NJ, 1999.

Lawson "Exhibition Facilities in London : Providing for the Future", British Tourist Authority, London. 1985.

Mattson, M.R., "How to Determine the Composition and Unfluence & Buying Center" Industrial Marketing, Management. 1998.

Powers, T., Introduction to Management in The Hospitality Industry, 6th ed,, John Wiley & Sons, Inc, 1999.

WTO "Travel and Tourism Fairs:Guidelines for Exhibitiors," World Tourism Organization(in association With European Tourism and Trade Fair Agencies, ETTFA), Madrid, 1998.

Weirich, M. I, Meetings and conventions management, Delmar Publishers Inc. 1992.

Zeithaml P. Carl and Valarie A. Zeithaml, Environmental Management, Revising the Marketing Perspective, Journal of Marketing, 48(Spring), 1984.

찾아보기

호텔컨벤션 전략기획론

1판 2쇄 발행 2017년 8월 30일

저 자 신 형 섭
발행인 남 승 우

발행처 남두도서
서울시 동작구 사당로9가길 6
TEL : (02) 595-1692~4
FAX : (02) 595-1394
E-mail : namdoo6@unitel.co.kr
신고 : 5-76호 (1998. 11. 4)

정가 20,000 원

ISBN 978-89-5780-115-4 93980